21世纪高职高专
财经类系列教材

市场营销学

（第2版）

赵 蕾 陈慧君 主 编
刘 涛 王 琳 李 慧 副主编

清华大学出版社
北京

内容简介

市场营销学是经济管理类专业一门重要的专业基础课程，也是一门应用性很强的实践学科。本书结合高职高专培养应用型人才的特点，由一批长期战斗在市场营销教学第一线的高校教师编写。

本书分为3部分，共10章。第一部分包括第一至第三章，主要介绍市场营销的基本概念和营销环境等；第二部分包括第四至第九章，主要介绍市场营销学中的目标市场策略、产品策略、品牌与包装策略、价格策略、分销策略、促销策略；第三部分为第十章，主要介绍市场营销新发展。全书既对市场营销的基本理论、原理和方法进行了全面、深入的阐述，又结合目前市场营销学发展的新动态，对学科前沿问题进行了全面介绍。

本书通俗易懂、层次分明、案例丰富、可读性和实用性强，并且为教师提供PPT课件，便于教学。本书可作为高职高专经济管理类和其他专业的教材，也可以作为广大市场营销工作者的学习参考书。

图书在版编目(CIP)数据

市场营销学/赵蕾，陈慧君主编. —2版. —北京：清华大学出版社，2016(2019.2重印)

(21世纪高职高专财经类系列教材)

ISBN 978-7-302-44333-9

Ⅰ. ①市… Ⅱ. ①赵… ②陈… Ⅲ. ①市场营销学－高等职业教育－教材 Ⅳ. ①F713.50

中国版本图书馆CIP数据核字(2016)第206536号

责任编辑：高晓蔚
封面设计：傅瑞学
责任校对：宋玉莲
责任印制：杨 艳

出版发行：清华大学出版社
网 址：http://www.tup.com.cn，http://www.wqbook.com
地 址：北京清华大学学研大厦A座 邮 编：100084
社 总 机：010-62770175 邮 购：010-62786544
投稿与读者服务：010-62776969，c-service@tup.tsinghua.edu.cn
质量反馈：010-62772015，zhiliang@tup.tsinghua.edu.cn
印 刷 者：北京富博印刷有限公司
装 订 者：北京市密云县京文制本装订厂
经 销：全国新华书店
开 本：185mm×230mm **印 张**：18 **插 页**：1 **字 数**：371千字
版 次：2011年6月第1版 2016年8月第2版 **印 次**：2019年2月第3次印刷
定 价：35.00元

产品编号：063903-01

前言 第2版

Foreword

本书是根据教育部《关于加强高职高专教育人才培养工作的意见》和高职高专管理学教育、教学规律的基本要求，专门针对培养高技能应用型人才而编写的。我们在编写过程中，依托高职高专管理学课程教学与体系的改革，紧密结合了高职高专培养“基础理论知识适度、技术应用能力强、知识面较宽、素质高”的应用性人才的特点，并吸收了国内外市场营销学理论与实践的最新发展，力求文字简练，通俗易懂，易于学生理解。因此，本书第1版受到了广大师生的认可和喜爱。本次修订改版，我们在第1版的基础上更新了部分案例，并且丰富了各章的习题，以帮助学生进行自我测试，检查学习的效果。

本书在各章前以案例导入每章的教学内容，既增加了教材的实用性、生动性，又提高了学生对所学知识的兴趣；各章后附有小结、习题和案例，有助于培养学生运用所学理论知识解决实际问题的能力。课后习题也有助于加深学生对所学知识的理解，具有较强的针对性。本书的编写突出了编者对于高职高专市场营销教学的研究与体会，力求在传统中写出新意，努力使理论靠近市场营销的实际理念，做到理论、实践、案例相结合。

本书由湖北工业大学工程技术学院赵蕾老师和武汉城市职业技术学院陈慧君老师担任主编；武汉商学院刘涛老师、江西信息应用职业技术学院王琳老师、武汉城市职业技术学院李慧老师担任副主编。具体分工为：第一、二、三、五章由赵蕾编写；第四章由刘涛编写；第六、七章由陈慧君编写；第八章由王琳编写；第九章由李慧编写。在编写过程中，曾参考了国内外几十位专家、学者的著作和相关的文献资料，由于篇幅有限，未能在书中一一列出，在此深表歉意，并对各位作者表示衷心的感谢。

市场营销学发展很快，国内外新的理论、观点非常丰富，本次再版仍难免有不足之处，恳请专家、学者及广大师生批评指正。

编　者

2016年6月

前言 Foreword

市场营销是以满足人类的各种需要和欲望为目的、通过市场变潜在交换为现实交换的一系列的活动和过程。我国从20世纪80年代初引进市场营销学至今，短短20多年的时间已经有了长足的发展，市场营销学也得到了社会、学校和企业各界的普遍重视，市场营销学已经成为管理学科中的一个重要组成部分。

本书根据教育部《关于加强高职高专教育人才培养工作的意见》和高职高专管理学教学规律的基本要求，专门针对培养高等技术应用型人才而编写。本书由多位高职高专市场营销学的主讲教师共同编写完成，吸收了国内外关于市场营销观念的最新发展，以近几年国内外的实际案例作为教学辅助，紧密结合高职高专培养"基础理论知识适度、技术应用能力强、知识面宽、素质高"的应用型人才的特点，融入了大量的编者教学经验与体会。在内容方面，深入浅出，容易理解和掌握；在文字方面，力求简练，通俗易懂。

本书适于作为高职高专院校的大专学生、独立院校的本科生和专科学生的市场营销教学教材，也适于作企业界的营销经理、从事营销管理和实践工作的专业人员扩充市场营销知识的阅读材料。本书的宗旨是为读者打下扎实的市场营销理论基础的同时，强调市场营销学本身的实践性特征，使读者能够将学习的理论与本书中企业营销管理实践案例互为参照，达到将理论知识与实际应用相结合，得到实践能力和素质提高的目的。

本书在各个章节前，通过引入案例，提出每章的教学内容，既增强了学生对所学知识的兴趣，又增加了教材的实用性和生动性；在每章节中，通过小案例阐述知识点，增强了文章的可读性和趣味性；在每章节后，附有本章小结、复习思考题和本章案例，有助于学生自我知识掌握程度的检测和培养学生运用所学理论知识解决实际问题的能力。因此，本书的编写突出了编者对于高职高专市场营销学教学研究和体会，力求在传统的编写基础上创新，努力使市场营销学理论能够真正应用于企业营销的实际环节，将理论、实践与案例三者结合起来。

本书由湖北工业大学工程技术学院赵蕾和武汉商业服务学院刘涛担任主编，武汉信息传播职业技术学院方小强、湖北工业大学工程技术学院张艳、武汉工业职业技术学院李慧担任副主编，武汉信息传播职业技术学院李静荣和武汉工业职业技术学院陈慧君参编。具体分工为：第一章由赵蕾编写；第七章由赵蕾、李静荣共同编写；第五、十章由刘涛编写；第三、四章由张艳编写；第六、九章由方小强编写；第二章由李慧编写；第八章由李慧、陈慧君共同编写。由赵蕾负责本教材的框架构建、组织和统稿工作。在编写过程中，曾参考了国内外几十位专家、学者的著作和相关的文献资料，由于篇幅有限，未能在书中一一列出，在此深表歉意，并对各位作者表示衷心的感谢。

高等职业技术学院教学正在探索产学研结合、工学结合的人才培养模式，本教材在这方面做了一些探索，突出案例教学，由于编者水平有限，书中难免存在疏漏之处，恳请广大读者和各位专家、学者批评指正。

编　者

2011 年 5 月

目录 Contents

CHAPTER 1

第一章 导论

本章要点

本章从阐述市场营销学的基本定义及其核心概念入手，逐步介绍从生产观念发展到社会市场营销观念的 6 种主要市场营销观念，并在此基础上，介绍市场营销组合的内容。

学习目标

通过本章的学习，应掌握：

- 市场营销学的核心概念。
- 市场营销学的演变。
- 市场营销组合中的 4P、6P、4C、4R 组合。

引入案例

卖防毒面具的故事

有一位推销员来到北方，到处打听哪里有鹿群，当有人问他为什么要找鹿群的时候，他说："我要将防毒面具卖给鹿群。"人们都觉得非常好笑。

终于有一天，推销员在大森林的深处找到了鹿群，并且有一只鹿迎面向他走过来，他热情地对这只鹿说："我想您一定需要我推销的产品——防毒面具。"

鹿说："我想你一定是疯了，你没看到这里的空气如此清新吗，我要防毒面具干什么啊！"

"你难道不知道？在外面的世界，现在每个人都有一个防毒面具。"推销员说。

"但是我真的不需要。"

“你不久就会需要它。”推销员说。

于是，推销员开始在森林中建造一个工厂，当工厂建成、投入生产后，人们看到从工厂的烟囱中冒出浓浓的气体，这些气体在森林的上空弥漫着。

不久，有一只鹿找到推销员说：“我需要你推销的产品，请卖给我一个防毒面具。”这正是推销员第一次遇见的那只鹿。

推销员说：“当然可以，这也正是我想的。”说着，他拿出一个防毒面具卖给了那只鹿。

鹿说：“但是，先生，我想问一下，您还有防毒面具吗？因为别的鹿现在也需要防毒面具了。”

“当然，我还有很多，完全能够满足所有鹿的需要。”

“太好了，真要感谢你啊！但是，你能告诉我，你的工厂里在生产什么产品吗？”鹿好奇地问。

“防毒面具。”推销员回答。

（资料来源：陈书凯．101个影响世界的营销寓言[M]．北京：中国民航出版社，2004.）

第一节　市场概述

一、市场的概念

“市场”一词是随着商品经济的发展而产生的。最早的市场是指买主和卖主聚集在一起进行交换的场所。

从经济学的观点来说，市场是商品交换的场所，是商品交换关系的总和，它反映了人与人之间的关系。

从营销学的角度来说，市场是某种产品或劳务的现实购买者与潜在购买者需求的总和。这个概念强调既要有特定的需要和欲望，又要具备购买力来满足这种需要和欲望的消费者。

在当代经济发展中，市场的概念越来越丰富，特别是在互联网经济时代，人类的交易活动可以通过互联网来完成。因此，市场概念从一定的市场地点、交换场所演变成了市场空间或电子虚拟市场。

二、市场的构成要素

我们营销学当中研究的市场包括三个主要因素：有某种需要的人、为满足这种需要的购买能力以及购买欲望。

我们用一个简单、容易记忆的公式来表示，即

市场 = 人口 + 购买力 + 购买欲

1. 人口

人口是决定市场规模大小的基本因素。因为人口数量越大，产品的市场就越大，因此企业在选择目标市场时，首先应该选择人口密集的地区进入，迅速推广产品，获取利润。

2. 购买力

购买力是指人们购买所需要的商品时的货币支付能力。消费者的购买力取决于人们的收入状况、当地物价的状况和当地人们的信贷能力三方面。其中人们的收入状况对消费者的购买力影响最为明显和直接。

3. 购买欲

购买欲是指人们购买某种商品的需要和欲望。这种欲望来源于消费者的心理需要。市场的营销者本身是不能创造需求的，但是市场营销者可以通过广告、促销等一系列营销手段增强产品对消费者的吸引力，引导出人们的购买欲望。

市场中的这三个要素结合起来，构成了现实的市场。它们之间的关系是相互制约、缺一不可的。例如：一个国家或地区人口数量多，但收入低，人们的购买力有限，则不能构成很大的市场；一个国家或地区收入高，购买力强，但是人口数量很少，也不能构成一个大的市场；只有在一个国家或地区人口数量多，收入高，人们的购买力强时，才会形成一个有潜力的、强大的市场。

☞ 小案例：征婚推销

英国小说家毛姆在穷得走投无路的时候，尝试了一个奇怪的点子，结果居然扭转了颓势。

在尚未成名之前，他的小说无人问津。即使书商用尽了全力来推销，情况也不怎么样。眼看生活越来越拮据了，他情急之下突发奇想，用剩下的一点点钱在大报上登了一个醒目的征婚启事：

本人是一个年轻有为的百万富翁，喜好音乐和运动。现在征求一位和毛姆小说中女主角相同性格的女性共结连理。

广告一登出来，书店里面毛姆的小说一扫而空，印刷厂必须赶工才能应付销售热潮。原来看到这个征婚启事的未婚女性，不论是不是真有意跟富翁结婚，都好奇地想了解女主角究竟是个什么样子。而许多的年轻男子也想了解一下，到底是什么样子的女子能让一个富翁这么着迷。

从此，毛姆的小说销售一帆风顺。

从这个营销小故事当中可以看出，好的营销广告宣传做得妙，激发了顾客的好奇心理。在现实营销实战中，利用顾客的好奇心理，激发顾客的购买欲的营销方式，往往会收到很好的效果。

（资料来源：陈书凯. 101个影响世界的营销寓言[M]. 北京：中国民航出版社，2004.）

三、市场的主要类型

1. 按照竞争程度进行分类

(1) 完全竞争市场

该市场上有无数的买者和卖者，市场上的商品也完全无差别，厂商进入或者退出一个行业是完全自由的，并且市场上的每一个买者和卖者都掌握与自己的经济决策有关的一切信息。如一些农产品市场。

(2) 垄断竞争市场

该市场中有许多厂商生产和销售有差别的同种商品，厂商进入和退出一个行业比较容易。并且由于厂商的数量非常多，每个厂商都认为自己的影响很小，不会引起竞争对手的注意和反应。如糖果零售市场、理发行业等。

(3) 寡头竞争市场

该市场是指少数几家厂商控制整个市场的产品生产和销售的一种市场组织。在寡头竞争市场中，每个厂商的产量都在整个行业的总产量中占较大的份额。因此，每个厂商的产量和价格变动都会对其他竞争对手乃至整个行业的产量和价格产生重要的影响。

(4) 完全垄断市场

该市场是指在整个行业中只有唯一的一个厂商的市场组织，该厂商生产和销售的商品没有任何相近的替代品，而且其他任何厂商进入该行业都极为困难甚至不可能。因此，垄断厂商可以控制和操纵市场价格。

2. 按照市场主体地位进行分类

(1) 买方市场

买方市场是指由买方处于支配地位的市场。在该市场中买方以压倒性的优势控制市场。例如：当市场上商品供过于求时，价格下降，买方有更多的机会挑选商品，而卖方则开始积极营销，争夺市场。

(2) 卖方市场

卖方市场是指由卖方处于支配地位的市场。在该市场中卖方以压倒性的优势控制市场。例如：当市场上的商品供小于求时，价格上升，此时卖方在市场中占有有利地位，买方开始争相购买商品。

3. 按照空间范围进行分类

(1) 国内市场

国内市场是指在本国进行交易活动的市场。它是在商品经济广泛发展的基础上所形成的把国内各个地区的经济融合为一体的市场。

(2) 国际市场

国际市场是指在不同国家和地区间进行商品交易活动的市场。

4. 按照交易方式进行分类

(1) 现货市场

现货市场是指与期货、期权和互换等衍生工具市场相对的一个市场的统称。现货市场交易的货币、债券或股票是衍生工具的标的资产。它通常指期限为12个月左右的债务工具(如票据、债券、银行承兑汇票)的交易。

(2) 期货市场

期货市场是进行期货交易的场所,是多种期货交易关系的总和。它是按照“公开、公平、公正”的原则,在现货市场基础上发展起来的高度组织化和高度规范化的市场形式。它既是现货市场的延伸,又是市场的一个高级发展阶段。从组织结构上来看,广义上的期货市场包括期货交易所、结算所或结算公司、经纪公司和期货交易员;狭义上的期货市场仅仅指期货交易所。

第二节 市场营销的概念

一、市场营销的定义

西方学者对市场营销的概念下过上百种定义,其中比较具有代表性的有以下几种:

美国著名营销大师杰罗姆·麦卡锡(Jerome McCarthy)认为:“市场营销是引导商品和服务从生产者到消费者或使用者的企业活动,以满足顾客的需求并实现企业的目标。”麦卡锡的定义强调了满足顾客需求以及实现企业赢利是企业的主要经营目标。

美国市场营销协会(AMA)1985年对市场营销下的定义为:“市场营销是关于思想、货物和服务的设计、定价、促销和分销的规划与实施过程,目的是创造能够实现个人和组织目标的交换。在交换双方中,如果一方比另一方更主动、更积极地寻求交换,则前者为市场营销者,后者称为潜在顾客。”

2004年8月,AMA又公布了市场营销的最新定义:市场营销既是一种组织职能,也是为了组织自身及利益相关者的利益而创造、沟通、传递客户价值、管理客户关系的一系列过程。

现代营销学之父菲利普·科特勒教授在其《营销管理》一书中给出市场营销的定义:“市场营销是以满足人类的各种需要和欲望为目的、通过市场变潜在交换为现实交换的一系列的活动和过程。”①

本书以菲利普·科特勒教授所下定义作为市场营销的概念。对于菲利普·科特勒教

① Philip Kotler. Marketing Management[M]. 11th edition. New Jersey: Pearson Education, Inc., 2010: 29.

授的这个概念，可以从以下三个方面理解：

（1）市场营销的最终目标是“满足人们的需要和欲望”。企业根据消费者的需要和欲望生产出来符合他们需要的商品，并出售给有某种特定需要的消费者，从而使企业获利。

（2）市场营销的核心是“交换”。只有通过交换才能实现物品和货币的流动。交换过程是为满足双方的需求和欲望，积极、主动地寻找机会的过程。只有通过交换，人们的需求和欲望才能够获得满足，同时企业才能获得利润，从而达到双赢的局面。

（3）“交换”的过程是否顺利，取决于营销者创造的产品和服务的价值是否满足了顾客的需求及其在交换过程中的管理水平。

二、市场营销学的核心概念

市场营销学包含了很多概念，其中较为核心的概念有：市场营销者；需要、欲望和需求；交换、交易和转让；关系和关系营销。

1. 市场营销者

市场营销者是指希望从别人那里取得所需资源并愿意以某种有价之物作为交换的人。在市场营销活动中，市场营销者既可以是买方，也可以是卖方。一般来说，卖方在市场中作为主导一方，然而作为买方，如果他们积极主动地去获得卖方提供的产品或服务，这种买方就是市场营销者。如果买卖双方都在积极地寻求相互交换，可以将双方称之为市场营销者，并且把这种情况称为相互市场营销。

2. 需要、欲望和需求

需要是指人们由于缺乏某种东西而产生的某种“想得到”的心理状态。它并不是由市场营销者所创造的，是人类自身的生理、心理和情感的特征所产生的。例如，人们在日常生活中需要衣服、食品、住所、安全、情感等。

欲望反映出了人们的愿望，是指人们为了满足某种基本的需要所期望的特定的方式和事物。它表现出人们内心深处的一种需要。不同类型、不同背景、不同层面的消费者的欲望是不相同的。比如为了满足一个人对食品的需要，山区的孩子想到的是吃一顿米饭，而大城市里孩子想到的是吃麦当劳。

需求是指人们愿意并且能够购买某种商品的能力。需求强调的是既要有购买欲，也要具有购买力。只有当消费者具有购买能力时，欲望才能够转换成对商品或服务的需求。比如在房价节节攀升的今天，很多年轻的“80后”都希望在大都市里面拥有自己的一套住房，当这些“80后”消费者只有这些美好的想法但没有支付能力的时候，称之为欲望；当这些“80后”消费者既有这些美好的愿望又有购买能力，可以支付购房的费用时，称之为需求。

3. 交换、交易和转让

交换是在两方或多方之间产生的，它是通过为对方提供某种东西作为回报，从对方那里获取到所需商品或服务的行为。现实中的交换是否产生，取决于交换双方或多方之间交换的结果，即是否交换之后都比以前好。

交易是双方或多方对某种商品、服务或商业信息进行协商、谈判并达成协议的过程。比如双方就两个有价值的实物进行谈判、协商并准备趋于达成协议，这个过程称之为交换。如果一旦达成协议，就称之为双方进行了交易。

转让是甲方给乙方提供商品或服务，但是甲方并不接受或获得任何物质上的回报。比如生活当中所提到的赠与和援助，都属于转让。

4. 关系和关系营销

关系原指人与人之间的交往联系。在这里，可以将关系扩充到企业与顾客、分销商、供应商、其他相关企业、政府之间的联系与交往。

1985年，美国著名学者芭芭拉·本德·杰克逊提出了关系营销的概念，杰克逊认为，关系营销是把营销活动看成一个企业与消费者、供应商、分销商、竞争者、政府机构及其他公众发生互动作用的过程，其核心是建立和发展与这些公众的良好关系。这里的关系营销更加看中企业的长远利益，即企业和顾客间建立和保持密切的关系，形成一种长期的营销关系。

关系营销与交易营销之间是有差别的。首先，交易营销强调的核心是交易，企业通过与对方发生交易活动从中获利，而关系营销的核心是关系，企业通过建立双方良好的合作关系从中获利。其次，交易营销仅仅把各种顾客群体作为自己的目标群体，而关系营销的目标群体涉及的范围更广，其包括顾客、供应商、分销商、竞争对手、银行、政府等各个方面和各个领域。另外，交易营销主要侧重于研究如何获得顾客，关系营销更侧重于如何保持顾客，与顾客形成一种长期的、紧密的合作关系。

第三节 市场营销学的演变

一、生产观念

生产观念产生于20世纪20年代以前，是最古老的企业销售观念之一。在资本主义工业化初期以及第二次世界大战末期，生产观念颇为流行。因为在当时社会条件下，生产力比较落后，物品短缺，在市场上商品供不应求，还处于一个供不应求的卖方市场。企业集中力量发展生产，不重视市场营销，生产观念就在这种卖方市场条件下产生了。

在这种以卖方为市场的条件下，生产观念认为“我生产什么，就卖什么”，消费者喜欢可以随处买到价格低廉的产品，因此这种营销观念下，企业的任务就是生产并向市场提供顾客买得起的产品。因此，企业在生产过程中，主要是以提高劳动生产效率，扩大生产的规模,从而降低产品的价格,通过低廉的价格来吸引顾客,占领市场的地位,而很少关注除此以外的其他市场的因素,如产品的改良、先进技术的运用等。由此可见,生产观念是一种重生产、轻营销的观念。

☞ 小案例:福特公司的生产观念

在20世纪初期,美国福特汽车公司曾倾尽全力于汽车的大规模生产,以降低成本,使大多数美国人都买得起汽车,从而扩大福特汽车的市场;同时,因为其生产的黑色T型汽车在市场上十分畅销,根本无须推销兜售,以至于汽车大王亨利·福特先生曾傲慢地宣称:不管顾客需要什么颜色的汽车,我只有一种黑色的。这是一种典型的生产观念。然而当其他公司所生产的彩色汽车开始风靡市场之后,福特才醒悟到自己的决策是多么的愚蠢,以至于这种错误的生产观念给福特公司带来了巨大的经济损失。

(资料来源:张梦霞.市场营销学[M].北京:北京邮电大学出版社,2007.)

二、产品观念

产品观念产生于市场产品供不应求的卖方市场情况下,产品观念是在生产观念的基础上发展起来的,但仍然属于一种比较陈旧的经营观念。

产品观念认为,消费者最喜欢高质量、多功能和具有某种特色的产品,企业都应致力于生产高附加值的产品,并不断加以改进。

☞ 小案例:文具商的产品观念

一位办公文具柜制造商认为,他的文具柜一定畅销,因为它们是世界上最好的柜子。因此他自豪地说:"这些柜子即便是从四层楼仍下去也能保证完好无损。"公司的销售经理也对此表示赞同,但补充了一句说:"不过我们的顾客并不打算把它们从四层楼扔下去啊!"从这个小故事中可以看出,如果经营者不是从消费者的需要和需求出发来生产和设计产品,那些自认为很好的产品是不会被市场所接受的。

(资料来源:张梦霞.市场营销学[M].北京:北京邮电大学出版社,2007.)

三、推销观念

推销观念产生于西方国家由"卖方市场"向"买方市场"的过渡阶段。1920—1945年,由于科学技术的迅速进步以及企业规模生产的推广,产品产量迅速增加,逐渐出现了市场产品供过于求的状况,企业之间的竞争越来越激烈。许多企业家深刻地感受到,即使企业拥有物美价廉的产品,也未必能卖得出去。要在日益激烈的市场竞争中求得生存和发展,就必须重视推销工作。产品销路逐渐成了与企业生存息息相关的问题。企业更加关心这些产品是否满足消费者的需要以及顾客使用产品以后的意见。

推销观念认为,即使有优良的产品和低廉的成本,并不一定会自然而然地吸引到消费者,因为消费者通常有一种购买的惰性,如果任由消费者顺其自然,一般情况下消费者不会主动购买某一企业的产品,因此,企业必须通过对加强产品的宣传和推销,吸引消费者的目光,并使他们接受产品。企业要通过积极推销和大力促销,主动积极地成为自己产品的推销员和促销员,刺激消费者大量购买本企业产品。

☞ 小案例:金羚感冒片的推销观念

目前中国有1 000多家制药企业在生产不同种类的感冒药,仅消费者熟知的感冒药品牌至少有二三十种,如康泰克、白加黑、三九感冒灵、康必得、感康、严迪、日夜百服宁、泰诺、海王银德菲、快克、感叹号、安泰克、竹林众生等。

中国感冒药市场基本形成了上有强势品牌的一统天下、中间有二线品牌充分填充、下有地方的名牌见缝插针的局面,铁桶般的感冒药市场对于新品牌来说,用针插不进水、泼不入来形容一点也不夸张。

中美史克公司推出新康泰克,打出12小时持续有效的产品卖点,重振康泰克的雄风。

三九感冒灵在第一时间打出不含PPA的卖点,超前的公关意识,趁火打劫,迅速拉升了品牌的营销力,应验了“公关第一,广告第二”的效应。

白加黑提炼出感冒药中导致瞌睡的成分扑尔敏,打出早晚分服的概念,巧借卖点异军突起。

康必得站位于中西药结合的卖点,通过持续的广告传播,欲将康必得做成中西结合的代名词。

来自强生公司的泰诺则强调30分钟快速奇效。

金羚感冒片在这种情况下,与狼共舞,市场压力越来越大。

2006年7月,金羚感冒片高层管理人员进行了一次长时间的会晤,就目前的市场形势进行了细致的分析,对于金羚感冒片下一步市场突破的营销策略达成了以下共识:

第一,作为一个功能型消费品,必须建立以产品卖点为核心的整体营销体系。因此重要任务是为金羚感冒片找准一个鲜明的、坚持不变的产品卖点。

第二,由于金羚感冒片的零售价不高,终端利润不高,终端导购很少主动推销,因此必须加强品牌传播,提高顾客的购买率,所以有必要进行大规模的广告投放,迅速建立新的品牌认知。

第三，继续金羚感冒片的一贯的明星代言路线，重新选择一个明星代言品牌。在仔细的甄选下，最终选择了著名的影视明星牛莉出任金羚感冒片的品牌代言人。并动员全体员工推销金羚感冒片的核心卖点策略：含有维生素的感冒药，不但治疗感冒，还能增强抵抗力。

随着感冒药销售旺季的到来以及随着新的卖点、新品牌代言人的大力度传播，金羚感冒片的渠道首先被注入了一股新动力，金羚感冒片迎来了一个发展的高峰，出货量正以倍数递增，在强者林立的感冒药市场，金羚感冒片利用明星代言、广告拉动、终端传播的推销战略迅速拉动了销售。

（资料来源：温韬. 金羚感冒片的营销策划纪实[EB/OL]. [2007-02-08]. http://www.em-cn.com/Article/200702/119731_2.htm.）

四、市场营销观念

第二次世界大战以后，随着第三次科技革命的兴起，社会生产力迅速发展，市场趋势逐渐发展为供过于求的买方市场。同时，广大消费者个人收入迅速提高，消费需求不断变化，有能力对产品进行选择，企业之间为实现产品价值的竞争加剧，许多企业开始认识到，必须转变经营哲学才能求得生存和发展。这时产生了市场营销观念。

市场营销观念的产生相对于上述三种营销观念而言是一种新型的、创新的经营观念。市场营销观念强调通过深刻认识和了解顾客，从而使产品或服务完全适合他们的需要，从而实现产品的自我销售。市场营销观念的推行使推销成为多余。

市场营销观念的核心原则直到20世纪50年代中期才基本定型，其核心思想是：从以企业的需要为经营的出发点变为以消费者的需要为经营的出发点。市场营销观念认为，实现企业目标的关键在于正确地确定目标市场的需求和欲望，并且比竞争对手更有效地满足目标市场的需求。

因此，可以把市场营销观念的特征总结为以下三个方面：

（1）企业的经营活动必须以满足顾客的需求为中心。

（2）企业必须注重其长远的发展和战略目标的实现。

（3）企业必须通过各种营销策略和各部门的整合营销来实现目标。

小案例：张裕集团的市场营销观念

张裕集团有限公司的前身烟台张裕葡萄酿酒公司创办于1892年，它是中国第一个工业化生产葡萄酒的厂家，也是目前中国乃至亚洲最大的葡萄酒生产经营企业，主要产品有白兰地、葡萄酒、香槟酒、保健酒、中成药酒和粮食白酒六大系列数十个品种，年生产能力8万余吨，产品畅销全国并远销世界20多个国家和地区。张裕葡萄酒从此为世界所公认。

改革开放后社会经济环境为张裕集团提供了前所未有的发展机遇，张裕生产的产品凭借其卓越的品质多次在国际国内获得大奖，成为家喻户晓的品牌产品。然而名牌不等于市场，金字招牌对于张裕来说是一个极大的优势，但是这并不足以使张裕在市场上所向披靡。在改为市场经济的头两年中，由于市场观念差，企业缺乏适应市场竞争的能力，盲目生产，等客上门，受到市场的惩罚：1989年张裕的产值较上一年下降了2.5%，产量下降了26.2%，6条生产线停了4条，1/4的职员没有活干，近一半的酒积压在仓库里，累计亏损400多万元，生存和发展都面临着严峻的挑战。关键时刻，张裕人并没有躺在历史上顾影自怜，在积极反思失败原因、努力摸索市场规律、下工夫钻研营销后，公司树立了"市场第一"的营销观念和"营销兴企"的发展战略，实现了两个根本性转变。一是企业由销售和生产产品转变为生产和销售产品，一切围绕市场转；二是由"做买卖"转变为"做市场"，从推销变为营销。这两个转变使企业的经营不再是单纯的生产和推销问题，反而是以市场为导向的调研、决策、实施、监控的有机结合，在满足消费者利益的同时为企业创造最佳效益。在正确营销观念的指导下，1997年、1998年连续两年产销量、销售收入和市场占有率均高居同行业榜首，在1998年度全国产品市场竞争力调查中，荣获了消费者心目中理想品牌、实际购买品牌和1999年度购物首选品牌三项第一。

（资料来源：关于烟台张裕葡萄酿酒股份有限公司收购之独立财务顾问报告[N/OL]. 上海证券报.[2005-05-27]. http://money.163.com/economy2003/editor_2003/050527/050527_364439.htm.）

五、客户观念

客户观念(customer concept)是指企业注重收集每位客户以往的交易信息、人口统计信息、心理活动信息、每天习惯信息以及分销偏好信息等，根据收集的信息确认客户的终身价值，分别为每位客户提供各自不同的产品或服务，传播不同的信息，并通过提高客户的忠诚度，增加每位客户的购买量，以确保企业的利润增长。

现代市场营销战略也逐渐从产品导向转变为客户导向，研究客户的需求和让客户满意逐渐成为营销战略成功的关键。各个企业都积极了解客户需求和需要，及时根据客户的不同需求生产符合市场的商品。在这种情况下，越来越多的企业开始由奉行市场营销观念转变为奉行客户观念。

☞ 小案例：钟表王国走出困惑

20世纪70年代中期，瑞士钟表业陷入严重的危机。日本和香港采用电子适用技术使钟表的生产效率大大提高，大量廉价的电子石英表涌入国际市场，这股狂流冲击了生产机械表为主的瑞士钟表业。世界钟表市场在逐渐扩大,而瑞士产品在市场中不断减少。

危机使瑞士两大钟表集团受到了严重损失。两大集团ASUAG和SSIH都在寻找夺回钟表王国霸主地位的途径。两大集团联合成立了钟表指导委员会以加强其在国际钟表界的竞争地位。

1981年,瑞士生产的塑料钟表“大众表”被命名为“瑞士表”(SWATCH),“瑞士表”无论从外形时尚性、使用的方便性、价格的实惠性方面都给人醒目的感觉,但是它遭到人们的广泛批评。1982年,瑞士钟表指导委员会与美国一家公司合资生产“瑞士表”,生产量每周可达4 000只,型号有25种,但销售出现了问题,公司负责人甚至决定将最不受欢迎的产品卖掉。而指导委员会的尼克松反对,他从研究消费者喜好、价格等多方位入手,着眼于消费者需求,并迅速制定了这种塑料“瑞士表”打入国际市场的营销战略。1983年,“瑞士表”正式营销大战开始,在一个国际市场产品的记者招待会上,大力宣传“瑞士表”的四大特性:①价格是瑞士石英表历史上的最低;②质量敢与价格昂贵的手表相比,误差每天一秒;③新潮流,新生活的标志;④能够适合各种人的爱好和作为时髦的装饰品。

1984年“瑞士表”逐渐被人们接受,瑞士两大钟表集团正式合并为瑞士微电子钟表工业集团有限公司。公司拥有一个较强的市场分析研究组织,手表的设计和生产来源于市场和社会。公司的产品随时代的变化和市场趋势的变化而变化,公司的口号是“唯一不变的是我们一直在变”。瑞士表以其不断的变化使产品成为时尚、个性、艺术的化身,敢于创新、质量第一是瑞士表成功的奥秘。今天它拥有欧米茄、布朗班、浪琴、雷达等高档表及雪铁纳、铁索和瑞士表等12家钟表企业。根据统计,1993年,瑞士出口手表和机芯达到12亿件,约占世界手表市场的50%,其中仅“瑞士表”就有2 500万只,占瑞士出口成表的75%,另有资料表明,“瑞士表”的市场已经遍布5大洲、140多个国家和地区。“瑞士表”普遍受到了人们的欢迎和称赞,它的成功在瑞士钟表界被传为佳话。

(资料来源:冯丽云.经典营销案例新编[M].北京:经济管理出版社,2008.)

六、社会市场营销观念

社会市场营销观念(social marketing concept)产生于20世纪70年代,在这个年代由于市场营销的发展,一方面给社会及广大消费者带来巨大的利益,另一方面造成了资源短缺、环境污染,破坏了生态平衡,营销行业开始出现了假冒伪劣产品及欺骗性广告,这大大引起了广大消费者的不满,并掀起了保护消费者利益及保护生态平衡运动,迫使企业的营销活动必须考虑消费者及社会的长远利益。在这种形势下,1971年,杰拉尔德·扎特曼和菲利普·科特勒最早提出了"社会市场营销"的观点,提倡人们将市场营销观念运用于保护环境、维持生态平衡各个方面,这个观点立刻得到了各个国家的广泛重视与认同。

社会市场营销观念认为,企业的任务是确定各个目标市场的需要与欲望和利益,并以提高和保护消费者和社会福利的方式,比竞争者更有效、更有力地向目标市场提供所期待的满足物。社会市场营销观念要求企业在营销活动中考虑社会与道德的问题,营销者必须不断提高和均衡公司利益、满足消费者需要以及公众利益三者的矛盾。

☞ 小案例:澳柯玛的社会营销理念

澳柯玛集团是我国最早被认定为"中国驰名商标"的四家家用电器企业之一、中国独家"中国电冰柜大王"企业,目前综合实力为其行业第七位,属于国家大型一级企业,山东省重点工业企业集团。

可持续发展是澳柯玛集团企业发展的根本方向,澳柯玛集团在同行业内率先开始致力于无CFC替代项目改造工作,现已成为全球最大的无CFC电冰柜生产基地,同时在电冰柜、洗碗机生产行业内最先通过了ISO 14001环境管理体系认证。目前澳柯玛集团制定了以高科技产业为核心的全球化发展战略,通过实施该国际化战略,澳柯玛集团的国际化进程步伐在明显加快,其产品出口增长迅猛,目前澳柯玛集团共有30多个系列、200多种规格型号的产品出口到了包括北美、欧洲、日本在内的100多个国家和地区,产品出口额连年翻番。澳柯玛集团将带领中国家电行业向世界家电王国进军。

(资料来源:王方华.市场营销学[M].上海:复旦大学出版社,2001.)

6种市场营销观念的对比

观念	营销出发点	营销目的	市场状况	观念导向	营销策略
生产观念	产品	大批量生产获利	供<求 卖方市场	生产导向	增加产量、降低成本
产品观念	产品	改善产品、提高质量获利	供<求 卖方市场	生产导向	改进产品、提高质量
推销观念	产品	大量推销获利	供>求 买方市场	生产导向	降低成本、多种推销手段
市场营销观念	消费者需求	满足需求长期获利	供>求 竞争激烈	市场导向	注重与满足市场需求
客户观念	消费者需求	满足客户需求获利	供>求 竞争激烈	客户导向	注重客户需求和客户价值
社会市场营销观念	消费者需求	满足需求长期获利	保持企业、客户与社会一致	市场导向	兼顾企业、客户与社会利益

第四节 市场营销组合

市场营销组合是现代市场营销理论的一个重要概念。这个概念是1953年由尼尔·博登提出的,他认为市场营销组合是说市场需求在某种程度上会受到市场变量即市场因素的影响,为了达到既定的市场影响目标,企业需要对这些要素进行有效的组合。市场营销组合中所包含的影响因素很多,麦卡锡在1960年《基础营销》一书中提出4P的观念后,菲利普·科特勒又将其扩充为大市场营销的6P组合。20世纪90年代,美国营销学家罗伯特·劳特朋又提出用4C组合来取代4P组合。近年来美国学家唐·舒尔茨基于关系营销提出了4R组合。下面对这些营销组合依次进行介绍。

一、4P

4P组合即产品(product)、价格(price)、渠道(place)、促销(promotion)。

(1) 产品(product),代表企业提供给目标市场的商品和服务的组合,包括产品的质量、性能、设计、买卖权、品牌名称、样式、包装、尺码、型号、品质、售后服务等。

(2) 价格(price),代表顾客购买商品时的价格,包括价目表所列的价格,折让、支付期限、信用条件等。

(3) 渠道(place),代表企业为将其产品送达目标市场或目标顾客所进行的各种活动,包括中间商的选择、渠道管理、仓储、运输、物流配送等。

(4) 促销(promotion),代表企业为宣传介绍其产品的优点和为说服目标顾客购买其产品所进行的各种活动,包括广告、销售促销、宣传、人员推销等。

二、大市场营销观念与6P组合

大市场营销观念是指企业把市场营销因素分为可控因素和不可控因素,其中可控的因素就是我们所说的4P组合这些传统理论。菲利普·科特勒在1984年提出,企业能够影响自己所处的市场营销环境,而不应单纯地顺从和适应环境,因此,要在市场营销组合的4P基础上加上2P,即权力(power)与公共关系(public relations)。

(1) 权力(power),在进行开拓市场的时候,为了进入特定市场,往往必须找到可能对这些市场具有影响力的高级管理人员、立法部门或政府部门的官员,这时企业营销人员就必须具备高超的谈判技巧以及沟通能力,以便取得这些权力人员的合作,达到预期目的。

(2) 公共关系(public relations),在大市场营销环境中,企业营销不但要与传统的顾客、经销商、供应商、广告商等发生联系,还需要和广泛的社会团体和个人,如立法机关、政府部门、工会、社会团体等发生关系。此时就需要企业在公共关系中树立企业的形象和产品的形象,为加强多方关系建立良好的合作基础。

三、4C

4C组合是指顾客(customer)、成本(cost)、便利(convenience)、沟通(communication)。

(1) 顾客(customer),4C组合认为,消费者是企业一切经营活动的核心,企业重视顾客要甚于重视产品,这体现在两个方面:一是创造顾客比开发产品更为重要;二是消费者需求和欲望的满足比产品功能更为重要。

(2) 成本(cost),4C组合将营销价格因素延伸为生产经营权过程的成本,包括企业生产成本,即企业生产适合消费者需要的产品成本。价格是企业营销中值得重视的,但价格归根结底是由生产成本决定的。消费者购物成本,不仅包括购物的货币支出,还包括购物的时间、体力、精力的支出。

(3) 便利(convenience),4C组合强调企业提供给消费者的便利比营销渠道更为重要,便利就是方便顾客、维护顾客利益,为顾客提供全方位的服务,它贯穿于营销的全过程之中。

(4) 沟通(communication),4C组合用沟通取代促销,强调企业应当重视与顾客的双向沟通,以积极的态度和方式去适应顾客的情感,努力创造顾客与企业双赢的营销局面。

4C组合是从消费者的角度归纳的影响市场营销的因素,这种理论有利于企业更加主动地适应市场变化,更有利于企业与顾客之间的有效沟通。4C组合理论是对传统4P组合理论的进一步深化。

四、4R

4R组合阐述了全新的市场营销四要素,即关联(relevance)、反应(response)、关系(relationship)和回报(return)。

(1) 关联(relevance),即与顾客建立关联。在当今竞争日益激烈的市场中,顾客越来越具有动态性,顾客的忠诚度在不断发生着变化,他们会随时转向其他的企业。为了赢得顾客,提高顾客的忠诚度,获得稳定的市场份额,企业就应当与顾客之间加强关联,建立一种互利互助的需求关系。

(2) 反应(response),即提高市场反应速度。在瞬息万变的市场中,对企业来说如何站在顾客的角度,及时倾听顾客需要,并及时对顾客的需求作出反应,满足顾客需求已经成为一个决定企业成败的重要因素。

(3) 关系(relationship),即关系营销的重要性。企业与顾客的关系已经逐渐转变为与顾客建立长期而稳定的双赢关系,企业与顾客之间逐渐从交易变为责任,从交易变为朋友的关系。

(4) 回报(return)，即回报是营销的源泉。对企业来说，市场营销的真正价值在于为企业带来了短期或长期的收入和利润能力。

4R组合理论以市场竞争为导向，在新的层次、新的角度概括了市场营销的新框架，体现了关系营销的新思想，即企业与顾客之间通过关联、反应和关系，提出如何建立长期的关系、长期合作、保证长期赢利的双赢模式。

本章小结

1. 从营销学的角度来说，市场是某种产品或劳务的现实购买者与潜在购买者需求的总和。

2. 市场＝人口＋购买力＋购买欲。

3. 市场营销是以满足人类的各种需要和欲望为目的，通过市场变潜在交换为现实交换的一系列的活动和过程。

4. 市场营销学的演变：生产观念、产品观念、推销观念、市场营销观念、客户观念、社会市场营销观念。

5. 4P组合即产品(product)、价格(price)、渠道(place)、促销(promotion)。

6. 4C组合是指顾客(customer)、成本(cost)、便利(convenience)、沟通(communication)。

7. 4R组合是全新的市场营销四要素，即关联(relevance)、反应(response)、关系(relationship)和回报(return)。

本章习题

一、名词解释

1. 市场
2. 市场营销
3. 市场营销组合
4. 市场营销管理
5. 客户观念

二、单项选择题

1. 在社会市场营销观念中，所强调的利益应是(　　)。

A. 企业利益　　B. 消费者利益

C. 社会利益　　D. 企业、消费者与社会的整体利益

2. 下列选项中全部属于 4P 的是(　　)。

A. 产品、成本　　B. 渠道、沟通　　C. 促销、价格　　D. 顾客、关系

3. 下列属于市场营销学的演变的是(　　)。

A. 生产观念　　B. 推销观念　　C. 客户观念　　D. 以上都是

4. (　　)首先使用"市场营销"一词,并第一个在课文中采用了这一术语。

A. 巴特勒　　B. 韦尔德　　C. 海杰蒂　　D. 科普兰

5. 市场营销的框架是在(　　)才形成的。

A. 20 世纪初　　B. 20 世纪 20 年代

C. 第二次世界大战后　　D. 20 世纪 60 年代后

6. 下列说法正确的是(　　)。

A. 市场营销者可以通过市场营销活动创造需求。

B. 需要就是对某种产品的需求。

C. 市场营销者可以通过营销活动影响人们的欲望,进而影响人们的需求。

D. 有了欲望,需求自然产生。

三、填空题

1. (　　　　)是以满足人类的各种需要和欲望为目的,通过市场变潜在交换为实现交换的一系列的活动和过程。

2. (　　　　)是指希望从别人那里取得所需资源并愿意以某种有价之物作为交换的人。

3. 4R 组合阐述了一个全新的市场营销四要素,即(　　　　)、(　　　　)、(　　　　)、(　　　　)。

4. 4C 组合是指(　　　　)、(　　　　)、(　　　　)、(　　　　)。

5. 4P 组合是指(　　　　)、(　　　　)、(　　　　)、(　　　　)。

四、简答题

1. 市场营销的概念是什么?

2. 解释需求与需要之间的区别与联系。

3. 4P、4C、4R 分别代表了什么含义?

4. 根据所学内容,谈谈市场营销观念发生了怎样的演变?

本章案例

海尔洗衣机"无所不洗"

创立于 1984 年的海尔集团,经过 20 年的持续发展,现已成为享誉海内外的大型国际

化企业集团。1984年海尔只生产单一的电冰箱，而目前它拥有白色家电、黑色家电、米色家电在内的96大门类15 100多个规格的产品群。海尔的产品出口到世界160多个国家和地区。2003年，海尔全球营业额实现806亿元。2003年，海尔蝉联中国最有价值品牌第一名。2004年1月31日，世界五大品牌价值评估机构之一的世界品牌实验室编制的《世界最具影响力的100个品牌》报告揭晓，海尔排在第95位，是唯一入选的中国企业。2003年12月，全球著名战略调查公司Euromonitor公布了2002年全球白色家电制造商排序，海尔以3.79%的市场份额跃升至全球第二大白色家电品牌。2004年8月《财富》中文版评出最新"中国最受赞赏的公司"，海尔集团紧随IBM中国有限公司之后，排名第二位。

冰箱、空调、洗衣机等产品属于白色家电。作为在白色家电领域最具核心竞争力的企业之一，海尔有许多令人感慨和感动的营销故事。

1996年，四川成都的一位农民投诉海尔洗衣机排水管老是被堵，服务人员上门维修时发现，这位农民用洗衣机洗地瓜(南方又称红薯)，泥土大，当然容易堵塞。服务人员并不推卸自己的责任，而是帮顾客加粗了排水管。顾客感激之余，埋怨自己给海尔人添了麻烦，还说如果能有洗红薯的洗衣机，就不用烦劳海尔人了。农民兄弟的一句话，被海尔人记在了心上。海尔营销人员调查四川农民使用洗衣机的状况时发现，在盛产红薯的成都平原，每当红薯大丰收的时节，许多农民除了卖掉一部分新鲜红薯，还要将大量的红薯洗净后加工成薯条。但红薯上沾带的泥土洗起来费时费力，于是农民就动用了洗衣机。更深一步的调查发现，在四川农村有不少洗衣机用过一段时间后，电机转速减弱、电机壳体发烫。向农民一打听，才知道他们冬天用洗衣机洗红薯，夏天用它来洗衣服。这令张瑞敏萌生一个大胆的想法：发明一种洗红薯的洗衣机。1997年海尔为该洗衣机立项，成立以工程师李崇正为组长的4人课题组，1998年4月投入批量生产。洗衣机型号为XPB40-DS，不仅具有一般双桶洗衣机的全部功能，还可以洗地瓜、水果，甚至蛤蜊，价格仅为848元。首次生产了1万台投放农村，立刻被一抢而空。

一般来讲，每年的6至8月是洗衣机销售的淡季。每到这段时间，很多厂家就把促销员从商场里撤回去了。张瑞敏纳闷儿：难道天气越热，出汗越多，老百姓越不洗衣服？调查发现，不是老百姓不洗衣裳，而是夏天里5公斤的洗衣机不实用，既浪费水又浪费电。于是，海尔的科研人员很快设计出一种洗衣量只有1.5公斤的洗衣机——"小小神童"。"小小神童"投产后先在上海试销，因为张瑞敏认为上海人消费水平高又爱挑剔。结果，上海人马上认可了这种世界上最小的洗衣机。该产品在上海热销之后，很快又风靡全国。在不到两年的时间里，海尔的小小神童在全国卖了100多万台，并出口到日本和韩国。张瑞敏告诫员工说："只有淡季的思想，没有淡季的市场。"

在西藏，海尔洗衣机甚至可以合格地打酥油。2000年7月，海尔集团研制开发的一种既可洗衣又可打酥油的高原型"小小神童"洗衣机在西藏市场一上市，便受到消费者欢迎，从而开辟出自己独有的市场。这种洗衣机3个小时打制的酥油，相当于一名藏族妇女三天的工作量。藏族同胞购买这种洗衣机后，从此可以告别手工打酥油的繁重家务劳动。

在2002年举办的第一届合肥"龙虾节"上，海尔推出的一款"洗虾机"引发了难得一见的抢购热潮，上百台"洗虾机"不到一天就被当地消费者抢购一空，更有许多龙虾店经营者纷纷交定金预约购买。这款海尔"洗虾机"因其巨大的市场潜力被安徽卫视评为"市场前景奖"。5月的安徽，是当地特产龙虾上市的季节，龙虾是许多消费者喜爱的美味。每到这个季节，各龙虾店大小排挡生意异常火爆，仅合肥大小龙虾店就有上千家，每天要消费龙虾近5万斤。但龙虾好吃清洗难的问题一直困扰着当地龙虾店的经营者。因为龙虾生长在泥湾里，捕捞时浑身是泥，清洗异常麻烦，一般的龙虾店一天要用2～3人专门手工刷洗龙虾，但常常一天洗的虾，不及几个小时卖的多，并且，人工洗刷费时又费力，还增加了人工成本。针对这一潜在的市场需求，海尔洗衣机事业部利用自己拥有的"大地瓜洗衣机"技术，迅速推出了一款采用全塑一体桶、宽电压设计的可以洗龙虾的"洗虾机"，不但省时省力、洗涤效果非常好，而且价格定位也较合理，极大地满足了当地消费者的需求。过去洗2公斤龙虾一个人需要10～15分钟，现在用"龙虾机"只需3分钟就可以搞定。

"听说你们的洗衣机能为牧民打酥油，还给合肥的饭店洗过龙虾，真是神了！能洗荞麦皮吗？"2003年的一天，一个来自北方某枕头厂的电话打进了海尔总部。海尔洗衣机公司在接到用户需求后，仅用了24小时，就在已有的洗衣机模块技术上，创新地推出了一款可洗荞麦皮枕头的洗衣机，受到用户的极力称赞，更成为继海尔洗地瓜机、打酥油机、洗龙虾机之后，在满足市场个性化需求上的又一经典之作。明代医学家李时珍在《本草纲目》中有一则"明目枕"的记载："荞麦皮、绿豆皮……菊花同作枕，至老明目。"在我国，人们历来把荞麦皮枕芯视为枕中上品。荞麦皮属生谷类，具有油性，而且硬度较高，如果不常洗或者晒不干又容易滋生细菌，但荞麦皮的清洗与干燥特别费劲，因为"荞麦皮"自身体积微小，重量极轻，很难晾晒，如果在户外晾晒更容易被风刮走。"荞麦皮"的清洗和晾晒问题就成了"荞麦皮"枕头厂家及消费者的一大难题。海尔开发的这款既可以家庭洗衣，又可以用来洗荞麦皮枕头的"爽神童"洗衣机，除了洗涤、脱水等基本功能外，还独有高效的PTC转动烘干、自然风晾干两种干燥技术，同时专门设计了荞麦皮包装洗涤袋，加上海尔独有的"抗菌"技术，非常圆满地解决了荞麦皮枕头的清洗、干燥难题。

专家指出，目前洗衣机市场已进入更新换代、需求快速增长期。始终靠技术创新领先市场的海尔，通过多年以来的技术储备和市场优势的积累，在快速启动的洗衣机市场上占尽先机。世界第四种洗衣机——海尔"双动力"是海尔根据用户需求，为解决用户对波轮式、滚筒式、搅拌式洗衣机的抱怨而创新推出的一款全新的洗衣机，由于集合了洗得净、磨损低、不缠绕、15分钟洗好大件衣物、"省水省时各一半"等优点于一身，迎合了人们新的洗衣需求，产品上市一个月就创造了国内高端洗衣机销量、零售额第一名的非常业绩，成为国内市场上升最快的洗衣机新品，在日前刚刚结束的第95届法国列宾国际发明展览会上一举夺得了世界家电行业唯一发明金奖。

赛诺市场研究公司 2004 年 4 月份统计数据显示,海尔洗衣机市场份额继续高居全国第一,尤其在我国华北、东北、华东、西北、中南、西南 6 大地区市场上分别稳居第一,且与竞争对手的距离进一步拉大。在西北地区,海尔洗衣机的市场份额已接近 40%,超出第二名近 3 倍;在其他 5 大地区,海尔洗衣机的市场份额也都有明显上升,均超出了第二名近 2 倍。

(资料来源:海尔洗衣机“无所不洗”[EB/OL]. 2010-12-12. http://wenku.baidu.com/view/ef76483567ec102de2bd892f.htm.)

案例思考题

1. 从本案例可以窥视到的海尔营销哲学内涵包括哪些重要内容?
2. 张瑞敏说:“只有淡季的思想,没有淡季的市场。”请谈谈你对这句话的理解。
3. 有人认为海尔是一个“机会主义者”,你对此有何评论?

CHAPTER 2

第二章 市场营销环境

本章要点

本章主要阐述市场营销环境的概念和构成、市场营销环境的特征以及市场营销环境分析的重要意义，系统介绍市场营销微观环境以及市场营销宏观环境，教学重点是市场营销微观环境和市场营销宏观环境的内容以及市场营销环境分析。教学难点是企业如何应对不断变化的市场营销环境。

学习目标

- 了解市场营销环境的概念和构成以及市场营销环境的特征。
- 掌握市场营销环境分析的基本方法以及企业在面临不同机会和威胁的情况下如何开展营销活动。
- 理解市场营销环境分析的重要意义。

引入案例

没有鞋子的岛国

美国有两名推销员到南太平洋某岛国去推销企业生产的鞋子，他们到达后却发现这里的居民没有穿鞋的习惯。于是，一名推销员给公司拍了一份电报，称岛上居民不穿鞋子，这里没有市场，随之打道回府。而另一位推销员则给公司的电报称，这里的居民不穿鞋子，但市场潜力很大，只是需要开发。他让公司运了一批鞋来免费赠给当地的居民，并告诉他们穿鞋的好处。逐步地，人们发现穿鞋确实既实用又舒适而且美观，渐渐地，穿鞋的人越来越多。这样，该推销员通过自己的努力，打破了当地居民的传统习俗，改变了企业的营销环境，获得了成功。

启示：现代营销理论告诉我们，企业对营销环境具有一定的能动性和反作用，它可能通过各种方式如公共关系等手段，影响和改变环境中的某些可能被改变的因素，使其向有利于企业营销的方向变化，从而为企业创造良好的外部条件。

（资料来源：陈书凯. 101个影响世界的营销寓言[M]. 北京：中国民航出版社，2004：72.）

第一节　市场营销环境概述

一、市场营销环境的概念

任何企业的生存和发展都存在于一定的环境之中，而这些环境条件都是在不断发展、变化的，它既给企业创造了新的市场机会，同时又给企业带来威胁。因此，市场营销环境对企业的生存和发展具有极其重要的意义。现在很多营销学者都把企业能否在环境因素变化前就采取适当的对策作为评价企业生存能力的一个重要标志。企业必须重视分析和研究市场营销环境，并能根据市场营销环境的变化制定有效的市场营销战略，适应变化，抓住机会，实现自己的市场营销目标。

企业营销环境因素的变化对企业有着重大而直接的影响。市场营销环境的任何变化对企业的发展都是一次重大的挑战。在现实的市场营销活动中，企业可以了解和预测周围的环境因素，企业不仅可以主动地适应这些变化的营销环境，还可以通过努力去利用这些营销环境提高企业营销活动的有效性，使营销环境往有利于企业的生存和发展的方向发展。因此重视研究市场营销环境的变化，适应和利用市场营销环境，是现代企业营销活动所关注的一个重大问题。

什么是市场营销环境呢？按照美国著名营销大师菲利普·科特勒教授的解释是：影响企业的市场和营销活动的不可控制的参与者和影响力。具体地说就是："影响企业的市场营销管理能力，使其能够卓有成效地发展和维持与其目标顾客交易及关系的外在参与者和影响力。"因此，市场营销环境是指与企业营销活动相关的所有内外部力量和相关因素的集合，它是影响企业生存和发展的各种内部条件和外在因素的总和。如图2-1所示。

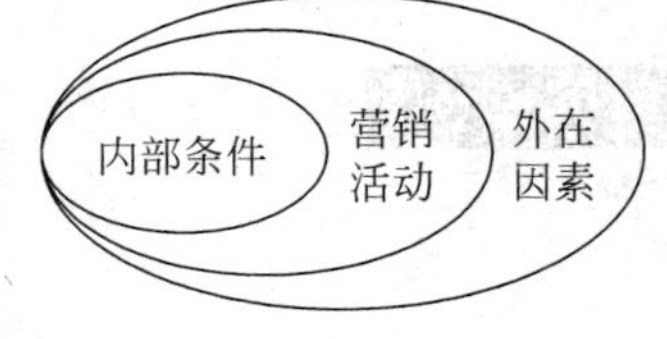

图2-1　市场营销环境

企业市场营销环境的内容既广泛又复杂。根据营销环境对企业营销活动的影响的直接程度，市场营销环境可以分为微观环境和宏观环境两个部分。

微观环境是指与企业紧密相连、直接影响企业营销能力的各个参与者，它一般包括企业市场营销渠道中的营销中介、供应商、顾客、竞争者、营销公众以及企业内部条件。宏观环境是间接影响企业市场营销活动的各种环境因素。宏观环境包括政治与法律环境、经济环境、人口环境、科学技术环境、自然环境以及社会文化环境。宏观环境是给企业带来市场机会和环境威胁的主要因素,对企业经营活动的影响是广泛而深远的。营销的微观环境与宏观环境相互作用,对企业的营销活动形成影响。微观环境与宏观环境之间并不是并列关系,而是主从关系,微观营销环境受制于宏观营销环境,换句话说,微观环境中的因素都受宏观环境中各种力量的影响。

二、市场营销环境的特征

1. 客观性

客观性是指企业总是在特定的市场环境中生存和发展,这样的环境作为一种客观存在,是不以企业营销者的意志为转移的,具有强制性和不可控制性。正因为市场营销环境有着自己的运行规律以及发展趋势,企业经营者对营销环境变化的主观臆断必然会导致营销决策的盲目与失误。换句话说,企业营销管理者虽然能认识、利用营销环境,但无法摆脱环境的制约,也无法控制营销环境,他们在制定营销组合时,必须使之与客观存在的外部环境相适应,才能保证企业的经营活动顺利开展。

☞小案例:"米沙"小玩具熊的滞销

1977年,洛杉矶的斯坦福·布卢姆以25万美元买下西半球公司一项专利,生产一种名叫"米沙"的小玩具熊,用作1980年莫斯科奥运会的吉祥物。此后的两年里,布卢姆先生和他的伊美治体育用品公司致力于"米沙"的推销工作,并把"米沙"商标的使用权出让给58家公司。成千上万的"米沙"被制造出来,分销到全国的玩具商店和百货商店,十几家杂志上出现了这种带4种色彩的小熊形象。开始,"米沙"的销路良好,布卢姆预计这项业务的营业收入可达5 000万～1亿美元。不料在奥运会开幕前,由于苏联拒绝从阿富汗撤军,美国总统宣布不参加在莫斯科举行的奥运会。骤然间,"米沙"变成了被人深恶痛绝的象征,布卢姆的赢利计划成了泡影。

(资料来源:吴健安.市场营销学[M].第3版.北京:高等教育出版社,2007:69.)

2. 差异性

差异性是指不同的国家、民族或地域,政治、法律、经济、人口、社会文化、自然地理等方面存在很大的不同,这些不同对企业营销活动的影响也是显然的。此外,同一种环境因素,对不同企业的影响也是不同的。企业营销活动必须要应对环境的差异性,制定不同的营销策略。

3. 关联性

关联性是指市场营销环境的各个影响因素不是孤立存在,而是相互联系和相互制约的，一个因素的变化会导致许多因素的变化。这是因为社会经济现象的出现，往往不是由某一个单一的因素决定的，而是受到一系列相关因素影响的结果。例如，企业开发新产品时，就要受制于经济因素、国家政策、国家法律制度、技术标准、消费者需求特点、竞争者产品等多种因素的制约，如果不考虑这些外在的力量，生产出来的产品能否进入市场是很难把控的。

4. 多变性

市场营销环境是一个多变的动态环境，因为市场营销环境中各个因素都是不断变化的。一方面，各种环境因素自身是不断变化的；另一方面，某一环境因素的变化又会引起相关环境因素的变化。相对而言，科技、经济等因素的变化快而大，其中，科技因素变化最快，它推动了企业的技术进步和产品创新。而人口、社会文化、自然因素等变化较慢较小，对企业营销活动的影响相对长而稳定。因此，企业的营销活动必须适应环境的变化，企业的经营者必须不断调整营销策略，否则，将会使其丧失市场机会。

小案例：万科企业股份有限公司的发展

从1984年成立起，万科企业股份有限公司已经历了26年的发展历程，目前是中国最大的房地产企业。作为最早的上市公司和最大的房地产企业，身处改革前沿阵地深圳的万科，也是中国经济发展的一个重要缩影。1992年邓小平南行讲话后，受国务院发布《关于发展房地产业若干问题的通知》中提出房地产业将成为支柱企业的影响，全国大多数地区出现大量投资涌入房地产业的局面。万科正是很好地把握了这次契机，在华南经济圈、长江三角洲投资房地产项目和股权投资。1995年万科成功从多元化向专业化转型。万科对外部环境有独特的感知。该公司在2001年年报中宣称“住宅市场呈现良好走势”，在2002年年报中承认，竞争将会更加激烈，但同时展望，行业将持续稳定增长，2003年，在继续认为行业竞争加剧的同时，仍然认为行业前景看好。2004年，面临持续收紧的土地、金融政策，该公司认为当年十月底的加息对投资性购房有较大抑制，对自购住宅影响有限，因此，将有利于市场长期健康成长，在2005年年报中，该公司虽然仍相信宏观调控力度的加大有利于优秀企业获得更大发展机会，但对房价快速上涨表示忧虑。万科公司基于对外部环境的认识，制定了相应的发展战略。

（资料来源：王宇，陈晓. 外部环境与战略变化：以万科公司为例[J/OL]. 商场现代化，2008(31).）

5. 不可控性

影响市场营销环境的因素是多方面的，也是复杂的，表现出企业不可控性。例如，企业不可能随意改变一个国家的政治法律制度、社会文化习俗。

☞小案例：可口可乐新配方饮料的失败

1982年，可口可乐广泛地深入到美国10个主要城市中，进行了大约2 000次的访问，通过调查，看口味因素是否是可口可乐市场份额下降的重要原因，同时征询顾客对新口味可乐的意见。于是，在问卷设计中，询问了例如“你想试一试新饮料吗”、“可口可乐味变得更柔和一些，您是否满意”等问题。调研最后结果表明，顾客愿意尝新口味的可乐。这一结果更加坚定了可口可乐公司的决策者们的想法——秘不宣人，长达99年的可口可乐配方已不再适合今天消费者的需要了。于是，满怀信心的可口可乐开始着手开发新口味可乐。

起初，新可乐销路不错，有1.5亿人试用了新可乐。然而，新可口可乐配方并不是每个人都能接受的，而不接受的原因往往并非因为口味原因，而这种“变化”受到了原可口可乐消费者的排挤。

顾客之所以愤怒，是认为1999年秘不示人的可口可乐配方代表了一种传统的美国精神，而热爱传统配方的可口可乐就是美国精神的体现，放弃传统配方的可口可乐意味着一种背叛。在西雅图，一群忠诚于传统可乐的人组成“美国老可乐饮者”组织，准备发起全国范围内的“抵制新可乐运动”。在洛杉矶，有的顾客威胁说：“如果推出新可乐，将再也不买可口可乐。”即使是新可乐推广策划经理的父亲，也开始批评起这项活动。

而当时，老口味的传统可口可乐则由于人们的预期会减少，而居为奇货，价格竟在不断上涨。每天，可乐公司都会收到来自愤怒的消费者的成袋信件和1 500多个电话。

为数众多的批评，使可口可乐迫于压力不得不开通83部热线电话，雇请大批公关人员温言安抚愤怒的顾客。

面临如此巨大的批评压力，公司决策者们不得不稍作动摇。在嗣后又一次推出的顾客意向调查中，30%的人说喜欢新口味可口可乐，而60%的人却明确拒绝新口味可口可乐。可口可乐公司又一次恢复厂传统配方的可口可乐的生产，同时也保留了新可口可乐的生产线和生产能力。

在不到3个月的时间内，即1985年4—7月，尽管公司曾花费了400万美元，进行了长达2年的调查，但最终还是彻底失算了！

（资料来源：世界品牌实验室失败教训：可口可乐百年来最大营销失误[EB/OL].[2007-11-19]. http://wenku.baidu.com/view/72155302de80d4d8d15a4f43.htm.）

三、市场营销环境分析的重要意义

1. 市场营销环境分析关系到企业的生存和发展

一个企业能否生存与发展，主要看其产品或服务能否满足市场需求，而了解市场需求的前提就是客观评估市场营销环境。只有通过营销环境分析，才能获取市场信息，掌握市场发展变化的趋势，才能在错综复杂的市场中寻找到企业生存和发展的立足点。

市场营销环境分析就是谋求企业外部环境、企业内部条件与企业营销目标之间的动态平衡，因为营销环境给企业营销既能带来机遇同时也带来挑战。对企业来讲，环境机会是开拓经营新局面的重要基础。为此，企业应加强对营销环境的分析，当环境机会出现的时候善于捕捉和把握，以求得企业的发展。如果企业不采取相应的规避风险的措施，这些因素会导致企业营销的困难，对企业形成威胁和挑战。因此，为了保证企业营销活动的正常有序运行，企业应注重对环境进行分析，及时预见环境威胁，将危机减少到最低程度。

2. 市场营销环境分析是企业营销活动的资源基础

企业营销活动所需的各种资源，如资金、信息、人才等都是由环境来提供的。企业生产经营的产品或服务需要哪些资源、多少资源、从哪里获取资源，必须分析并研究营销环境因素，以获取最优的营销资源满足企业经营的需要，从而实现企业的营销目标。

3. 市场营销环境分析是企业制定营销策略的依据

激烈的市场竞争迫使企业必须时刻关注变化万千的市场动态因素，并对未来市场状况作出准确判断。企业营销活动受制于客观环境因素，必须与所处的营销环境相适应。但企业在环境面前绝不是无能为力、束手无策的，只要发挥主观能动性，制定有效的营销策略去影响环境，企业就可以在市场竞争中处于主动，占领更大的市场。

第二节　市场营销微观环境

市场营销活动的主要目标是从满足顾客需求中获取利润。为了实现这一目标，企业首先要从供应商那里获取生产所需资源，然后通过企业内部各部门的协作，开发产品，再通过中间商将产品销售给顾客，从而形成“供应商—企业—营销中介—顾客”这一企业核心营销系统。同时，企业能否成功开展市场营销活动，还受到竞争者和营销公众等因素的影响，它们构成了市场营销的微观环境。如图 2-2 所示，市场营销微观营销环境是指与企业紧密关联，直接影响企业营销活动的力量和因素的总和。为了更好地协调企业与相关群体——供应商、营销中介、顾客、竞争者和营销公众的关系，促进企业营销目标的实现，企业必须对微观环境进行分析。

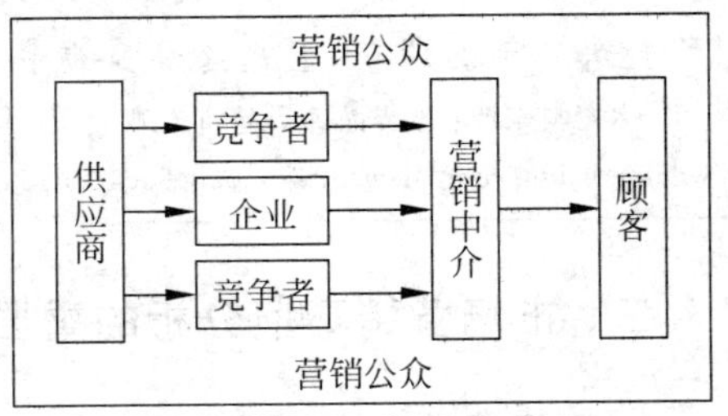

图 2-2　市场营销微观环境

一、企业内部条件

1. 企业内部条件的概念

面临相同的外部环境，不同企业的营销活动所取得的效果却不尽相同，这是因为企业自身有着不同的内部环境要素。这些内部环境因素既可能对企业的市场营销活动起着制约作用，造成企业经营的劣势局面，也可能对企业的市场营销活动发挥保障作用，形成企业经营的优势状况。因此，企业内部条件分析是企业科学合理地制定营销策略的前提和重要基础。

2. 企业内部条件分析的主要内容

(1) 企业市场营销活动所需资源分析

主要分析企业资源的占有、配置状况等问题，并分析企业开展市场营销活动所需占有的资源的状况。企业的资源有些是有形的，有些是无形的。有形资源是可以看见并可以量化的资产，比如原材料、生产设备等。无形资源是指根植于企业历史中，对企业经营产生长期影响的隐性的人文资源，例如思想、理论知识、科学技术、管理能力、创新能力、组织制度、企业声誉、品牌、宗教信仰、文化传统、道德伦理等。

(2) 营销部门与其他部门协作状况分析

企业系统是由一系列部门构成的有机整体，除营销部门外，还有人力资源管理部门、采购部门、生产部门、财务部门、技术开发部门等其他职能部门。营销部门主要负责市场研究、营销计划制订、新产品开发、品牌管理、广告、促销等工作。营销部门在制订营销计划，开展营销活动时既要考虑企业最高层制定的企业战略、企业目标和企业任务，又要协调和处理好与其他职能部门之间的矛盾和关系。这就要求企业自身能进行有效沟通，整合各种有效资源，营造良好的企业环境，从而形成强大的合力，使各项营销方案和营销管理决策得以实施，更好地实现营销目标。

二、供应商

1. 供应商的概念

供应商是指为企业提供生产经营所需的各种原材料、辅助材料、设备、能源、劳动力、资金等资源的企业或个人。这些资源的变化直接影响到企业产品的产量、质量以及利润，从而影响企业营销计划和营销目标的完成。供应商是企业经营活动的直接影响和制约力量，对企业的营销活动有着重大的影响。

2. 供应商对企业营销活动的影响

供应商对企业营销活动的影响主要体现在以下几个方面。

(1) 资源供应的稳定性与及时性直接影响到企业的生产能否顺利进行。如汽车生产厂商不仅需要各种零配件，还需要设备、能源作为生产手段与要素，任何一个环节在供应上出现问题，都会导致企业的生产活动无法顺利开展。为此，企业为了在时间上和连续性上保证货源的供应，就必须和供应商保持良好的关系，必须及时了解和掌握供应商的情况，分析其状况和变化。

(2) 资源供应的价格及其变动趋势直接影响到企业产品的成本，最终影响到企业产品在市场上的竞争力。比如，火电厂的原材料是煤炭，煤价上涨，必然增加其成本，如果上网电价不能上调，就会压缩火电厂的利润空间甚至出现亏损。为此，企业必须密切关注和分析供应商的货物价格变动趋势，使企业应变自如，早作准备，积极应对。

(3) 供应资源的质量水平直接影响到企业产品的质量。供应商能否供应质量有保证的生产资料直接影响到企业产品的质量，进一步会影响到销售量、利润及企业信誉。企业必须了解供应商的产品，分析其产品的质量标准，从而来保证自己产品的质量，赢得消费者，赢得市场。

因此，企业要处理好与供应商之间的关系，重视与供应商之间的合作。一是坚持“双赢原则”，与优秀的供应商建立长期稳定的合作关系，从而获得稳定可靠的资源供应，降低交易成本。这里的“优秀”指的是那些能够提供品质优良、价格合理的资源，交货及时，有良好信用，在质量和效率方面都信得过的供应商。二是加强企业与供应商之间的信息沟通，协调双方立场。三是采取多渠道采购策略，尽可能多地联系供货人，向多个供应商采购。企业如果过分依赖一个或少数几个中间商，就会在市场中处于被动地位，受到供应变化的影响和打击的可能性就大，尤其是当与供应商的关系发生变化时，企业难免会陷入困境。

☞ 小案例：丰田召回事件

“车到山前必有路，有路就有丰田车”。这句耳熟能详的广告词让国内广大民众开始认识丰田这个品牌，并把丰田的品牌理念深深地根植在人们的潜意识之中。在相当长的一段时间，丰田车成为日本汽车的典型代表，树立了日本车低价、省油、保养费用低廉的形象，并因此而大获成功，成为国际最大的汽车生产企业。2009 年，这家汽车业巨头在众多欧美车厂破产的大环境下面，顽强地挺过了经济危机。2010 年，它却面临另一个可能导致企业身败名裂的问题——由备受关注的“踏板门”事件引出的一系列质量问题。丰田“踏板门”、“脚垫门”、“刹车门”愈演愈烈，“跑偏门”又接踵而至，丰田四处灭火，危机应对捉襟见肘。巨额损失、销售下降自不必说，其数十年塑造的质量口碑更是岌岌可危。

丰田召回事件暴露了全球化生产模式的潜在风险。在美国销售的丰田汽车大多由本土制造，此次引发丰田危机的油门踏板也由美国 CTS 公司供应。全球化生产的显著特征就是制造外包和供应链拓展，这种基于比较优势的生产模式降低了成本，同时也加大了质量控制的难度，弱化了企业对产品质量的控制力。显然，丰田扩张的“刹车片”失灵，直接导致了质量与成本平衡的瓦解。为应付规模迅速扩张，丰田通过零部件通用化来推动上下游配套企业削减成本、扩大供应能力，为此曾一度将汽车车门扶手的类型由原来的35种减少为3种。在推行零部件通用化之初，整车成本下降明显。然而随着规模的不断扩张，质量稳定性逐渐出现问题。此外，金融危机的爆发暴露了丰田“捆绑式”供应商合作模式的缺陷。在这种模式下，丰田与零部件供应商常常相互持股，形成一荣俱荣、一损俱损的比较封闭的关系，这种关系稳定且具有一定的排他性，能够迅速地对变化的市场需求作出反应，这也是丰田在美国市场制胜的法宝之一。然而，金融危机影响下丰田削减产量，零部件供应商产量也随之锐减，但由于零部件供应商的设备投资已完全被丰田“绑定”，过剩的产能导致成本压力增大，在此情形下，成本压力有可能通过牺牲质量来缓解。金融危机导致企业竞争环境恶化，平时不起眼的商品技术质量缺陷，都可能在这种恶化的环境中给企业乃至国家带来重大损失，企业更应谨慎应对。

（资料来源：叶书宏．全球化生产模式的潜在风险[EB/OL]．[2010-02-11]．http://news.xinhuanet.com/mrdx/2010-02/11/content_12965572.htm.）

三、营销中介

1. 营销中介的概念

营销中介是指为协助企业将产品销售给最终购买者，为企业营销活动提供各种服务的机构，包括中间商、物流配送机构、营销服务机构、金融中介机构等。他们是企业进行营销活动不可缺少的中间环节。营销中介对企业营销产生直接的、重大的影响，只有通过有关营销中介所提供的服务，企业才能把产品顺利地送达到目标消费者手中。随着市场经济的发展，社会分工愈来愈细，中介机构的影响也愈来愈大。因此，企业在市场营销过程中，必须重视营销中介对企业营销活动的影响，并要处理好与他们的合作关系。

2. 营销中介的类型

如图2-3所示，营销中介的类型包括中间商、物流配送机构、营销服务机构和金融中介机构。

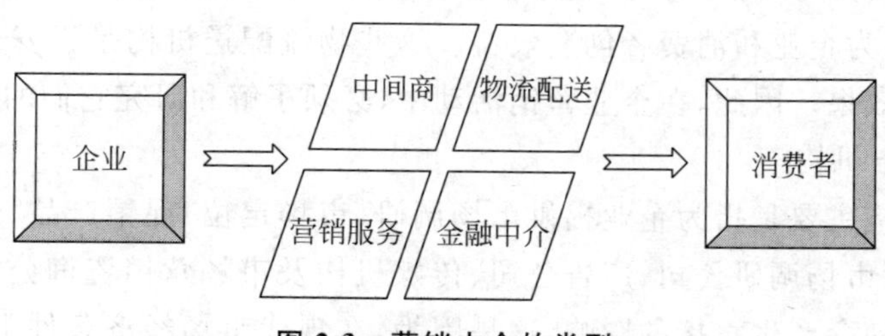

图2-3　营销中介的类型

（1）中间商

中间商是指在销售渠道中，协助产品从生产商流向消费者的中间机构。中间商按其是否拥有商品所有权分为经销中间商和代理中间商。经销中间商购买商品并拥有商品所有权，他们从生产企业购进产品后再转售，从中赚取差价。经销中间商主要有批发商、零售商和其他零售商。代理中间商不拥有商品所有权，专门介绍客户或与客户洽商、签订合同，从中赚取佣金。代理中间商主要包括代理商、经纪人和生产商代表。

中间商对企业营销具有极其重要的影响，他能帮助企业寻找目标顾客，为产品打开销路，为顾客创造效用价值。一般企业为了完成企业营销目标都需要与中间商合作。因此，企业必须选择合适的中间商，并与中间商建立良好的合作关系，必须了解和分析其经营活动，并采取一些激励性措施来推动其业务活动的开展。

☞ 小案例：海尔打入沃尔玛——机会来自执着的追求

海尔的走出去战略呈现多赢局面，但并不是说进军海外之路一帆风顺。海尔刚刚在美国建厂的时候，美国人根本不认识海尔，打开美国市场谈何容易。1990 年，海尔高薪聘请了美国人迈克作为海尔美国区的总裁，迈克认为，要让美国人认识海尔，事半功倍的方法是让海尔进入美国最大的连锁超市沃尔玛。

沃尔玛在全美国有 2 700 多家连锁店，每一家都摆满了来自世界各地的名牌产品。让它接受一个陌生的品牌非常困难，整整 2 年时间，迈克甚至没有机会让沃尔玛看一眼海尔产品。直到有一天，他想出了一个好办法，他在沃尔玛对面竖起了一个海尔的大广告牌。这样沃尔玛的高层每天在休息的时候都能看到海尔，功夫不负有心人，终于有一天，沃尔玛的采购高层对这个海尔产生兴趣，开始约见海尔代表。进入沃尔玛之后，海尔的产品已从最初的一两种发展到现在的近十种。

（资料来源：张卫东. 市场营销理论与实训[M]. 北京：电子工业出版社，2006：64.）

（2）物流配送机构

物流配送机构主要是指协助生产企业储存产品并将产品从原产地运往目的地的专业企业，包括仓储公司、运输公司等。物流配送机构的主要任务包括包装、运输、仓储、装卸、搬运、库存控制和订单处理等方面，基本功能是调节生产与消费之间的矛盾，提供商品的时间和空间效用，为企业和消费者创造效益。这些物流配送机构是否安全、便利、经济直接影响企业营销效果。因此，在企业营销活动中，必须了解和研究它们的业务变化动态。

（3）营销服务机构

营销服务机构主要是指为企业提供市场调研、市场定位、促销产品、营销咨询等专业服务的机构，包括市场调研公司、广告公司、传媒机构及市场营销咨询公司等。这些机构对企业的营销活动会产生直接的影响，这是因为，在现代市场经济条件下，企业面对的市场更加广阔，面临的营销问题也更加复杂，企业在这些专业的营销服务机构协助下可以选择合适的市场，进行正确的市场定位和市场推广。企业选择这些营销服务机构时，应对它们所提供的服务、质量、创造力等方面进行评估，并定期考核其业绩，及时替换那些不具有预期服务水平和效果的机构，这样才能提高经济效益。

(4) 金融中介机构

金融中介机构指在企业营销活动中能提供融资、结算或保险的机构，主要包括银行、信贷公司、保险公司等。金融机构的主要功能是为企业营销活动提供融资及保险服务。在现代经济生活中，企业与金融机构关系密切，任何企业都要通过金融机构经营业务往来。金融机构业务活动的变化还会影响企业的营销活动，比如银行贷款利率上升，会使企业成本增加；信贷资金来源受到限制，会使企业经营陷入困境。为此，企业应与金融中介机构保持良好的关系，以保证融资及信贷业务的稳定和畅通。

四、顾客

顾客是企业服务的对象，也是营销活动的出发点和归宿，是企业最重要的环境因素。现代营销强调把满足顾客需要作为企业营销管理的核心，因为顾客是市场的主体，任何企业的产品和服务，只有得到了顾客的认可，才能赢得市场。我们可以从不同角度以不同的标准对顾客进行划分。按照购买动机和类别分类，顾客市场可以分为：

消费者市场，即为满足个人或家庭需要而购买商品和服务的个人或家庭组成的市场。

生产者市场，即为获取利润或达到其他目的而购买商品和服务来生产其他产品和服务的市场。

中间商市场，是指为获取利润而购买商品和服务以转售的组织所构成的市场。

政府集团市场，是指为了履行职责，提供公共服务或将商品与服务转给需要的人而购买商品和服务的政府机构。

国际市场，是指把企业的产品销售给国外的消费者、生产者、中间商和政府机构。

上述五类市场的消费者需求各不相同，要求企业以不同的服务方式提供产品或服务，他们的需求、欲望和偏好直接影响企业营销目标的实现。因此，企业要认真研究消费者，分析并研究其类别、需求特点、购买动机等，使企业的营销活动能针对顾客的需要，符合顾客的愿望。

☞ 小案例：海尔：以创新精神创造顾客忠诚度

海尔集团创立于 1984 年，经过 18 年的艰苦努力，已发展成为在海内外享有较高美誉的大型国际化企业集团。产品形成了 86 大门类 13 000 多个规格的产品群，并出口到世界160多个国家和地区。2002年，实现全球营业额711亿元，品牌价值已达489亿元。目前海尔已建立起一个具有国际竞争力的全球设计网络、制造网络、营销与服务网络。海尔在海外美誉日渐扩大：据全球权威消费市场调查与分析机构EUROMONITOR最新调查结果显示，海尔集团目前在全球白色电器制造商中排名第五，海尔冰箱在全球冰箱品牌市场占有率排序中跃居第一。海尔的成功在于使顾客满意，进而获得顾客的忠诚。

（资料来源：海尔：以创新精神创造顾客忠诚度.[EB/OL].[2002-06-10]. http://bkdy.ce.cn/jhbz/jhsd/t20031202_232201.shtm.）

五、竞争者

企业在目标市场进行营销活动的过程中，不可避免地会遇到竞争者或竞争对手的挑战。竞争给企业带来压力的同时也增强了企业的活力。通过竞争实现企业的优胜劣汰，也实现了社会资源的优化配置。竞争者是指与企业存在利益关系的其他经济主体。企业的营销活动常常受到各种竞争者的影响和制约，竞争者的营销战略以及营销活动的变化，会直接影响到企业的营销。因此，企业必须密切注视竞争者的任何细微变化，例如价格、广告宣传、促销手段的变化，新产品的开发等，并采取不同的竞争对策，这样就能做到知己知彼，有效地开展营销活动。

一般来说，企业在营销活动中需要对竞争对手了解、分析的情况有：

(1) 产品。了解产品的宽度和深度等。

(2) 分销渠道。渠道覆盖面的质量；渠道关系网的实力；为分销渠道服务的能力。

(3) 营销与销售。营销组合各要素的水平；市场调查与新产品开发的能力；销售队伍的培训。

(4) 生产运作与研究、开发能力。生产的成本；设备的先进性；专有技术的优势；生产能力的扩张、质量控制、设备安装等方面的技能；企业内部的研究与开发能力。

(5) 综合管理能力。企业领导的素质与能力；企业员工协作能力。

六、营销公众

1. 营销公众的概念

营销公众是指企业营销活动中对企业实现营销目标有实际或潜在影响力的群体的总称。公众对企业的态度，会对其营销活动产生巨大的影响，它既可以有助于企业树立良好的形象，也可能妨碍企业的形象。所以企业必须处理好与主要公众的关系，争取公众的支持和偏爱，为自己营造和谐的社会环境。

2. 营销公众的类型

企业所面临的公众主要有以下7种。

(1) 金融公众

金融公众是指影响企业融资能力的财务机构,如银行、投资公司、证券公司、保险公司等。企业要处理好与金融公众之间的关系,从而获得资金支持。

(2) 媒体公众

媒体公众是指报纸、杂志、广播、电视、电台、互联网等具有广泛影响力的大众传播媒介,企业必须与媒体公众建立友好的关系,因为它们对企业的形象及声誉的建立具有举足轻重的作用。

(3) 政府公众

政府公众是指与企业营销活动有关的政府机构。例如国家经委及各级经委、工商行政管理局、税务局、各级物价局等等。它们所制定的方针、政策,对企业营销活动或是限制,或是机遇。企业在制定发展战略和营销计划时,应充分考虑政府的政策,研究政府颁布的有关法规和条例,注意咨询有关产品安全卫生、广告真实性等法律问题。

(4) 公民行动公众

公民行动公众主要指与企业营销活动有关的非政府机构,如消费者组织、环境保护组织以及其他群众团体。企业营销活动关系到社会各方面的利益,来自这些社团公众的意见、建议,往往对企业营销决策有着十分重要的影响作用。

(5) 社区公众

社区公众主要指企业所在地附近的居民和团体组织。企业必须重视保持与所在地居民和团体组织的良好关系,积极支持社区的活动,为社区的发展做一定的贡献,争取得到社区公众的理解和支持,受到社区公众的好评,有利于企业在社会上树立良好的形象。

(6) 一般公众

一般公众是指上述各种公众之外的社会公众,也就是指与企业无直接利害关系,但其言论对企业营销活动会产生一定影响的公众。

(7) 企业内部公众

企业内部公众是指企业内部全体员工,包括高层管理人员和一般企业职工等。企业的经营管理需要得到全体员工的理解、支持和具体执行。企业应该努力处理好与广大员工的关系,应经常向员工介绍企业发展状况,调动他们开展市场营销活动的积极性和创造性,关心员工福利,增强企业内部凝聚力。内部公众的责任感和满意度,必然会影响到外部公众,从而影响企业在公众心中的形象。

公众对企业的生存和发展产生巨大的影响,可能有助于企业实现其目标,也可能会妨碍企业实现其目标。因此,企业必须采取积极适当的措施,主动处理好与公众的关系,树立企业的良好形象,促进市场营销活动的顺利开展。

小案例:家乐福虚假价格事件接二连三

短短两周时间,家乐福在中国区的11家门店被处以约550万元的罚款,这可能是中国零售业有史以来最高额度的罚款。然而,在家乐福遭遇如此危机时,其全国一些门店还存在虚假价格问题。记者调查后获悉,大量管理人才流失、公共关系处理不当等都是造成家乐福此次价格风波失控的症结所在。

据《北京日报》等相关媒体报道,春节期间,有一名石女士在北京家乐福大钟寺店购买食用油,其称购买的1升食用油价格是18.6元,结账时价格变成了76元,卖场退了货并送她一瓶18.6元的食用油算是补偿。厦门一家家乐福在春节期间也发生过类似情况,有一名何先生2月6日在当地家乐福购买1张“迪士尼”拼图,标签价为8.9元,结账后发现商家收取了15.1元。

由于虚假价格事件接二连三,家乐福也受到了相应的处罚。据统计,截至昨日,已经有11家家乐福门店被罚款,且每家门店的罚款金额都是上限最高额50万元,也就是说,家乐福在短短两周内共计被处以约550万元巨额罚款。

究竟是什么原因使得这家全球零售巨头在中国接二连三出现虚假价格事件呢?

曾经在家乐福任职的管理人员透露,家乐福原有的7～8名比较能干的区域级别管理人才相继离职,同时也流失了一批店长,这造成各个门店管理出现漏洞。比如标价,必须有严格体系和大量理货人员执行,然而当管理人员流失、缺乏监管时,很容易出现标价与条形码不符合的情况。上述知情者同时透露,一般一家门店需要的工作人员大约为500人,除去促销员,直属于卖场的人员应该在300多人。然而家乐福为了节省成本,大量使用促销员,部分家乐福门店的促销员可以占到100～250人,即卖场直属人员仅200人左右,完全没有足够人手去更新价格标签并做理货管理。促销员不会去管卖场本身的理货和标价,他们是以销售抽佣来计算收入的。因此,很多门店会出现电脑系统价格已调高,但货架标签并未更换的情况。而理货人员的缺乏也造成货物摆错方位、价物不符等。

业内人士透露,家乐福一线员工流失严重,目前部分门店内明显缺少人手。此外,记者还获悉,几位关键的涉及公共关系的管理人员已经或即将离职,且相关人员离职后,部分关键职位至今没有接班人补上,这不仅造成家乐福目前在多方公共关系上处于少人甚至无人管理的状态,也使得家乐福很难在短期内完善所有门店的所有价签和理货管理。

同济大学危机管理专家李雅茹指出,企业的公共关系包括媒体关系、政府关系、消费者关系甚至是内部员工关系,不容小觑。一旦各方关系不平衡或缺乏沟通,则会带来很大麻烦。比如家乐福在本次事件发生后,对消费者号称赔偿,但执行不够,对媒体除了一份声明也没有再多实质解释，这些都会严重损害企业声誉。假如其不补充管理人员，之后的麻烦可能会更大。

（资料来源：家乐福虚假价格事件接二连三[EB/OL].[2011-02-11].http://news.163.com/11/0211/11/6SK0O0SE00014AED.htm.）

第三节 市场营销宏观环境

市场营销的宏观环境是给企业带来市场机会和威胁的主要社会力量。如图2-4所示，市场营销的宏观环境包括政治与法律环境、经济环境、人口环境、科学技术环境、自然环境以及社会文化环境。

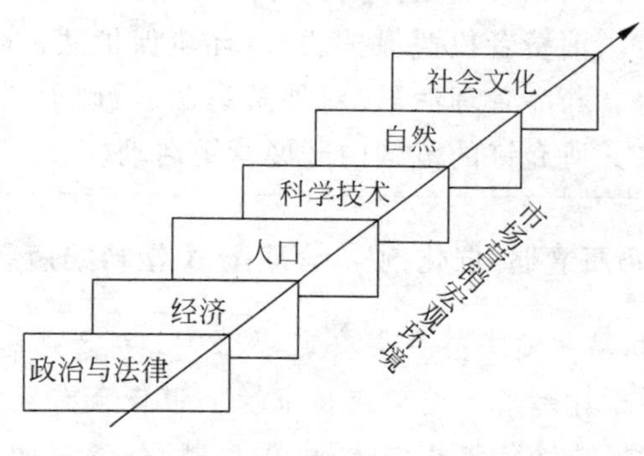

图 2-4 市场营销宏观环境

一、政治与法律环境

政治与法律环境是指对企业营销活动产生强制影响，起到规范或保障作用的各种因素的总和，它主要包括国家各项方针政策、法律法规、政府机构、公众团体等。政治与法律环境是影响企业营销活动的重要宏观因素。政治因素调节着企业营销活动的方向，法律则为企业提供了营销活动的行为准则。政治与法律相互联系，共同对企业的市场营销活动发挥影响和作用。

对企业而言，政治法律环境主要表现在下面两个方面。

1. 政府的有关方针政策

随着社会主义市场经济的建立和完善，宏观间接调控成为政府主要的经济职能。国家通过制定有关的方针政策（主要有货币政策、区域发展政策、人口政策、产业政策、能源政策、财政金融货币政策、土地政策、住房政策等），从宏观上调控市场，又由市场来引导企业，从而对企业的营销活动产生很大的影响。因此，企业应十分注意不同时期国家的有关方针政策，深刻领会其精神实质，及时调整企业营销战略与策略，并善于从中发现新的市场机会，避免其带来的威胁。此外，国际市场营销人员还需要研究目标市场东道国政府对国际营销活动的干预程度，包括进口限制、外汇控制、劳工限制等。

2. 国家的有关法律、法规

为了建立和维护社会经济秩序，保证正常的社会竞争、保护消费者利益和社会利益，政府十分重视法律、法规的颁布、调整和执行。而每一项新的法律、法规的颁布或原有法律法规的调整都会影响到企业的营销活动。法律是评判企业营销活动的准则，只有依法进行的各种营销活动，才能受到国家法律的有效保护。因此，企业开展营销活动，必须了解并遵守国家或政府颁布的有关法律和法规，在法律、法规允许的范围内开展营销活动。在国际市场营销中，企业还要了解和遵守东道国的法律制度和有关的国际法规、国际惯例和准则。

我国与企业营销活动密切相关的法律主要有《公司法》、《广告法》、《商标法》、《经济合同法》、《反不正当竞争法》、《消费者权益保护法》、《环境保护法》、《产品质量法》、《外商投资企业法》、《食品卫生法》、《药品管理法》、《对外贸易法》、《政府采购法》等。企业必须遵循、遵守这些法律法规，在其所允许的范围内开展营销活动。

☞ 小案例：奶瓶遭遇"催化剂"，含双酚A塑料奶瓶影响宝宝健康

近日，欧盟食物链和动物健康委员会决定，从2011年3月起禁止生产含有双酚A的塑料奶瓶，从2011年6月起禁止进口或在市场上销售含有双酚A的塑料奶瓶。据报道，当含有双酚A的塑料奶瓶装热液体时，温度越高，滤出的双酚A越多；塑料奶瓶一旦老化，瓶身划痕越多，滤出的双酚A也越多。而双酚A可能对婴儿成长发育造成不良影响，并对儿童的大脑和性器官造成损伤。消息一出，婴儿塑料奶瓶销量开始下降，取而代之的是玻璃奶瓶的热卖。

（资料来源：塑料奶瓶影响宝宝发育[EB/OL].[2011-02-11]. http://www.jiangsuedu.net/cms/Docs/news/2/html/2948107/20110211145407416.shtm.）

二、经济环境

如图2-5所示，经济环境可从经济发展状况、经济周期、市场及其购买力环境等多个方面来分析。

经济发展状况	经济周期	市场及其购买力

图2-5 经济环境分析的主要内容

1. 经济发展状况

经济发展状况主要包括国内工农业生产的发展及关系国计民生的重要商品的供求状况。当经济发展处于良性发展状况时，不仅消费者的货币收入增加，市场上的商品也变得丰富起来，市场购销两旺，企业的市场营销机会就较多，对生产经营企业的自主经营和自我发展也会提出更高的要求。当经济发展陷入低潮时，企业开工不足，失业上升，消费者的货币收入也会减少，市场上商品或服务的供应量就有可能减少，市场不景气，企业的市场营销机会就会减少。因此，经济发展状况深刻影响到企业的营销行为，为企业营销带来了新的机遇和挑战。

2. 经济周期

经济周期也称商业周期，是指一国总体经济活动的波动，即经济生产和再生产过程中周期性出现的经济扩张和经济收缩交替更迭往复的现象。经济周期一般经过繁荣、衰退、萧条和复苏几个阶段。经济活动呈周期性变动，其原因在于社会产品的供给与需求、消费者购买力和购买愿望、企业投资、就业水平、利率、政府的财政金融政策等方面的变化。经济活动的周期变化，不仅直接影响国民收入的高低，还直接影响到一个国家或地区经济政策、措施。例如，经济过热、经济增长速度过快时，国家往往采取紧缩性的财政政策与货币政策，以给经济增长降温；经济衰退时，国家往往采取扩张性的财政政策与货币政策，以增加社会总需求，使经济增长升温。

经济周期的变化，对企业的营销活动产生直接或间接的影响，因此，要求企业相应调整其营销活动。例如，在经济不景气的时候，消费者对未来经济前景不乐观，倾向于少消费、多储蓄，价格对消费者购买决策的影响增加，营销渠道中定位较高的零售形式受影响较大。当然，不同的行业受经济不景气的影响是不同的，有些行业，如公用事业、教育、医疗，几乎不受经济周期的影响。而另一些行业，如运输、家用电器，则影响较大。

3. 市场及其购买力环境

一定的购买力水平是市场形成并影响其规模大小的决定因素，它也是影响企业营销活动的主要经济环境。分析购买力主要从收入状况、支出模式与消费结构、储蓄与信贷等方面进行。

(1) 收入状况

从市场营销角度看，GDP、GNP、国民收入这三个指标从总体上反映了某一国家或某一地区的总体经济收入状况。而人均国民收入、个人收入、个人可支配收入、个人可任意支配收入等指标则反映了居民收入水平的高低。

(2) 支出模式与消费结构

随着消费者收入的变化，消费者支出模式会发生相应变化，继而使一个国家或地区的消费结构也发生变化。消费结构指消费过程中人们所消耗的各种消费资料(包括劳务)的构成，即各种消费支出占总支出的比例关系。消费结构常用恩格尔系数来衡量，恩格尔系数越大，生活水平越低；反之，恩格尔系数越小，生活水平越高。从我国的情况看，随着社会经济和市场的发展，住房、医疗等制度的改革以及消费者观念的变化，人们的消费结构会发生明显的变化。企业应重视这些变化，尤其应掌握拟进入的目标市场中支出模式和消费结构的变化情况。

小案例：恩格尔规律与恩格尔系数

德国统计学家恩斯特·恩格尔在调查研究中对消费构成进行了划分，发现了恩格尔规律与恩格尔系数。

恩格尔规律的具体内容是：

随着家庭收入的增加，用于购买食品的支出占家庭收入的比重会下降。

随着收入的增加，家庭用于住宅修建、家庭用具等方面的开支将维持大体不变的比例。

随着收入的增加，家庭用于服装、交通与娱乐方面的开支所占比例会上升。

恩格尔规律阐述了消费者收入水平和消费者支出模式的内在关系。

消费中用于食品方面的支出与家庭消费总支出的比率称为恩格尔系数。用这个系数来衡量生活水平，大体可作如下划分。

恩格尔系数＞59％的为绝对贫困；

50％＜恩格尔系数＜59％为勉强度日；

40％＜恩格尔系数＜50％为小康水平；

30％＜恩格尔系数＜40％为富裕；

恩格尔系数＜30％为最为富裕。

恩格尔系数反弹，人们生活富裕程度下降。

国家统计局新闻发言人盛来运表示，目前我国的恩格尔系数在40％左右（之前基本维持在37％左右）。恩格尔系数再度反弹，意味着食品支出在家庭支出中占比上涨，人们生活的富裕程度下降。

（资料来源：2010年10月22日凤凰网财经.财经资讯：聚焦内地2010年9月份经济数据.）

(3) 储蓄与信贷

消费者的购买力还受储蓄和信贷的直接影响。当收入不变时，储蓄越多，现实消费量就越小，但潜在消费量越大；反之，储蓄越少，现实消费量越大，但潜在消费量越小。此外，了解消费者储蓄还应考察消费者储蓄的目的，因为储蓄目的影响到不同产品的潜在需求量。

消费者信贷对某些产品的购买力影响很大。消费者信贷就是消费者凭信用先取得商品使用权，然后按期归还贷款，以购买商品的一种消费方式。消费者信贷实际上就是消费者提前支取未来的收入，提前消费。消费者信贷的形式主要有短期赊销、购买住宅分期付款、购买昂贵的消费品分期付款、信用卡信贷等几类。因此，企业营销人员应当全面了解消费者的储蓄情况，尤其是要了解消费者储蓄目的的差异。储蓄目的不同，往往影响到潜在需求量、消费模式、消费内容、消费发展方向的不同。这就要求企业营销人员在调查、了解储蓄动机与目的的基础上，制定不同的营销策略，为消费者提供有效的产品和劳务。

三、人口环境

市场由愿意而且有能力购买产品的人构成。人口作为消费主体，是形成市场规模的主要因素，是企业的服务对象，对企业营销活动及营销决策有关键性影响。人口总量与增长状况，直接决定市场的潜在容量。人口的年龄结构、性别结构、家庭结构、社会结构以及民族结构等特性，会对市场格局产生深刻影响，并影响企业的市场营销活动和企业的经营管理。

1. 人口总量与增长状况

人口总量是决定市场规模和潜量的一个基本要素，人口总量与市场容量有着密切的联系。人口越多，对生活必需品的需求量就越大；反之，需求量则小。此外，根据统计，世界人口总量以爆炸性的速度增长。人口的增长对企业营销活动产生两个方面的影响：一是新增人口不仅带来了社会基本生存需求，如衣、食、住、行等物质方面需求的扩大，还会连带产生教育等多方面的需求，从而为企业营销带来许多新的市场机会；二是人口增长速度将会限制经济的发展，限制人均国民收入的提高，导致某些市场吸引力下降。

2. 人口的结构

如图 2-6 所示，人口结构主要包括人口的年龄结构、性别结构、家庭结构、社会结构以及民族结构。

（1）年龄结构

不同年龄的消费者对商品的需求不一样，因为处于不同年龄段的消费者的收入水平、消费偏好、消费模式存在很大的差别。我国与世界整体趋势相仿，将出现人口老龄化现象，人口老龄化的原因之一是寿命的延长。这一趋势表明，企业有无数的机会去开发新产品，提供新服务，来满足老龄化越来越严重的人口需求，例如保健用品、营养品、老年人生活必需品、医疗服务和旅游等。

图 2-6　人口结构分析的主要方面

（2）性别结构

人口的性别不同，其市场需求、购买习惯与购买行为有明显的差异。例如我国市场上，女性通常购买衣服、化妆品、皮包等，男性则购买大件物品如电脑、住房、汽车等。

（3）家庭结构

家庭是购买、消费的基本单位。家庭的数量以及家庭成员的多少对企业营销活动有着很大的影响。目前，世界上普遍呈现家庭规模缩小的趋势，越是经济发达地区，家庭规模就越小。在我国，家庭规模已经逐渐变小，家庭数量逐渐增加。家庭数量的增加必然会引起对家具、家用电器、住房、汽车等需求的迅速增长。

（4）社会结构

我国是一个农村人口大国，农村是个广阔的市场，有着巨大的潜力。不可否认，在城乡消费者之间，还客观地存在着诸多需求差异。当企业以农民为主要营销对象时，市场开拓的重点应放在农村，应注意开发价廉物美的商品以满足农民的需要。

（5）民族结构

各个国家人口的民族结构一直在变化。我国除了汉族以外，还有50多个少数民族。民族不同，其生活习惯、价值观念、消费模式、文化传统也不相同。反映到市场上，就是各民族的市场需求存在着很大的差异。因此，企业营销者应认识到民族结构特性并保持一定的敏感性，通过认真仔细的研究，企业能够针对不同群体的特殊需求，开发并销售满足他们的产品和服务。

小案例：从落魄雨衣商到尿布大王

多川博是日本生产雨衣的老板，但雨衣市场已经饱和，多川博眼看就要停业倒闭了。一天他看到一条消息：日本每年新生儿是250多万。他马上想，婴儿生下来急需什么商品与生产雨衣的技术相关联，和雨衣一样，新生儿的尿布也是要防漏的。他一计算，每个婴儿大约需要5到6个尿布，250万乘以5就是1 250万个尿布。多川博找到专家制作出柔软、吸湿、美丽、方便的尿布，然后大规模生产，价钱便宜。同时制作出礼品尿布，一上市就抢购一空。结果多川博成为尿布大王。

（资料来源：成功的领导都是讲故事大师[EB/OL].[2005-06-04]. http://www.cnr.cn/wcm/fortune/lib/t20050623_173664.htm.）

四、科学技术环境

科学技术的发展对于社会的进步、经济的增长和人类社会生活方式的变革都起着巨大的推动作用。现代科学技术是影响企业营销活动诸多因素中作用最直接、力度最大、变化最快的因素，随着社会的发展，科学技术在一个国家发展中的影响与作用也凸显出来，科学技术的进步深刻地改变着企业的生产、经营活动与人们的生活。

1. 科学技术的进步，使人们的生活方式、消费模式和消费需求结构发生深刻的变化

科学技术的进步，使消费对象的品种不断增加，范围不断扩大，消费结构发生变化。例如，互联网技术的发展使人们的沟通交流突破了时间和地域的限制，同时也给人们带来生活的便利，“网络购物”、“网络营销”、“电子商务”等新的营销方式已不再是新鲜事物。因此，企业在组织市场营销时，必须深刻认识和把握由于科学技术发展而引起的社会生活和消费的变化，看准营销机会，积极采取行动。

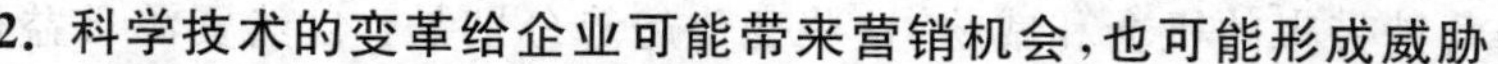

2. 科学技术的变革给企业可能带来营销机会,也可能形成威胁

科学技术的发明和应用,对新行业技术拥有者是机会,可以造就一些新的行业、新的市场,同时又使一些旧的行业与市场走向衰落。例如,太阳能、核能对传统的水力和火力发电的冲击,化纤工业对传统棉纺业的冲击,等等。

3. 科学技术的发展为企业改善经营管理提供了有力的技术保障

科学技术的发展不仅对企业经营管理提出了更高的要求,也为企业改善经营管理提供了物质条件。例如,信息、通信设备的改善,更便于企业组织营销,提高营销效率。科学技术的发展,推动了消费者需求向高档次、多样化方向的变化,消费者消费的内容更加纷繁复杂。企业可以利用计算机技术对消费者及其需求的资料进行研究、分析和预测,这样就能及时、准确地为企业提供相关资料,以作为企业营销活动的依据。

4. 科学技术的发展和应用影响企业的营销决策

科学技术的发展,使得每天都有新品种、新款式、新功能、新材料的商品在市场上推出。科学技术进步所产生的效果可以影响企业市场营销活动。因此,企业的营销人员在进行决策时,必须考虑科技环境。

总之,科学技术的进步和发展,不仅直接影响企业内部的生产和经营,而且还同时与其他环境因素相互依赖、相互作用,影响企业的营销活动。人们不难发现,最先选用新技术的企业通常能够获得更高的市场份额和更好的利润回报,因此,企业应密切关注技术进步,以使企业能够抓住机会,避免风险,求得生存和发展。

五、自然环境

一个国家、一个地区的自然环境包括该地的自然资源、生态条件等,这些因素都会不同程度地影响目标市场顾客群的需求特征与购买行为。企业要避免自然环境带来的威胁,最大限度利用环境变化可能带来的市场营销机会,就应不断地分析和认识自然环境变化的趋势,根据不同的环境情况来设计、生产和销售产品。

1. 自然资源因素

一个国家、一个地区的资源状况直接影响到这个国家、地区企业的生产和社会的发展。从发展趋势来看,地球上绝大部分的自然资源的人均占有量都将趋于短缺,对人口大国而言尤其明显。由于资源的匮乏,对许多企业的发展带来很大的威胁,导致企业资源价格上升,产品成本下降,企业效益下降,这对企业而言无疑是最大的威胁。

2. 生态环境因素

现代工业的发展,一方面以前所未有的速度和规模为人们提供品种繁多的产品;另一方面也带来了严重的污染,破坏着生态环境。环境问题日益成为世界各国政府与公众广泛关注的一个世界性问题,人民越来越关注生存的环境质量。这些无疑给企业造成很大的压力,但同时也给企业创造了良好的营销机会。对企业而言,应该注意自然环境因素未来变化趋势对市场营销带来的机会和威胁，这些变化趋势分别是：自然资源日益稀缺、能源成本逐渐提高、生态环境日益恶化、政府干预日益加强、绿色营销全球兴起，如图 2-7 所示。企业要充分认识到自然的破坏对企业营销活动的影响，贯彻执行国家有关资源使用的限制规定和对环境污染治理的具体措施，在经营活动中坚持绿色营销概念，开拓绿色市场，以获得企业可持续发展与良好的竞争力。

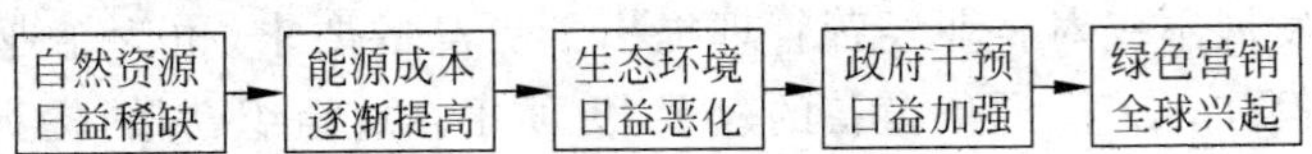

图 2-7 自然地理环境因素的变化趋势

六、社会文化环境

1. 社会文化的概念

任何企业都处于一定的社会文化环境中，市场营销学中所说的社会文化环境，一般指企业所处的社会结构、伦理道德、宗教信仰、风俗习惯、价值观念、行为规范、生活方式、文化传统、教育水平等因素的形成和变动。

社会文化因素影响和制约着人们的消费观念、需求欲望及特点、购买行为和生活方式，对企业营销行为产生直接影响。因此，企业在从事市场营销活动时，应重视对社会文化的调查研究，了解和分析社会文化环境，针对不同的文化环境制定不同的营销策略，组织不同的营销活动，并作出适宜的营销决策。

2. 社会文化的内容

企业营销对社会文化环境的研究一般从以下几个方面入手，如图 2-8 所示。

（1）教育水平分析

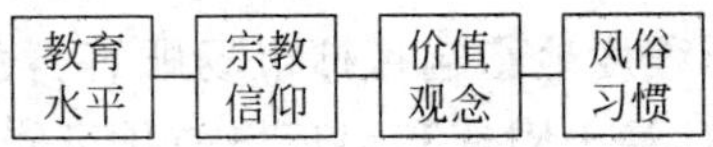

图 2-8 社会文化的构成因素

教育水平是指消费者受教育的程度。一个国家、一个地区的教育水平与经济发展水平往往是一致的。不同的文化修养表现出不同的审美观，购买商品的选择原则和方式也不同。一般来讲，教育水平高的地区，消费者对商品的鉴别力强，容易接受广告宣传和接受新产品，购买的理性程度高，网络营销有较好的基础。教育水平高低影响着消费者心理、消费结构，影响着企业营销组织策略的选取以及销售推广方式方法的差别，网络营销受到较大的局限。

（2）宗教信仰分析

尽管宗教是无国界的，但是世界上几个主要的宗教都有其特定的地域和国别。如在阿拉伯国家，伊斯兰教是主要宗教；在欧美国家，基督徒占大多数；在印度，则以印度教为主；而佛教，则主要在中国、泰国等地盛行。宗教是构成社会文化的重要因素，宗教对人们消费需求和购买行为的影响很大。例如，麦当劳进入印度市场之后，不得不对产品进行调整，因为印度人对牛肉的禁忌，使得麦当劳公司不在印度市场销售牛肉汉堡。为了增加营销的有效性，企业必须了解各种宗教的禁忌，并生产与销售符合宗教习惯的产品。

(3) 价值观念分析

价值观念是指人们对社会生活中各种事物的态度和看法。不同文化背景下，人们的价值观念往往有着很大的差异，消费者对商品的色彩、标识、式样以及促销方式都有自己不同的意见和态度。企业营销必须根据消费者不同的价值观念设计产品，提供服务。对于喜欢变化、富有冒险精神、较激进的消费者，应重点强调产品的新颖性和独特性；而对一些注重传统消费习惯的消费者，应重点强调产品的文化底蕴。

(4) 风俗习惯分析

风俗习惯是指人们长期固化形成的一种风尚。不同的国家、不同的民族有不同的风俗习惯，它对消费者的消费偏好、消费模式、消费行为等具有重要的影响。研究风俗习惯，不但有利于组织好产品的生产与销售，而且有利于正确、主动地引导健康的消费。了解目标市场消费者的禁忌、习惯、避讳等是企业进行市场营销活动尤其是国际经营的重要前提。

☞ 小案例：关于风俗习惯的案例

不同的国家、民族对图案、颜色、数字、动植物等都有不同的喜好和不同的使用习惯。中东地区严禁带六角形的包装。英国忌用大象图案做商品装潢图案，认为大象是蠢笨的象征；讨厌孔雀，认为它是祸鸟；忌讳百合花，认为它意味着死亡。日本人忌荷花、梅花图案；忌用绿色，忌九、四等数字，认为不吉利。

新加坡人有饮茶的习惯，中国出口新加坡的茉莉花茶却一度在市场上受到冷遇，营销者通过分析了解到，在新加坡“茉莉”就是没利的谐音，引起消费者的不悦，营销者立即把“茉莉”改成“莱莉”。

（资料来源：菲利普·科特勒. 营销管理[M]. 第11版. 上海：上海人民出版社，2006：32.）

第四节　市场营销环境分析

企业要想长久立足于复杂多变的市场环境中，就必须对营销环境进行调查分析。市场营销环境分析的任务就是调查并研究外部环境各要素，明确其发展变化的趋势，从中区别对企业发展的机会和威胁，并且根据企业自身的条件作出相应对策。企业常用的市场营销环境分析法主要是 SWOT 分析法。

一、SWOT 分析法的概念

市场营销环境按照是否属于企业系统来划分,可以分为企业内部条件和企业外部环境两部分。根据外部环境对企业营销活动产生的影响是否有利来划分,分为营销机会(opportunity)和环境威胁(threat)。根据内部条件应对外部环境变化所表现的态势,可以分为优势(strengths)和劣势(weakness)两部分。我们把对企业营销活动从内部条件(优势与劣势)和外部环境(机会与威胁)方面作出分析的方法称为 SWOT 分析法,如图 2-9 所示。SWOT 分析法有助于营销决策者根据企业内部条件和外部环境的特点,制定营销策略。

	优势(W)	劣势(S)
机会(O)	扭转型战略(WO) 利用机会,克服弱点	成长型战略(SO) 发挥优势,利用机会
威胁(T)	收缩型战略(WT) 减少劣势,回避威胁	多元化战略(ST) 利用优势,回避威胁

图 2-9 SWOT 分析矩阵

二、SWOT 分析法的内容

1. 外部环境分析(机会与威胁)

环境机会是指对企业营销活动富有吸引力的领域。环境机会对不同企业的影响是不相等的,同样的环境机会对某些企业可能成为有利的机会,而对另一些企业可能就造成威胁。环境机会能否成为企业的机会,关键是环境机会是否与企业目标一致,企业是否能利用此环境机会为企业带来收益。

环境威胁是指限制或不利于企业营销活动发展的因素。这种环境威胁主要来自两方面:一方面,是环境因素直接威胁着企业的营销活动,如政府颁布某种法律,诸如《环境保护法》,它对造成环境污染的企业来说,就构成了巨大的威胁;另一方面,企业的目标、任务及资源同环境机会相矛盾。

2. 内部环境分析(优势与劣势)

企业不仅需要识别环境中有吸引力的机会,更重要的是拥有在机会中成功所必需的竞争能力。因此,企业必须定期检查自己的优势与劣势。优势是指企业优于竞争对手的能力,这种能力有助于企业实现赢利;劣势是指不利于企业经营管理的因素。

3. SWOT 分析的具体应用

(1) WO 对策

将企业内部劣势和外部机会相结合进行分析。处于这种局面的企业,虽然面临良好的外部机会,却受到内部劣势的限制。企业在这种状况下,适合采用“扭转型战略”,企业应进行内部调整,增强内部实力,利用外部机会改进内部弱点,努力使劣势影响趋于最小,机会趋于最大,使劣势不成为机会的障碍。

(2) SO 对策

将企业的内部优势和外部机会组合进行分析,利用企业内部长处去把握外部的机会。对企业来说,这种组合是最理想的状况。企业在这种状况下,适合采用"成长型战略",发挥企业长处、取得优势,努力使优势因素和机会因素都趋于最大,例如市场开发、增加产量等。

(3) WT 对策

将企业的内部劣势与外部威胁相结合进行分析。处于这种局面的企业,适合采用"收缩型战略",目的是努力使劣势因素和威胁因素都趋于最小,减少内部劣势,回避外部威胁。

(4) ST 对策

将企业内部优势与外部威胁相结合进行分析。处于这种局面的企业,要设法降低弱点和避免外来的威胁,适合采用"多元化战略",目的是努力使优势因素影响趋于最大,使威胁因素影响趋于最小,利用企业的优势回避或减轻外部威胁的影响。

本章小结

1. 市场营销环境是指与企业营销活动相关的所有内外部力量和相关因素的集合,它是影响企业生存和发展的各种内部条件和外在因素的总和。

2. 微观环境是指与企业紧密相连的、直接影响企业营销能力的各个参与者,它一般包括企业市场营销渠道中的营销中介、供应商、顾客、竞争者、营销公众以及企业内部条件。

3. 宏观环境是间接影响企业市场营销活动的各种环境因素。宏观环境包括政治与法律环境、经济环境、人口环境、科学技术环境、自然环境以及社会文化环境。

4. 市场营销环境的特征:客观性、差异性、关联性、多变性、不可控性。

5. 市场营销环境分析的重要意义:市场营销环境分析关系到企业的生存和发展;市场营销环境分析是企业营销活动的资源基础;市场营销环境分析是企业制定营销策略的依据。

6. 企业内部条件分析的主要内容:企业市场营销活动所需资源分析;营销部门与其他部门协作状况分析。

7. 供应商对企业营销活动的影响:资源供应的稳定性与及时性直接影响到企业的生产能否顺利进行;资源供应的价格及其变动趋势直接影响到企业产品的成本,最终影响到企业产品在市场上的竞争力;供应资源的质量水平直接影响到企业产品的质量。

8. 营销中介的类型：中间商、物流机构、营销服务机构、金融中介机构。

9. 顾客市场可以分为消费者市场、生产者市场、中间商市场、政府集团市场、国际市场。

10. 营销公众的类型：金融公众、媒体公众、政府公众、公民行动公众、社区公众、一般公众、企业内部公众。

11. 政治法律环境主要表现在下面两个方面：政府的有关方针政策；国家的有关法律法规。

12. 经济环境可从经济发展状况、经济周期、市场及其购买力环境等多个方面来分析。

13. 人口结构主要包括人口的年龄结构、性别结构、家庭结构、社会结构以及民族结构。

14. 科学技术环境的影响：科学技术的进步，使人们的生活方式、消费模式和消费需求结构发生深刻的变化；科学技术的变革给企业可能带来营销机会，也可能形成威胁；科学技术的发展为企业改善经营管理提供了有力的技术保障；科学技术的发展和应用影响企业的营销决策。

15. 社会文化的内容：教育水平分析、宗教信仰分析、价值观念分析、风俗习惯分析。

16. SWOT 分析法的内容：外部环境分析(机会与威胁)与内部环境分析(优势与劣势)。

本章习题

一、名词解释

1. 市场营销环境
2. 微观市场营销环境
3. 宏观市场营销环境
4. 营销中介
5. 营销公众

二、单项选择题

1. 铁路公司和航空公司在提供客运服务方面，二者的竞争关系属于(　　)。

A. 愿望竞争者　　B. 一般竞争者　　C. 产品竞争者　　D. 品牌竞争者

2. 对市场机会的分析认为，企业最好的市场机会是(　　)。

A. 潜在吸引力大的机会

B. 成功的可能性大的市场机会

C. 潜在吸引力大，成功的概率为 0.3

D. 潜在吸引力大，成功的概率为0.8

3. 关于寻找市场机会的说法，正确的观点是（　　）。

A. 市场机会可遇而不可求

B. 寻找市场机会一定要赶潮流

C. 经常看报就能发现市场机会

D. 进行市场细分是寻找市场机会的好方法

4. 下列哪种因素是市场营销的微观环境因素？（　　）

A. 人口　　B. 购买力　　C. 公众　　D. 自然环境

5. 下列不属于市场营销的宏观环境因素的是（　　）。

A. 人口　　B. 科学技术　　C. 供应商　　D. 社会文化

三、填空题

1. 市场营销环境主要包括（　　　　）和（　　　　）。

2. 企业所面临的公众主要有7种类型：（　　　　）、（　　　　）、（　　　　）、（　　　　）、（　　　　）、（　　　　）、（　　　　）。

3. 协助企业将产品销售给最终购买者，为企业营销活动提供各种服务的机构是（　　　　）。

4. 市场营销活动的主要目标是从满足顾客需求中获得（　　　　）。

5. SWOT分析法主要包括（　　　　）和（　　　　）。

四、简答题

1. 市场营销环境有什么特征？市场营销环境分析对企业营销活动有什么重要意义？

2. 市场营销微观环境和市场营销宏观环境指的是什么？

3. 企业市场营销环境分析的目的是什么？企业市场营销环境分析方法有哪些？

4. 对自己进行SWOT分析，正确进行职业规划设计。

本章案例

阿里巴巴的成功

不可否认，阿里巴巴在中国电子商务界已经缔造了一个神话。从创业之初就开始了它的传奇故事。杰出的成绩使阿里巴巴受到各界人士的关注。1992年2月，阿里巴巴正式诞生；1999年秋，马云拿到2 000万美元投资；2000年7月10日，马云登上《福布斯》杂志封面；2003年5月，阿里巴巴推出个人电子商务网站淘宝网，目前在中国市场位居第一。2005年8月11日，阿里巴巴收购雅虎中国，兼并其在华所有资产，阿里巴巴因此成为中国最大的互联网公司。2007年10月,阿里巴巴上市前吸入工商银行等8家基础投资商。

阿里巴巴两次入选哈佛大学商学院MBA案例,在美国学术界掀起研究热潮;连续五次被美国权威财经杂志《福布斯》选为全球最佳B2B站点之一;多次被相关机构评为全球最受欢迎的B2B网站、中国商务类优秀网站、中国百家优秀网站、中国最佳贸易网。被国内外媒体、硅谷和国外风险投资家誉为与Yahoo、Amazon、eBay、AOL比肩的五大互联网商务流派代表之一。它的成立推动了中国商业信用的建立,在激烈的国际竞争中为中小企业创造了无限机会。

阿里巴巴集团全资所有的淘宝网,正处于高速成长期。据专业数据公司提供的统计资料显示,淘宝网是全球浏览量最高的20个网站之一,每天有逾5 000万人次访问。阿里巴巴集团最近公布的一项数据显示,2010年淘宝注册用户3.7亿,在线商品数8亿件,平均每分钟售出4.8万件商品,单日交易额峰值达19.5亿元,手机淘宝单日最高访问用户数达1 700万,单日交易峰值达3 700万元。与之对比的数据是,2010年11月,在社会消费品零售总额这个指标上,北京市平均每天是18.91亿元,上海为16.8亿,广州14.4亿元。据中国电子商务研究中心截至2010年上半年C2C的市场报告,淘宝网仍一家独大,占据了83.5%的市场份额,领先第二名72个百分点。

阿里巴巴创始人、首席执行官马云被著名的"世界经济论坛"选为"未来领袖",被美国亚洲商业协会选为"商业领袖",是50年来第一位成为《福布斯》封面人物的中国企业家,并曾多次应邀为全球著名高等学府麻省理工学院、沃顿商学院、哈佛大学讲学。2008年9月,马云获选美国《商业周刊》评出的25位互联网业最具影响力的人物。他也是唯一上榜的中国企业家。2009年12月23日,马云获选CCTV中国经济年度人物中国经济十年商业领袖十人之一。2010年9月,《财富》杂志以"智慧"和"影响力"为指标,评选出当今全球科技界最聪明的50人。马云先生以"阿里巴巴CEO"身份入围"最聪明CEO"第四名,颁奖词为"阿里巴巴的帝国正在向全球快速扩展"。

马云一直强调,阿里巴巴今天的成功并不是马云及阿里巴巴有多么聪明、多么勤奋,而应归功于时代,归功于我们生活的环境——生长在中国,也归功于他很幸运地比较早就接触到互联网。众所周知,科技的进步产生了互联网,互联网使极大地降低交易成本成为可能。互联网信息传递更快,更开放,更低价。中国是发展中的大国,人口基数极大,网民数量不断爆发式地增长,使得电子商务具有巨大的社会需求。

(资料来源:电子商务研究中心.2011-01-29.)

案例思考题

企业若无法顺应环境来进行改变,就可能导致失败。成功的企业一定要意识到在新经济环境下,以创新的组织形态来发展企业的核心竞争能力,阿里巴巴的成功依赖什么?

CHAPTER 3

第三章 购买行为分析

本章要点

本章主要阐述消费者市场和产业市场的定义及特点，系统介绍影响消费者市场和产业市场购买行为的主要因素以及消费者市场、产业市场的购买决策过程。教学重点是消费者动机和行为分析、消费者购买决策过程。教学难点是消费者市场与组织市场比较分析、影响消费者购买行为的因素。

学习目标

- 掌握消费者市场和产业市场的购买决策过程。
- 了解消费者行为模式及其影响因素、消费者的购买决策过程以及各阶段采取的营销策略。

引入案例

斯沃琪令时间变得奢华

斯沃琪的产品线从低端的塑料手表一直延伸到高端的白金手表，这家趣味时尚装饰腕表生产商专注于营造地位的象征。1983 年，当斯沃琪在瑞士成立的时候，市场上流行的是定价低廉的日本产石英表，它们已经从传统的瑞士手表厂商手中夺走了很大的市场份额。斯沃琪制订的夺回市场计划是将色彩鲜艳的表盘、表带和外壳结合起来，生产出高功能、价格适度而又时尚的能够吸引眼球的手表。收集手表的做法开始流行起来。消费者很快开始习惯于像购买其他时尚产品一样购买斯沃琪，他们会出于冲动购买，也会为了配合不同的打扮而购买。斯沃琪的成功很快就引起了竞争对手的注意，纷纷加入这一品种纷繁的平价日用手表市场。

为了避免高度竞争所带来的利润下降,斯沃琪作出了又一项大胆的决策。在不放弃基本的35美元款式的前提下,它开始收购著名的品牌生产商,如欧米茄和汉密尔顿,还有超级豪华品牌如宝玑,有些表的定价高达50万美元。现在,斯沃琪可以满足那些为自己寻找特殊珠宝或寻找特殊礼物的顾客——对于这些人,价格是第二位的。斯沃琪的高端产品还可以满足富有顾客的需求,他们可能在度假时突然有兴趣购买而在专卖店或机场免税店挑选好看的手表。由于升级战略的成功,不管经济状况如何,斯沃琪的销售持续上升,事实上,豪华表现在贡献了斯沃琪利润的一半以上,这家公司正准备用自己的象征地位的品牌推出更多珍贵的珠宝饰品。

斯沃琪的成功在很大程度上源于它对消费者行为的深入理解。它制定了适度的价格,让消费者接受了新的理念:手表不仅是计时工具,同时也可以是冲动购买的时尚饰品,佩戴手表可以表达个性或心情。通过以低价稳定地上市大量新设计的品种,斯沃琪鼓励消费者反复购买,跟上时尚的潮流。与此相反,它的高端品牌则强调顾客渴望传达的地位或独特形象。理解消费者的行为对于任何产品和服务的成功都是至关重要的——斯沃琪的成功就是最好的例子。

(资料来源:韦恩·D.霍依尔.消费者行为[M].第4版.北京:中国市场出版社,2010.)

第一节 消费者市场购买行为分析

一、消费者市场概念与特点

1. 消费者市场的含义

市场营销学按照购买者行为特点和购买目的的不同将市场分为消费者市场和产业市场。所谓消费者市场是指一切以个人和家庭的生活消费而购买产品和劳务的市场。消费者市场是整个市场体系的基础,对于产品和劳务的流通起着决定性作用。消费者市场是现代市场营销理论研究的主要对象。

2. 消费者市场的特点

(1) 从交易的产品来看,消费者市场人数众多,购买差异大。

(2) 从交易的规模和方式来看,消费者市场购买频繁,每次交易量小。

(3) 从购买动机和行为特点来看,消费者市场具有可诱导性。

(4) 从市场动态看,消费者需求复杂多变,商品供应与需求之间的矛盾突出。

3. 消费者市场的购买对象

(1) 便利品

便利品又称日用品,是指那些消费者日常生活所需重复购买的价格较低的商品,例如糖果、报纸和牙膏等。消费者一般会立即就近购买，很少花时间和精力去进行价格和质量的比较。便利品的营销者应该注意分销的广泛性和经营网点的合理分布，以便消费者随时随地就近购买。

(2) 选购品

选购品是指购买频率较低，消费者会仔细比较其适用性、质量、价格和式样的商品。如家具、家电、服装等。消费者在购买之前，对这类产品了解不多，因此要对同一类型的产品从性能、质量、价格、式样等各个方面进行比较。选购品的营销者应该将销售网点放在商业网点较多的商业区，使其销售点相对集中，方便顾客进行比较和挑选。

(3) 特殊品

特殊品是指消费者具有强烈的品牌偏好和忠诚度并愿意花较多时间和精力去购买的具有特殊性质或品牌识别的商品。如劳力士手表、高级定制西服、高档轿车等。正常情况下，消费者在购买之前已经对此类产品有所了解，因此很少比较特殊品，只是花费必要的时间到出售点购买。特殊品的营销者应该注重打造名牌产品，在促销方面进行有针对性的广告和人员促销。

(4) 非渴求品

非渴求品是指消费者不知道或者知道但没有意愿购买的商品。如人寿保险、百科全书、墓地等。根据非渴求品的性质，营销者应该加强广告和人员推销以及其他营销活动。

二、影响消费者购买行为的主要因素

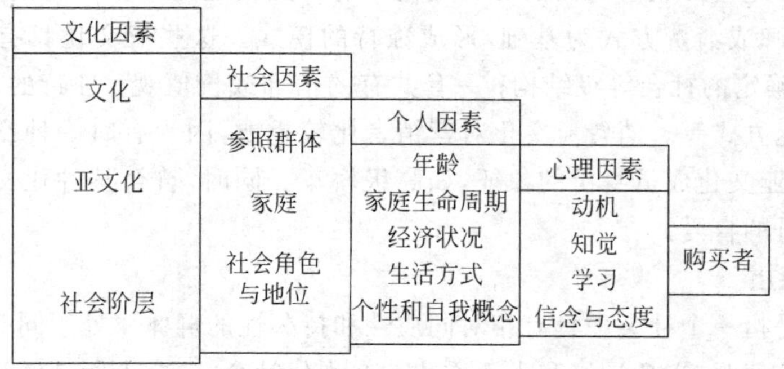

图 3-1　影响消费者购买行为的主要因素

1. 文化因素

(1) 文化

文化有广义和狭义之分。广义的文化是指人类所创造的物质成果与精神成果的总和；狭义的文化是指人类创造的精神成果，如制度、哲学、宗教、文学、艺术、科学与技术等。文化是影响消费者欲望和行为的最基本的决定因素。从消费者行为研究角度，主要关注的是特定文化中社会成员所共同持有的信念、价值观、风俗习惯等对消费者行为的影响。例如中国人在婚丧嫁娶等方面的消费互相攀比，送礼成风，因此针对具体产品开发礼品市场能满足人们的"面子"需求。

（2）亚文化

亚文化是指某一文化群体所属次级群体的成员所共有的独特信念、价值观和生活习惯。每一亚文化都会坚持其所在的更大社会群体中大多数主流文化。同时，每一文化都包含着能为其成员提供更为具体的认同感和社会化的较小的亚文化。一般来说，亚文化主要包括民族亚文化、宗教亚文化、种族亚文化和地域亚文化。

① 民族亚文化。几乎每个国家都是由不同民族所构成的。不同的民族，都各有其独特的风俗习惯和文化传统。我国有56个民族，民族亚文化对消费者行为的影响是巨大的。

② 宗教亚文化。不同的宗教群体，具有不同的文化倾向、习俗和禁忌。如我国有佛教、道教、伊斯兰教、天主教、基督教等，这些宗教的信仰者都有各自的信仰、生活方式和消费习惯。宗教能影响人们的行为，也能影响人们的价值观。

③ 种族亚文化。白种人、黄种人、黑种人都各有其独特的文化传统、文化风格和态度。他们即使生活在同一国家甚至同一城市，也会有自己特殊的需求、爱好和购买习惯。

④ 地域亚文化。地域环境上的差异也会导致人们在消费习俗和消费特点上的不同。长期形成的地域习惯，一般比较稳定。自然地理环境不仅决定着一个地区的产业和贸易发展格局，而且间接影响着一个地区消费者的生活方式、生活水平、购买力的大小和消费结构，从而在不同的地域可能形成不同的商业文化。

不同的亚文化会形成不同的消费亚文化。消费亚文化是一个独特的社会群体，这个群体以产品、品牌或消费方式为基础，形成独特的模式。这些亚文化具有一些共有的内容，比如：一种确定的社会等级结构；一套共有的信仰或价值观；独特的用语、仪式和有象征意义的表达方式等。消费亚文化对营销者比较重要，因为有时一种产品就是构成亚文化的基础，是亚文化成员身份的象征，如高级轿车。同时，符合某种亚文化的产品会受到其他社会成员的喜爱。

（3）社会阶层

社会阶层是指一个社会中具有相对同质性和持久性的群体。处于同一社会阶层的人们具有相似的价值观、兴趣爱好和生活方式。在现代社会，一个人所处的社会阶层由其经济收入、职业威望、受教育程度综合决定。不同社会阶层的消费者在购买方式、审美观念以及支出模式上存在着明显差异。例如，社会上层消费者更多的购买豪华别墅、名牌服饰，拥有高档家具、轿车，到国外度假，接受贵族教育；而社会下层则在服装和家具上投资较少，休闲方式通常是团体活动，接受普通教育。

中国社科院于2001年完成的《当代中国社会阶层研究报告》划分出10个社会阶层：国家与社会管理者阶层、经理人员阶层、私营企业主阶层、专业技术人员阶层、办事人员阶层、个体工商户阶层、商业服务人员阶层、产业工人阶层、农业劳动者阶层和城乡无业失业半失业者阶层。

小案例：中国的社会变化创造出新的营销机会

许多美国企业在中国找到了新的营销机会，因为在中国出现了新兴的中等阶层。中国现在已经有1亿多人进入了中等阶层，这一数字仍在增加。为了炫耀他们更高的社会地位，这些消费者中有许多人正在购买象征地位的产品，如别克轿车。别克希望"纵容这种心理需求"，因此它在设计中容纳了竞争对手所缺乏的奢华元素，例如后座DVD播放器。同时，中等阶层的消费者有钱外出用餐，这也是为什么肯德基、奥拜客牛排和其他西式餐厅生意红火起来的原因。

更有钱的消费者"新富豪"主要是企业家和高管，他们受益于经济改革和新的政府政策，因为冲破了体制而一度受到尊敬。但是，在周围的人知道了他们的财富是以其他许多人生活水平的下降为代价之后，这些新富豪的形象相对就受到了损害。许多人对他们怀有怨恨，指责他们的财富是非法所得。新富豪们因此变得更加小心，避免招摇或引起他人的注意。他们仍然会有奢侈的消费，但已经变得更加隐蔽。例如，中国是世界上最大的高档白兰地消费市场，昂贵的苏格兰威士忌也几乎同样流行。

（资料来源：韦恩.D.霍依尔.消费者行为[M].第4版.北京：中国市场出版社，2010.）

2. 社会因素

(1) 参照群体

参照群体是指能直接或间接影响个人的态度、行为和价值观的群体。参照群体按照不同的标准可分为四类：接触群体、否认群体、渴望群体、回避群体。

① 接触群体。接触群体是指消费者隶属其中，并在主观上认同于它、经常接触的群体。如家庭成员、朋友、同事、邻居等。接触群体对消费者的购买行为有十分明显的影响。首先，接触群体在相互交往中传播了产品的信息，从而影响到人们的消费选择和购物。其次，接触群体成为影响其成员的消费情趣、品位和偏好的途径，导致群体内部的消费趋同现象，同时也造成群体之间的消费行为差异。最后，接触群体给个人的消费行为带来压力。

② 否认群体。否认群体是这样的群体：消费者隶属其中，但却对该群体的行为准则、价值观持否定态度。例如，一个人可能不愿在他人面前公开自己是乙肝病毒携带者。在日常生活中，很多社会地位较低、从事"不体面"工作的人，常常会通过模仿地位比他们更高的群体和阶层的消费行为，来掩盖自己的真实身份。

③ 渴望群体。渴望群体是那种消费者并不隶属其中，却渴望加入或仿效的群体。渴望群体在消费上对其追随者具有示范和影响作用。例如，明星的穿着打扮、说话方式、行

为模式，都受到追星族的疯狂追捧。因此，产品广告往往选择明星人物作为其形象代言人。另外，高收入阶层可以成为其他收入阶层的渴望群体。他们在别墅、轿车、国际旅游、高尔夫球、名贵服装等项目上的消费，就对中等收入阶层产生了强烈的示范效应。

④ 回避群体。回避群体指的是消费者不隶属其中，并对其行为方式和价值观持否定态度的群体。例如，在一般人眼里，罪犯就属于回避群体。在消费方面，这种群体的作用在于从反面的角度唤起我们消费的荣耀感和满足感。

参照群体给予我们的营销启示有名人效应、专家效应、"普通人"效应和经理型代言人。

① 名人效应。对很多人来说，名人代表了一种理想化的生活模式。正因为如此，企业花巨额费用聘请名人来促销其产品。研究发现，用名人作支持的广告较不用名人的广告评价更正面和积极，这一点在青少年群体中体现得更为明显。运用名人效应的方式多种多样。如可以用名人作为产品或公司代言人；也可以用名人作证词广告，即在广告中引述广告产品或服务的优点和长处，或介绍其使用该产品或服务的体验；还可以采用将名人的名字使用于产品或包装上等做法。

② 专家效应。专家是指在某一专业领域受过专门训练、具有专门知识、经验和特长的人。医生、律师、营养师等均是各自领域的专家。专家所具有的丰富知识和使用经验，使其在介绍、推荐产品与服务时更具权威性，从而产生专家所特有的公信力和影响力。例如，佳洁士在广告中经常提到牙防组织的鉴定、牙科专家的推荐，就是为了使消费者对其推荐产品产生信任。在运用专家效应时，一方面，应注意法律的限制，如有的国家不允许医生为药品作证词广告；另一方面，应避免公众对专家的公正性、客观性产生质疑。

③ "普通人"效应。运用满意顾客的证词来宣传企业的产品，是广告表达理性诉求的常用方法。虽然普通人没有明星偶像们的号召力，但普通人与消费者在心理上更容易接近，使受众感到亲近，从而广告诉求更容易引起共鸣，这些都是明星所无法具备的。比如北京大宝化妆品公司就曾运用过"普通人"证词广告。还有一些公司在电视广告中展示普通消费者或普通家庭如何用广告中的产品解决其遇到的问题，如何从产品的消费中获得乐趣，等等，也是"普通人"效应的运用。

④ 经理型代言人。自20世纪70年代以来，越来越多的企业在广告中用公司总裁或总经理作代言人。例如，我国广西三金药业集团公司，在其生产的桂林西瓜霜上使用公司总经理和产品发明人邹节明的名字和图像，就是经理型代言人的运用。

(2) 家庭

家庭是指以婚姻关系、血缘关系和收养关系为纽带而结成有共同生活活动的社会基本单元。家庭是最重要的参照群体，它对人们的消费行为有着持久而深远的影响。人们的态度、价值观、习惯和爱好大多在家庭的影响之下形成，因而家庭对消费者的购买决策和购买行为有着显著的影响。

夫妻双方在购买决策中扮演着截然不同的角色，双方购买决策权的大小取决于产品的类型、家庭分工以及夫妇之间的关系。家庭购买决策一般有四种类型：一是丈夫主导型，是指家庭购买主要由男性家长决策，如电器和五金制品；二是妻子主导型，是指家庭购买主要由女性家长决策，如衣服、食物以及装饰品；三是自主决策，是指由夫妻中的一方平等作出决策，如玩具、运动用品；四是共同决策，是指由夫妻双方共同作出购买决定，例如度假、买房、装修、财务计划。

(3) 社会角色与地位

一个人在一生中会参与许多群体，如家庭、俱乐部、工作单位或其他组织。一个人在每个群体中的位置可用角色和地位来确定。例如，一位教英语的女教师，在父母面前，她是女儿；在孩子面前，她是母亲；在丈夫面前，她是妻子；在学校中，她是老师；在网上英语俱乐部中，她是版主；在周末的健身中心，她是会员。这样一位女教师的购买行为将显示出她的多种社会角色及地位。

消费者的购买行为总是与其社会角色相符，例如，女大学生在应聘工作面试之前，会特地去挑选正式的职业装，并且去理发店做一个稍显成熟的发型；情人节到来之际，一位生活拮据的男孩四处兼职打工，希望能到精品店为他的女友买一份体面的礼物。

由于消费者可能有多重社会角色，因此，营销者应该了解企业所生产的产品是否只与消费者的某一社会角色相符，而与其他社会角色相抵触。例如一位刚刚当父亲的男人可能对一次性尿布有负面评价，虽然一次性尿布与其父亲的角色相符，但他却是环保俱乐部的会员，显然一次性尿布会破坏他作为一个环保人士的社会形象。

3. 个人因素

(1) 年龄

处于不同年龄阶段的消费者有着不同的欲望和需求，因此会产生不同的消费心理和行为，而一种产品只会吸引处于一个特定年龄阶段的人群，例如，医疗产品和保健品一般针对老年人；抗衰老化妆品的目标顾客是中老年女性；户外运动装备的消费者主要是年轻人。

☞ 小案例："90后"的消费心理

"90后"一代作为一个正在不断崛起的消费群体，他们的消费观念、消费权力、消费意识、消费话语正在深刻影响着企业的市场营销策略。有调查表明(2009)，中国的"90后"一代，有超过70%的人都有上网经历。有超过一半的城镇儿童的家中有互联网连接。这种生活特征致使"90后"中更多的是所谓"宅女"、"宅男"这一特殊的群体。

20世纪90年代消费者将某种消费感觉转换成消费价值，他们对商品的情感性、夸耀性及符号性价值的要求，早已超过了商品或服务的物质性价值及使用价值。打开电视可以看到，一个充满艺术感的高调环境下，帅气的王力宏手里握着尼康新款数码相机，无意中拍到一位性感高贵的美女，于是一路追寻，当然结果可想而知。把数码相机与一个性感高贵美女联系起来,似乎说,这个数码相机,能帮助我们达到梦想的生活和欲望的满足。

对于"90后"一代消费群体来说,喜新厌旧是促使他们进行持续消费的动力之一。尽管他们也知道,追求时尚与新鲜的事物不一定具有什么现实的价值,但却能给他们带来不同的新鲜感觉与美好心情。

喜欢网上购物也是"90后"区别于其他不同年龄段消费者的一个较明显特征。他们喜欢去网上淘价格更便宜的相同款式的服装、化妆品、手机等电子产品。这与"90后"的消费需要、动机、价值观和自我等有着密切关系。

(资料来源:丁家永.90后消费心理分析与未来营销策略思考[J].中国营销传播网,2010(6).)

(2) 家庭生命周期

消费者的家庭状况,因为年龄、婚姻状况、子女状况的不同,可以划分为不同的生命周期,在家庭生命周期的不同阶段,消费者的购买心理及行为呈现出不同的特点。西方学者将家庭生命周期分为8个阶段:

① 单身阶段。由18～34岁未婚的年轻人组成。

② 新婚阶段。新婚夫妇刚刚建立家庭,尚未生育。

③ 满巢Ⅰ。孩子不到6岁的结婚夫妇。

④ 满巢Ⅱ。孩子年龄已超过6岁,多在小学或中学念书。

⑤ 满巢Ⅲ。孩子已经长大,但尚未完全独立。

⑥ 空巢Ⅰ。孩子已经离开家庭并不再依靠父母的支持,夫妻双方仍有劳动能力。

⑦ 空巢Ⅱ。孩子已经离开家庭,夫妻双方已经退休。

⑧ 解体阶段。夫妻中的一方过世,家庭进入解体阶段。

处于家庭生命周期不同阶段的家庭,会表现出不同的经济能力以及消费倾向。营销者应该把自己的产品定位在某个特定的阶段,以满足处于该阶段的家庭的需求。

(3) 经济状况

经济状况对消费者的购买产生最直接的影响。一个人的经济状况取决于其可支配的个人收入、借贷能力以及对储蓄和消费的态度。经济状况决定了消费者的购买能力,很大程度上制约着个人的购买行为。消费者的可支配个人收入越高,借贷能力越强,消费观念越积极,则对商品的需求量越大,消费层次越高。

(4) 生活方式

生活方式是指个体在成长过程中,在与社会各因素交互作用下表现出来的活动、兴趣和态度模式①。生活方式主要关注人们如何生活、如何消费、如何度过休闲时间,它是影

---

① 符国群.消费者行为学[M].2版.北京:高等教育出版社,2010:169,330-331.

响个人行为的心理、社会、文化、经济等各种因素的综合反映。不同的消费者具有不同的生活方式,即使是处于同一社会阶层,从事同样的职业,接受相同的文化教育的人,由于其生活方式不同,他们的消费心理和购买行为可能存在较大差异。营销者应了解目标顾客的生活方式,开发出适销对路的产品,制定相应的营销组合,才能满足消费者的需求。

对消费者生活方式的测量通常采用 AIO 量表(如表 3-1 所示)。

表 3-1 AIO 量表的主要构成

活动(activities)	兴趣(interest)	意见(opinion)
工作	居家	社会热点
嗜好	工作	政治
度假	社团	经济
娱乐	食物	文化
运动	时尚	产品
购物	媒体	自身
社区活动	休闲	教育

小案例:PL 族:快文化下的慢生活

PL 族,一个随着生活水平的发展逐渐衍生出来的新族群,P 代表完美(perfection)、L 代表休闲(leisure)与慢生活(low life)。他们出生在 1970—1985 年,事业已有所成就。这个族群具有鲜明的特点:他们有着聪明的头脑、坚强的意志和丰富的工作经验,是社会的中流砥柱;他们每天出入中高档的写字楼,拥有不菲的收入;他们穿着光鲜靓丽,注重生活品质;他们非常注重休闲的慢生活方式并力求精致完美;他们追求倡导的生活品质是时尚、奢华、智能、舒适、休闲。

PL 族有意识地放慢生活节奏,让迷茫的都市人看到了完美生活的方向。在购买习惯上,PL 族注重产品的品质、风格以及舒适的程度;在休闲方面,野外旅游、远足、自驾游一直是主流的风尚;在选择家居产品时,品质和享受放在第一位,这也是卫浴“阿波罗”流行开来的最主要原因;而在情感方面,PL 族也是尽可能追求一种完美的和谐。

PL 族的消费行为追求高品质,除了要有一定的物质生活,还要有多方面的精神活动,才能较全面地领略生活的乐趣、感受自身生命的价值。他们从不过分沉溺于物质享受,而是在消费中注重节约,讲究文明,会比较合理、均衡地安排消费支出,他们对不合时宜、充满弊端的消费行为不以为然。在追求适度、实用、舒心物质生活的同时,不断增加健康有益的精神文化消费,从而拓展精神生活空间,并完整系统地实践着以人性化为中心、以便捷为渠道的消费行为。

PL 族既反对过分节俭,又反对奢侈消费,反对只注重物质享受、忽视生态环境、忽视社会公正、忽视消费的"可持续性"。他们乐意从轻松中发现消费审美意识的差异和趋势,然后把这些发现融于营销卖点和售点当中;从轻松中发现时尚元素的变迁,然后把这些元素准确而创意地移情到相应的产品改良中去;从时尚中发现更多潜在的需求,从而为更多的产品研发带来更多、更新鲜的灵感。

(资料来源:王新业.快文化下慢生活[J].销售与市场,2011(1).)

(5) 个性和自我概念

个性是指一个人所特有的心理特征,它导致一个人对其所处环境的相对一致和持续不断的反应。如一个人外向或内向,开放或保守,热情或冷漠,主动或被动,冲动或理性,独立或顺从。不同个性的消费者在产品的选择上和对广告媒体的接受程度上大相径庭。如一个性格保守而独立的人对新产品可能不以为然,在购买时也不容易受到广告的影响。有些人是新产品的率先采用者,有些人则是落后采用者。了解率先采用者和落后采用者有哪些区别,有助于消费者市场的细分。

自我概念是个体对自身一切的知觉、了解和感受的综合。每个人都会逐步形成关于自身的看法,如是美或丑、是胖或瘦,是能力一般还是能力出众等。营销者应该了解他们的产品如何符合目标消费者的自我形象,努力在品牌形象和消费者的实际身份或期望身份之间建立联系。研究表明,消费者会选择那些与其自我概念相一致的产品,避免选择那些与其自我概念相抵触的产品。因此,产品形象与消费者自我概念越是相符,消费者越喜欢产品。

4. 心理因素

(1) 动机

动机是一种需要,它能够及时引导人们去探求满足需要的目标。美国心理学家马斯洛(Maslow)于1943年提出了需要层次论,他将人的需要按照由低到高的顺序分成了五个层次:生理需要、安全需要、社会交往需要、尊重需要和自我实现需要。人的需要是有轻重缓急的,一般情况下当低一层次的需要得到满足后,高一层次的需要才会出现。因此,生理需要是最基本的需要,它应该被优先满足。

① 生理需要——最基本的生活要素,衣食住行等。

② 安全需要——包含两个层次:一是生命财产安全,如从事危险工种的人防止意外事故发生;二是心理安全,如失业后的就业保障。

③ 社会需要——人们希望在社会生活中受到别人的关注、接纳、友爱,在感情上有所归属。

④ 尊重需要——包括自尊和受别人尊重。如名誉和地位,权利与责任等。

⑤ 自我实现需要——这是最高层次的需要,这种需要希望在工作上有所成就,在事业上能够最大程度发挥自己的潜能,实现理想。

对马斯洛需要层次论的应用要注意其局限性,虽然马斯洛需要层次论强调了不同需要的先后顺序以及优先权，但是并不是在任何情况下人们都会按照该顺序来进行优先选择。比如，一个人可能会为了理想和自己的价值观放弃金钱、名利甚至是生命。有时候人们为了名利和地位会舍弃友谊和爱情。

尽管如此，马斯洛需要层次论对于我们研究消费者的购买动机和消费心理，仍然有着重要的研究价值。营销者应该了解消费者的多层次需要，并找出其不同阶段的主导需要，提供相应的产品和营销组合来予以满足。

一般来说，常见的消费者购买动机有求美动机、求廉动机、求名动机、求新动机、模仿动机、炫耀动机、求实动机、癖好动机、求速动机等。

(2) 知觉

人们认识世界的方式是通过感官感觉到各种外部环境刺激，如颜色、大小、气味、样式、强度等，将这些刺激进行理解、分析、组合并赋予其独特的意义的过程就叫知觉。消费者有无知觉以及知觉的内容和方向，不仅取决于刺激物的特征，还受到刺激物与周围环境的关系以及消费者购买时所处的情境的影响。人们要经历三种知觉过程，即选择性注意、选择性曲解和选择性记忆，所以，即使对同一刺激物，其知觉也会因人而异。

① 选择性注意。消费者在平时生活中会接触到海量信息，但不可能对这些信息一一关注，他们往往从自己原有的意见、观点和兴趣出发，注意那些与原有态度较为一致的信息，而尽量回避那些与己见不合的信息。

大量研究表明，有三种情况较能引起人们的注意：一是与目前需要有关的，如一个饥饿的人在面对琳琅满目的商品时更容易注意到食物；二是感兴趣的，如一个家庭里，每天早上拿到报纸时，在银行上班的丈夫总是先翻开财经版，而作为家庭主妇的妻子则是理所当然地打开生活版；三是变化幅度较大的、较为特殊的刺激物，如淘宝网上某个商家打出春节期间所有商品 5 折免运费的广告，会引起人们极大的关注。

为了引起消费者的注意，营销者千方百计地制造各种感官刺激，如绚丽的色彩、动人的音乐、性感的模特、幽默的场景、意外的惊喜、强烈的对比等。如今，在激烈的竞争环境下，营销者也不得不想点“新招”，产品植入是目前极受关注的一种产品推广方式，它能够增加消费者接触和注意企业品牌和产品的机会。

☞ 小案例：诱惑、时尚、怀旧——让营销刺激更愉悦

1. Aubade 性感诱惑窗影

法国欧巴德(Aubade)内衣广告一直与诱惑、性感挂钩。线下的广告集创意、悬念、性感于一身。经过几个晚上的铺垫，不仅让很多路人知道了欧巴德的新网站，更让无数男人大饱眼福。这种隔着窗帘看美女脱衣穿衣的诱惑，任何路过的人，谁会错过呢？有人将欧巴德内衣比作内衣中的劳斯莱斯，果然不同凡响。

2. Fretex 人人都是 Model

Fretex 是一个挪威的二手衣连锁品牌,在奥斯陆时尚周期间,提出了一个很有趣的概念,来推广这个品牌。为了转移二手衣的印象,Fretex 主张"我们下一季的流行服饰,就是你现在穿的衣服",而且煞有介事地让路人当 model"走上"伸展台,配上走秀音乐,用你的 style 展示你的风格。这个突如其来的惊喜,为 Fretex 在网络创造了大量的声音,时尚博客、新闻不断转载报道,Fretex 所花的代价,比起真的走秀便宜得多,让大众参与、体验品牌,正是数位时代追求自我的营销精髓。

3. 雷诺 ZE 搭上"旧报纸"

最近雷诺也在推动旗下的纯电动车系列 Renault ZE。雷诺在《金融时报》、《新闻周刊》、《国际先驱论坛报》三份报刊的封面外面,增加了一页广告,广告的正面形似 20 世纪 80 年代的报刊封面,排版设计、内容编排、纸张质感等等都与那个年代无异,让人产生时光倒流的错觉。翻过"假封面",一句文案出现"Don't be the last to change with the times",意思是不要成为最后那个与时俱进的人。

(资料来源:诱惑、时尚、怀旧——营销妙招一箩筐[J].成功营销,2011(1).)

② 选择性扭曲。指人们有选择地将某些信息加以扭曲,使之符合自己的意向,以自己预期的方式理解信息。

小案例:Bohemia 波希米亚风

波希米亚原指中世纪以布拉格为中心的由罗马帝国所统辖的一个地区,后来"波希米亚人"成为孤傲不羁的艺术家的代称。波希米亚人随性不羁、挑战循规蹈矩的主流生活的精神才是不变的内核,在此基础上产生了波希米亚风。

而在中国,波希米亚这个概念被无限放大,人们常把"一切看上去疯疯癫癫的打扮"称为"波希米亚风"。就连房地产商都在叫卖"波希米亚建筑风格",令人汗颜。网友把流行一时的波希米亚风格服装称为"越来越多的人披着毯子在路上挤来挤去,有时候看得出是一张披肩,有时候则是像桌布也像床单的布块"。

(资料来源:39 个误读的消费符号[J].新周刊,2007(13).)

③ 选择性记忆。是指人们对信息的记忆也是有所选择的,人们倾向于记住与自己观点一致的那些部分,而忘掉与自己观点不一致的部分。

(3) 学习

学习是指人在生活过程中,因经验而产生的行为或行为潜能的比较持久的变化[①]。

---

① 符国群.消费者行为学[M].北京:高等教育出版社,2010:169.

人们的行为大多来自学习。学习可分为机械学习和意义学习。机械学习由美国心理学家大卫·奥苏伯尔提出,指符号所代表的新知识与学习者认知结构中已有的知识建立非实质性的和人为的联系。如学生对所学知识死记硬背,生吞活剥,却未能理解其真正内涵。意义学习指符号所代表的新知识与学习者认知结构中已有的知识自然而合乎逻辑的联系。如可口可乐作为一种饮料,其命名会让消费者产生联想:这种饮料口味醇正,而且给人带来快乐。

人们通过学习掌握了态度、价值观、兴趣和嗜好等,并与其购买行为密切相关。因此,营销者应该了解消费者的学习结构和性质,这样会有利于研究消费者对产品的态度和价值观的形成以及对广告等促销的认识和记忆。

(4) 信念与态度

人们在消费的过程中会形成信念与态度,而信念与态度又反过来影响人们的购买行为。信念是指一个人对事物的具体看法,如消费者认为某知名品牌的电脑比其他品牌性价比更高。态度是指个体对外界事物的一种较为持久而又一致的内在心理和行为倾向。态度会导致消费者喜欢或讨厌一个产品或品牌,进而影响具体的消费行为。消费者对产品或品牌的态度一旦形成,以后则倾向于长期重复同样的购买行为。

人们对品牌的喜好,大多介于非常喜欢和讨厌之间,还有一种就是消费者对品牌不完全了解。于是,市场营销管理者应对消费者采取相应的措施:或者强化现有的喜好态度;或者让消费者喜欢上新产品和不了解的品牌;或者让其改变现有态度,提高喜欢的程度。

☞ 小案例:新可乐的失败

1985 年,可口可乐公司宣布放弃它一成不变的传统配方,原因是现在的消费者更偏好口味更甜的软饮料,为了迎合这一需要,可口可乐公司更改配方,调整口味,推出“新可乐”。可口可乐公司希望借推出“新可乐”的机会,将其最大的竞争对手百事彻底打倒。

在“新可乐”上市后的一个月,可口可乐公司每天接到超过 5 000 个抗议电话,更有雪片般飞来的抗议信。有的顾客称可口可乐是美国的象征,改变口味就是改变美国文化;忠于传统可口可乐的人们组成了“美国老可乐饮者”的组织,发动全国抵制“新可乐”的运动,而且许多人开始寻找已停产的传统可口可乐。

结果可知,绝大部分的消费者仍然喜欢经典的可口可乐,他们喜欢的更是经典可口可乐所代表和象征的美国文化和传统价值观。可口可乐已经成为美国国民心中一面不可动摇的旗帜,一个坚定的信念,所以“新可乐”的上市犯了一个原则性的战略失误。最终可口可乐公司决定恢复传统配方的生产,其商标定名为可口可乐古典,同时继续保留和生产"新可乐"，其商标为新新可乐，但是可口可乐公司已经在这次行动中遭受了巨额的损失。

（资料来源：杨丽佳. 市场营销案例与实训[M]. 北京：高等教育出版社，2006.）

三、消费者购买行为模式

1. 消费者购买行为分析的基本内容

消费者购买行为复杂、多变，分析消费者购买行为，通常包括以下基本内容：

(1) 购买主体(occupants)——由谁购买(who)；

(2) 购买对象(objects)——买了什么(what)；

(3) 购买目的(objectives)——为什么购买(why)；

(4) 购买组织(organizations)——谁参与购买(who)；

(5) 购买方式(operations)——如何购买(how)；

(6) 购买时间(occasions)——何时购买(when)；

(7) 购买地点(outlets)——何地购买(where)。

以汽车为例，其消费者购买模式如表 3-2 所示。

表 3-2 汽车的消费者购买模式分析

谁买	男人？女人？青年？老年？高收入者？低收入者？
为何买	上班远？工作或者业务需要用车？摆阔？兴趣？面子工程？
何处买	4S 专卖店？网上购车？
买什么	品牌？档次？手动？自动？节能？款式？颜色？耗油量？
何时买	平常？节假日？打折时？需要时？不定时？
如何买	一次性付款？按揭？
参与者	倡议者？影响者？决策者？采购者？使用者？

2. 消费者购买行为模式

对消费者购买模式的研究最有代表性的是刺激—反应模式，如图 3-2。心理学家认为，人们的行为动机是一种内在的心理活动过程，像一只"黑箱"，看不见，摸不着。外在的刺激通过黑箱产生一系列的心理活动，最后引起人们的行为。

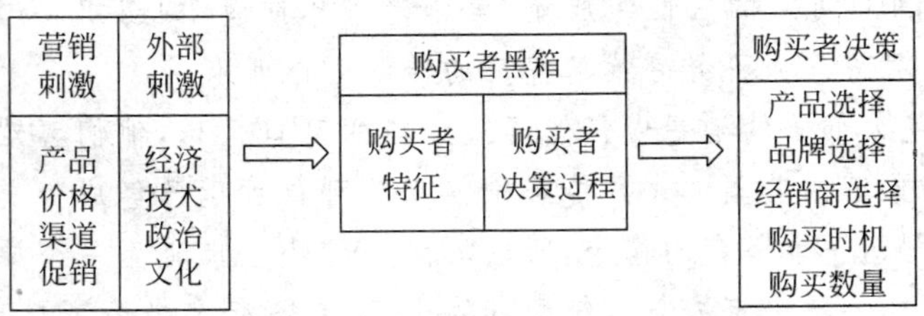

图 3-2 消费者购买行为模式

研究消费者购买者行为就是对刺激—反应之间的购买者黑箱进行分析，它包括两个部分：第一部分是购买者特性，不同的购买者由于其特征不同，因而对同一种刺激会产生不同的理解和反应。第二部分是购买者决策过程，它影响着消费者购买的最后决定。

四、消费者购买决策过程

1. 参与购买决策的角色

消费者在购买活动中可能会扮演不同的角色，有以下 5 种：

(1) 倡导者，是指最先提出或有意想购买产品或服务的人。

(2) 影响者，是指其看法和意见对购买决策最后决定有一定影响的人。

(3) 决定者，是指最终决定购买时间、地点、数量、品牌和购买方式的人。

(4) 购买者，是指实际采取购买行动的人。

(5) 使用者，是指实际消费或使用产品的人。

消费者以个人为单位购买时，5 种角色可能同时由一人担任；以家庭为购买单位时，5 种角色往往由家庭不同成员分别担任。

2. 消费者购买行为类型

不同消费者购买过程的复杂程度不同，主要是由于购买介入程度和品牌差异大小。购买介入程度指消费者购买风险大小或消费者对购买活动的关注程度。品牌差异大小也决定着消费者购买行为的复杂性，若品牌差异小，则消费者不需要花时间精力去挑选，购买行为就比较简单。反之，品牌差异越大，产品价格越昂贵，消费者越会缺乏产品知识和购买经验，感受到的风险越大，购买过程就越复杂。

表 3-3 消费者购买行为类型

介入程度 品牌差异	高度介入	低度介入
品牌差异大	复杂型购买	多样型购买
品牌差异小	协调型购买	习惯型购买

(1) 习惯型购买

如果消费者属于低度介入，各品牌之间没有显著差异，就会产生习惯型购买。习惯型购买指消费者并未深入收集信息和评估品牌，没有经过信念—态度—行为的过程，只是按照自己过去的购买方式，未经思考便快速购买，购买后可能评价也可能不评价产品。值得注意的是，这种购买行为并不是因为品牌忠诚，只是出于习惯。对于习惯型购买，企业应该：①利用价格与销售促进吸引消费者试用。②开展大量重复性广告加深消费者印象。③增加购买介入程度和品牌差异。

(2) 多样型购买

如果消费者低度介入购买，并且各品牌和品种之间具有显著差异，则会产生多样型购买。多样型购买指消费者购买产品有很大的随意性，不会花太多时间和精力去收集信息和评估比较，而是不断转换品牌。对于多样型购买，企业应该通过占据有利货架位置、避免脱销和提醒购买的广告来鼓励消费者购买。

(3) 协调型购买

如果消费者高度介入购买过程，但是各品牌产品并没有显著差异，则会产生协调型购买。协调型购买指消费者只是收集部分产品信息，并不精心挑选品牌，购买过程快速而简单，但是在购买以后会认为自己所买产品具有某些缺陷或其他同类产品有更多的优点而产生失调感，怀疑原先购买决策的正确性。对于这类购买行为，营销者要提供完善的售后服务，通过各种途径经常提供有利于本企业和产品的信息，使顾客相信自己的购买决定是正确的。

(4) 复杂型购买

如果消费者高度介入购买过程，并且了解现有各品牌、品种和规格之间具有显著差异，则会产生复杂的购买行为。复杂型购买指消费者要完整经历整个购买过程，包括大量的信息收集、全面的产品评估、慎重的购买决策和认真进行购后评价等各个阶段。

3. 消费者购买过程

消费者购买过程是指消费者在购买产品时所经历的几个阶段。西方学者将消费者购买决策过程分为五个阶段，如图 3-3 所示。

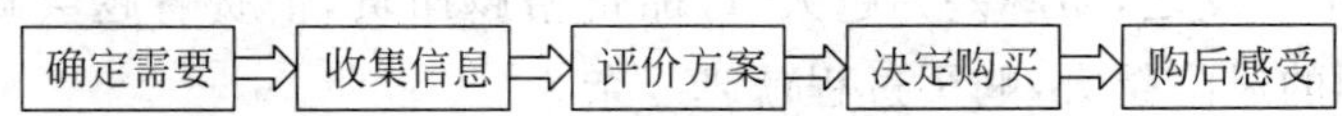

图 3-3 消费者购买决策过程

(1) 确定需要

消费者购买决策过程先于购买行为发生，当人们的某种需求产生时，购买决策过程就已经开始了。确定需要是消费者决策的起点，它是指消费者意识到理想状态与实际状态存在差距，从而产生了解决问题的需要。消费者的需要可由内在刺激或外在刺激引起，也可能是两种刺激共同作用的结果。内在需要是由人体内部机能所引起的，如一个刚刚运动过的人非常口渴，因而产生了买饮料喝的需要。外在需要由外部环境条件的变化所引起，如某人看到朋友家买了一辆新车，每天上下班非常方便，而且汽车专卖店有节日促销活动，因而产生了买车的想法。

营销者应注意识别引起消费者需要和兴趣的环境，并充分注意两方面的问题：一是注意了解那些与本企业的产品有实际或潜在关联的驱动力；二是消费者对某种产品的需求强度会随着时间的推移而变动，并且被一些诱因所触发。在此基础上，企业还要善于安排诱因，促使消费者对企业产品产生强烈的需求，并立即采取购买行为。

(2) 收集信息

当消费者认识到目前的需要，他就会立即采取行动。如果是比较简单的购买决策，涉及金额较小，购买方便，消费者会立即实施购买行为，满足其需要。但如果是较复杂的购买决策，比如购买意义重大，产品价格昂贵，或者难以购买，则消费者会先收集信息，以便后期进行购买决策。

消费者的信息来源主要有 4 个方面：

① 个人来源。从家人、同事、朋友、邻居那里得到信息。

② 商业来源。包括广告、店内信息、产品说明书、宣传手册、推销员的讲解等。

③ 大众来源。包括大众媒体、政府机构、消费者组织等。

④ 经验来源。消费者从过去自身对产品的接触、使用中得到信息。

以上四种信息来源对消费者购买行为的影响程度各不相同。一般来说，商业来源是消费者收集信息的主要渠道，其次是大众来源和个人来源。但消费者在收集信息过程中最信任的是经验来源和个人来源。消费者在购买产品时，大多通过商业来源获取产品的种类、样式、不同品牌等信息，而对产品或品牌进行评价时，则会回忆过去的使用经验，或者向亲朋好友询问。

(3) 评价方案

消费者对产品的评价主要从以下几个方面进行。

① 分析产品属性。产品属性即产品能够满足消费者需要的特性。例如一所大学的师资力量、学校名望、学费高低、所处位置、科研力量、学生的就业率等；银行的柜员服务速度、员工服务态度、信用的可获性、所处位置、支票账户透支优待、24 小时自动柜员机、停车的方便性等；电脑的存储能力、价格、运行速度、图像处理能力、操作的方便性、软件兼容性、售后服务等。这些都是消费者感兴趣的属性。但是在消费者购买决策中并不一定将这些属性视为同等重要。营销者应该分析自己的产品应具备哪些属性，不同的消费者分别对哪些属性更感兴趣，以此为基础进行市场细分，能够更好地提供满足消费者需要的产品。

② 建立属性权重。属性权重是消费者对产品相关属性所赋予的不同的重要性权数。在现实生活中，消费者一般会分析产品的各项属性，并建立自己内心的属性权重。消费者购买决策中运用的属性权重因产品类别、消费者和情境的不同而不同，即使对同一个消费者来说，属性权重也会因环境或情景而异。例如，某消费者在大多数情况下把食品的价格看成最重要的标准，但在赶时间的情况下，服务速度和购买的便利会变得更重要。

值得注意的是，消费者心目中最重要的产品属性并不一定是决定其选择的真正因素。例如，当一位顾客选择乘坐哪家航空公司的航班时，安全必定是最为重要的属性，但是如果各家航空公司在该项属性上并无本质区别，那么决定该顾客最终选择的并不是安全属性，而是其他属性。因此，只有那些被大多数消费者认为很重要，并且不同产品或品牌又有较大差别的属性，才是决定消费者选择的决定性因素。

③ 确定品牌信念。品牌信念是消费者对某个特定品牌的综合评价。消费者会在分析产品属性以及建立属性权重的基础上，建立起对各种不同品牌的信念。在此过程中，消费者过去的使用经验、选择性注意、选择性曲解、选择性记忆会对其品牌信念的确立产生影响。

④ 形成"理想产品"。消费者确定品牌信念之后，会根据效用函数，对各品牌就其各种属性进行整体评价，从而选出最能满足自身需要的"理想产品"。

（4）决定购买

消费者经过对各种购买方案的评价形成一定的购买意向，但购买意向是否会转化为具体的购买行为，会受到以下两个因素的影响。

① 他人态度。例如某大学生想购买某一品牌的手机，但是他的同学坚决反对，认为该手机质量不好，售后服务差，自己过去有不好的购买经历，那么这位大学生则有可能会放弃购买意向。他人态度对消费者购买的影响程度，取决于他人态度的强弱以及它与消费者之间的关系。他人态度越强烈，与消费者之间的关系越密切，影响程度越大。

② 意外情况。当消费者准备实施购买行为时，发生了与其预期不一致的情况，例如推销态度、广告促销、经济条件的改变等，这些因素将会导致他改变或放弃原先的购买意图。

麦肯锡调查显示，65％的顾客表示通常会拎着不是原计划购买的品牌商品离开商店，另外也有大约相同数量的受访者表示几乎每次都购买促销商品，即便这些产品并不是他们最中意的品牌。是什么改变了顾客的最后购买决定呢？事实上消费者经常会在最后一刻改变主意，不是受店内促销活动的影响，就是听从了销售人员的推荐。

（5）购后感受

消费者购买产品之后，通过自己对产品的使用情况，会对购买的产品进行评价。购后评价一般有两种：满意或不满意。如果消费者对产品感到满意，则会向周围的人宣传该产品的优点，为公司带来新的用户，并在今后重复购买。如果对产品感到不满意，可能会采取退换、赔偿、投诉以及告诫周围亲友不要购买等行为来减少不和谐。

导致消费者不满的原因有三方面：第一，产品或服务与顾客需求之间不匹配或者匹配程度低；第二，产品或服务本身存在质量问题；第三，产品或服务的价格超出了预期。企业应该更加关注不满的消费者，因为"一次糟糕的顾客体验能带来的负面效应要远大于一次好的顾客体验能带来的正面效应"。

在激烈竞争环境中，营销者一定要注重与客户保持联系，重视产品质量，做好售后服务，以此获得客户对产品良好的购后评价，形成较高的顾客满意度。

第二节 产业市场购买行为分析

一、产业市场及其特征

1. 产业市场的含义

所谓产业市场，又称生产者市场，是指由那些为满足赢利的目的购买产品和服务并将其转卖或出租的个人和组织形成的市场。产业市场通常由以下行业组成：农业、林业、渔业、牧业、采矿业、制造业、建筑业、运输业、金融业、通信业、保险业以及其他行业。

2. 产业市场的特点

(1) 购买者较少，购买规模大

与消费者市场不同，产业市场的购买者一般是企业，因此购买者较少，而一次性采购的数量较大。2010 年 6 月，国美集团一次性向全球数百家厂家抛出 300 亿元采购大单，联合上游厂家全面下调产品销售价格，争取利用"中秋"与"国庆"双节相邻的时机，拉动消费市场。

(2) 购买者地理位置集中

例如，美国半数以上的产业购买者都集中在纽约、加利福尼亚、宾夕法尼亚、伊利诺伊、俄亥俄、新泽西和密歇根这 7 个州。而在我国，由于国家的产业政策、自然资源、地理环境、交通运输、社会分工与协作、销售市场的位置等因素对生产力空间布局的影响，容易导致其在生产分布上的集中。我国的重工业主要集中于东北、华北地区，金融保险业在上海相对集中，轻纺业以及电子产品加工业则集中在东南沿海一带。

(3) 产业市场的需求是派生需求

产业购买者对产业用品的需求，归根到底是从消费者对消费品的需求派生而出的。例如，由于消费者需要医院治疗和保健，这才导致了医院需要购买药品、保健品和医疗器械。因此消费者需求的变化会直接导致产业市场需求的变化。

(4) 需求缺乏弹性

在产业市场上，产品价格的上升或下降，对产业购买者的需求量影响不大。由于产业市场的需求属于派生需求，因此只要消费者市场的需求不变，即使原材料价格发生变化，产业市场的需求也不会发生改变。这种缺乏弹性的需求在短期内尤为如此，因为生产者在短期内无法对其生产方法做重大改进。另外，如果原材料和零部件的成本在制成品的总成本中所占比例很小，则不会影响对产品的需求。

(5) 需求波动性较大

产业购买者对于产业用品和劳务的需求比消费者的需求更容易发生变化。工厂设备等资本货物的行情波动会加速原料的行情波动。而且,由于产业市场的需求是派生需求,消费者需求的少量增加能导致产业购买者需求的大量增加。有时消费者的需求只增减10%,就能使下期产业购买者需求出现200%的增减。因为产业市场的需求变化很大,所以生产产业用品的企业往往实行多角化经营,尽可能增加产品品种,扩大企业经营范围,以减少风险。

(6) 专业性采购

由于产业用品特别是主要设备的技术性强,企业通常是由经过训练的、内行的专业人员进行采购。企业采购主要设备的工作较复杂,通常由若干技术专家和最高管理当局组成采购委员会领导采购工作。

(7) 直接购买

产业购买者往往向生产者直接采购所需产业用品,特别是那些单价高、有高度技术性的机器设备,而不通过中间商采购。

二、产业市场购买行为的主要类型

产业市场购买行为大致分为三种类型:直接续购、更改续购、新购。

1. 直接续购

直接续购是指企业的采购部门依据以往的购买经验,继续向原来的供应商购买产品的购买方式。这种方式简便易行,直接续购作为一种重复性购买,按照例行程序执行即可。原供应商应该力求保持企业产品和服务的优质,将购买者的决策时间缩短,维持稳定的关系。未入选名单的供应商可以考虑产品改良或提供有吸引力的服务,设法争取新的订单。

2. 更改续购

更改续购是指企业对以往采购过的产品,希望更改其规格、价格、交易条件、供应商以及其他条款。这种购买类型比直接续购要复杂,因此买卖双方会有更多的人参与决策。更改续购给原供应商带来了威胁,却为其他供应商提供了机会。供货企业应该持续不断地进行产品改良,提高服务质量,以此维护其原有顾客。

3. 新购

新购是指产业购买者首次购买产品的购买行为。它是产业市场中最复杂的购买类型。新购的成本越高,风险较大,决策所需的信息量越大,决策时间越长。企业应该挑选最优秀的推销人员,组成强有力的销售团队,积极地向购买者推销产品和服务,争取对方的订货。

三、影响产业市场购买决策的主要因素

影响产业市场购买决策的因素与消费者市场有较大差异,主要体现在四个方面:环

境因素、组织因素、人际因素、个人因素。

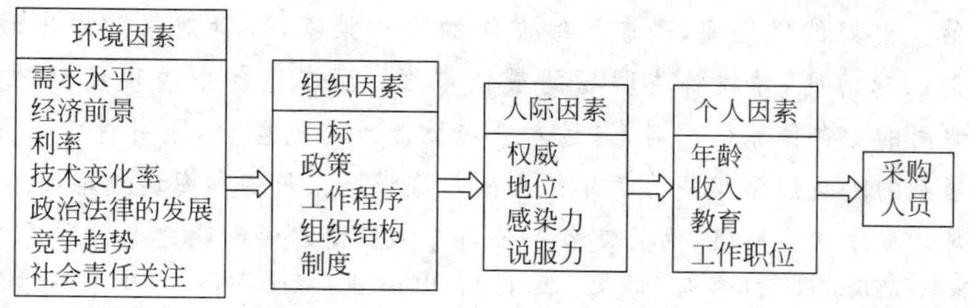

图 3-4 影响产业市场购买行为的主要因素

1. 环境因素

环境是影响产业市场购买的外部因素，例如，一个国家的需求水平、经济前景、利率、技术变化率、政治法律的发展、竞争趋势、社会责任关注等，这些因素对产业市场的整体发展和购买行为产生影响。环境属于不可控因素，生产者无法改变环境，但却可以利用自身的优势资源，找到主动适应环境的方法，将环境产生的不利影响降到最低。如产业购买者受经济状况和预期经济状况的严重影响，经济不景气，生产者就会缩减投资，减少采购，压缩原材料的库存和采购。

2. 组织因素

每个企业的采购部门都会有自己的目标、政策、工作程序、组织结构以及制度。产业市场营销者应了解并掌握购买者企业内部的采购部门所处地位；它们的购买决策权是集中决定还是分散决定；对有利的决策是否奖励；在决定购买的过程中，参与最后的决策的人是谁；等等。这些问题必然会对企业的购买行为产生不同的影响。

小案例：通用的采购

全球集团采购策略和市场竞标体系自公司诞生之日起，就自然而然地融入了世界上最大的汽车集团——通用汽车的全球采购联盟系统中。相对于正在理论层次彷徨的众多国有企业和民营企业而言，通用的采购已经完全上升到企业经营策略的高度，并与企业的供应链管理密切结合在一起。据统计，通用在美国的采购量每年为 580 亿美元，全球采购金额总共达到 1 400 亿～1 500 亿美元。1993 年，通用汽车提出了全球化采购的思想，并逐步将各分部的采购权集中到总部统一管理。目前，通用下设四个地区的采购部门：北美采购委员会、亚太采购委员会、非洲采购委员会、欧洲采购委员会，四个区域的采购部门定时召开电视会议，把采购信息放到全球化的平台上来共享，在采购行为中充分利用联合采购组织的优势，协同杀价，并及时通报各地供应商的情况，把某些供应商的不良行为在全球采购系统中备案。

在资源得到合理配置的基础上，通用开发了一整套供应商关系管理程序，对供应商进行评估。对好的供应商，采取持续发展的合作策略，并针对采购中出现的技术问题与供应商一起协商，寻找解决问题的最佳方案；而在评估中表现糟糕的供应商，则请其离开通用的业务体系。同时，通过对全球物流线路的整合，通用将各个公司原来自行拟定的繁杂的海运线路集成为简单的洲际物流线路。采购和海运线路经过整合后，不仅使总体采购成本大大降低，而且使各个公司与供应商的谈判能力也得到了质的提升。

（资料来源：连漪．市场营销管理[M]．第2版．北京：国防工业出版社，2010：98-99.）

3. 人际因素

人际因素主要表现为企业内部的人事关系。生产资料购买的决定，是由公司各个部门和各个不同层次的人员组成的"采购中心"作出的。"采购中心"的成员由质量管理者、采购申请者、财务主管者、工程技术人员等组成。这些成员的地位不同、职权不同，说服力不同，因此对生产资料的采购决定的影响程度也不同。比如公司要购买一台复印机，虽然最终决定权在老板手里，但购买哪个牌子可能文秘是怂恿者，因为这机器是她用得最多，也就是最有发言权。因此，营销人员必须了解用户购买决策的主要参与者、他们的决策方式和评价标准、参与决策成员间相互影响的程度等，以便采取有效的营销措施，获得订单。

4. 个人因素

产业市场购买决策的参与者在作出决定和采取行动时，都不可避免地受其年龄、收入、所受教育、职位和个人特性以及对风险态度的影响。因此，营销者应了解产业市场采购员的个人情况，以便采取"因人而异"的营销措施。

四、产业市场购买者决策过程

产业市场的购买决策过程与消费者的购买决策过程有相同之处，但也存在区别。产业市场购买过程的阶段多少，取决于产业购买者购买行为的复杂程度。从表3-4可以看出，直接续购是最简单的购买行为，只需检查和评价供应商的履约情况即可；在更改续购的情况下，购买阶段相对较多，部分阶段可以简化；新购是最复杂的购买行为，要经过完整的8个阶段。

1. 认识需要

在更改续购和新购的情况下，当企业中相关人员认识到要采购某些产品以满足企业的经营需要时，购买过程便开始了。需要是由内部刺激和外部刺激引起的。内部刺激，如企业决定推出某种新产品或新服务，因而需要采购新设备和原材料；机器发生故障，需要更换设备和零部件；过去采购的产品质量不尽如人意，转而寻找新的供应商。外部刺激，如采购人员通过参观展销会，浏览广告，找到更价廉物美的产业用品等。供应商的营销者可以通过利用直接发信、电讯营销、访问用户等手段来激发产业用户认识其需要。

表 3-4　产业市场购买类型及购买阶段

购买阶段 \ 购买类型	直接续购	更改续购	新购
认识需要	否	可能	是
确定需要	否	可能	是
说明需要	否	是	是
物色供应商	否	可能	是
征求建议	否	可能	是
选定供应商	否	可能	是
规定订货程序	否	可能	是
检查履约情况	是	是	是

2. 确定需要

产业购买者认识到其需要之后,要进一步确定所需产品的总体特征和数量。对于标准项目来说,这一过程十分简单。而复杂项目必须由采购者会同使用者、技术人员、高层管理人员,共同决定所需项目的可靠性、耐用性、价格及其他方面。这一阶段供应商的营销者应向买方介绍产品特性,协助买方确定需要。

3. 说明需要

产业购买者确定需要以后,要组建一个专家小组,应用产品价值分析法制定详细的项目技术规格说明书。产品价值分析是一种降低成本的方法,通过价值分析,对各部件仔细加以研究,以便确定是否对它进行重新设计,是否实行标准化,并运用更廉价的生产方法来生产产品。产品价值分析小组重点检查产品的高成本部件,找出那些比产品本身寿命还要长的超标准设计的产品部件。该小组确定最佳产品的特征,将其写进商品说明书作为采购人员的采购依据。供应商的营销者要运用价值分析技术,向顾客说明其产品的优越性,以获得中选的机会。

4. 物色供货商

产业购买者可以通过检查商业目录、电脑信息查询、观看商业广告、参加展览会等方法收集供应商的信息,淘汰那些信誉不佳或者不能满足企业需求的供应商,列出合格供应商的目录。供应商的营销者在此阶段应该加强广告和促销活动以提高公司的知名度和美誉度,设法使自己企业的名字能够列入供应商目录。

5. 征求建议

产业购买者邀请合格的供应商提交供应建议书。对复杂或花费大的项目,采购者会要求供应商提供正式的书面建议。经过分析淘汰,请筛选后留下的供应商提出正式的供应说明书。因此,供应商的营销者必须善于调查研究,用文字表达和口头陈述来提出营销方案;该方案必须是营销文件,而不仅仅是技术文件;方案中应强调本企业产品的优点和特性,以便在众多供应商中脱颖而出。

6. 选定供应商

产业购买者可以根据供应商的产品质量、产品价格、企业信誉、交货能力、技术能力等,对供应商进行评价,筛选出最具吸引力的供应商。采购者在作出决定前,可与优先考虑的供应商进行谈判,以争取更好的交易条件和价格。一般来说,企业最后会选择多个供应商,以免受制于人,并促使供应商展开竞争。供应商的营销者应制定策略以应对买方压价和提出过高要求。

7. 规定订货程序

在供应商选定后,产业采购者开出订货单,内容包括产品技术说明书、需求量、预期交货时间、退货政策等。现代企业普遍采用"一揽子合同",而非定期采购交货。这样采购方与供应商建立一种长期关系,供应商应在特定的时间内按照协议的价格向采购方供应产品或服务。当需要供应品时,买方的计算机就会自动传一份订单给供应商。这种方式避免了重复签约的麻烦,也减轻了库存的压力,并且可以使买卖双方保持长期紧密的关系,其他的竞争者难以涉足其间。

8. 检查履约情况

最后,产业采购者征求使用者意见,检查和评价各供应商的供货行为和履行合同情况,以决定是维持、修正或终止与其供货关系。这一阶段,采购者可以接触最终用户并询问其评估意见。供应商的营销者要加强跟踪调查和售后服务,以此为采购者提供预期的满足。

本章小结

1. 消费者市场的定义:指一切以个人和家庭的生活消费而购买产品和劳务的市场。

2. 消费者市场的特点有:人数众多,购买差异大,购买频繁,每次交易量小,消费者市场具有可诱导性,消费者需求复杂多变,商品供应与需求之间的矛盾突出。

3. 影响消费者购买行为的主要因素包括文化因素、社会因素、个人因素、心理因素。

4. 消费者决策过程包括确定需要、收集信息、评价方案、决定购买、购后感受。

5. 产业市场的定义:是指由那些为满足赢利的目的购买产品和服务并将其转卖或出租的个人和组织形成的市场。

6. 产业市场的特点有:购买者较少,购买规模大,购买者地理位置集中,产业市场的需求是派生需求,需求缺乏弹性,需求波动性较大,专业性采购,直接购买。

7. 产业市场购买行为分为三种类型:直接续购、更改续购、新购。

8. 影响产业市场购买决策的主要因素:环境因素、组织因素、人际因素、个人因素。

9. 产业市场购买者决策过程包括8个阶段：认识需要、确定需要、说明需要、物色供应商、征求建议、选定供应商、规定订货程序、检查履约情况。

本章习题

一、名词解释

1. 消费者市场
2. 产业市场
3. 参照群体
4. 社会阶层
5. 选购品

二、单项选择题

1. 现代营销理论研究的主要对象是(　　)。
   A. 中间商市场　B. 消费者市场　C. 产业市场　D. 政府市场
2. (　　)是人类欲望和行为最基本的决定因素。
   A. 文化　B. 家庭　C. 社会阶层　D. 参照群体
3. 按马斯洛的需要层次论，最高层次的需要是(　　)。
   A. 生理需要　B. 安全需要　C. 自我实现需要　D. 社会需要
4. 消费者购买过程中介入程度低、品牌差异大的购买行为属于(　　)。
   A. 复杂购买　B. 多样化购买
   C. 习惯性购买　D. 减少失调购买
5. 下列不属于产业市场购买行为的主要类型是(　　)。
   A. 直接购买　B. 间接购买　C. 更改续购　D. 新购

三、填空题

1. 影响消费购买行为的主要因素是：(　　　　)、(　　　　)、(　　　　)、(　　　　)。
2. 影响产业市场购买决策的主要因素有：(　　　　)、(　　　　)、(　　　　)、(　　　　)。
3. 消费者的主要信息来源于(　　　　)、(　　　　)、(　　　　)、(　　　　)。
4. 产业市场购买行为的三种类型是：(　　　　)、(　　　　)、(　　　　)。
5. 消费者决策过程包括确定需要、(　　　　)、(　　　　)、(　　　　)、(　　　　)。

四、简答题

1. 观察两个不同年级大学生的消费倾向，分析他们的差异，并指出影响他们购买行为的因素。

2. 请举例说明文化会如何影响消费者购买行为。

3. 描述你的三个不同的社会角色，并指出与之相关联的产品。

4. 如果你正在考虑买一台笔记本电脑，你可能会从哪些方面获取信息？

5. 试比较消费者市场与产业市场。

6. 试述产业市场的购买决策过程。

7. 拜访某一企业，了解其采购新产品的程序以及参与人员。

本章案例

酷体验：营销玩转“80后”、“90后”

2010年9月9日，淘宝网通过其团购平台——聚划算，推出奔驰smart硬顶车团购。活动开始后24秒，第一辆车售出，6分钟售出55辆，3个半小时后205辆奔驰smart全部销罄，原定持续21天的活动只用了3个多小时就提前结束。“要知道，奔驰smart线下一年的销售也就500辆。这件事把奔驰的经销商全部雷倒了。”一位亲历此事的人士说。

2010年10月21日，淘品牌佐卡伊的100枚一克拉钻戒、100枚半克拉钻戒在淘宝聚划算上准时开团，5分钟内，半克拉钻戒已经团出50件。11点24分，最后一枚半克拉钻石被买家团走。而标价28 999元的一克拉钻戒，开团半小时内已经成交67笔，仅3小时，200颗钻戒被团购一空。“200颗钻戒，一个专柜一年的销售额也没有那么高。100颗克拉钻对于线下专柜来说都可以卖好多年了。”

很难想象汽车与克拉钻这种贵重物品，在没有经过进店体验的情况下就能被消费者从网上哄抢一空。不过，透过这两件轰动一时的营销事件，或许能发现一些新的消费苗头。

玩票消费的时代

据2009年淘宝网发布的消费者数据显示，目前最活跃的网络消费群体在18～30岁，而“80后”、“90后”群体正是这种全新消费方式的核心人群。其实，自2005年湖南卫视“超级女声”节目火遍中国开始，从玉米、凉粉们走入人们的视野开始，一种个性、自我甚至略带些自我宣泄色彩的个性风尚开始在“80后”、“90后”年轻群体中蔓延。

与“60后”、“70后”的严谨比起来，无论是日常生活、工作还是消费观念上，“80后”的价值观中多了些“玩票”的观念。在生活上，他们追求前卫、时尚、个性的生活观念，一旦有了放松的机会，即使身无分文，也能透支信用卡买张机票千里迢迢从湖南赶到北京，只为在五棵松体育场听一场李宇春的演唱会；在工作上，不管是打工还是自我创业，他们都追求一种独立自主的感觉，或许白天还穿梭在城市的大街小巷谈业务做采访，但晚上却在家里开着旺旺销售自己淘宝店的产品，不是为赚多少钱，只为实现自我创业与做主的梦想；在消费上，他们自给自足，60年代的父亲“颇有余粮”，他们不用考虑给父母赡养费，有时甚至还需要“啃老”来买房买车。如果说20世纪六七十年代的人崇尚的是“集约型消费”，那“80后”、“90后”的人则沉醉于一种“自我满足型消费”的理念中，卡奴、月光族等是对他们最好的写照。

酷体验四大特征

面对一群溺于“玩票”的消费者，传统的营销观念变得鞭长莫及，对“80后”消费群体的细分很难让定位专家们找出共同特质并实现精准定位。这些年轻人有多少还老盯着电视屏幕看，或许他们80%已经成为“被网瘾”一族，并分布于各种新奇论坛；他们需要的体验绝对不是六七十年代的消费者那种粗犷型的进店体验，他们需要的是从产品本身、到消费过程、再到售后服务一体化的营销“酷体验”。

定制——DIY原来或许只是IT行业的专用名词，但是面对“80后”、“90后”这种新的消费群体和消费者时，“DIY”却从一个专业术语变成了一个营销名词。国货品牌“植物语”就是提倡DIY定制化营销的新一代企业，其提出了“N+1”的护肤模式，通过为消费者提供各种化妆品基础原材料（基础油），并将如何搭配适合各种皮肤使用的化妆品配方告诉消费者，让消费者通过全新的购物体验方式购买产品，同时可根据自身情况为自己量身定制适合的化妆品。虽然目前这种营销方式是否能够最终取得成功还有待时间的考验，但这种个性化定制的营销体验，无疑是“80后”、“90后”消费群体最喜欢的购物方式之一。

稀缺——对于崇尚自我个性、追求与众不同的“80后”、“90后”消费者来说，得到一款稀缺产品会让他们感受到完全不一样的体验。但是，与传统营销领域制造稀缺感受的方式不一样，针对“80后”、“90后”消费者所推出的稀缺并不简单是由厂商所设计的名为限量、限时的营销手段。200辆奔驰smart的限时团购、200颗克拉钻的疯狂抢购，这些产品都是厂商根据新一代消费群体的特性，把产品性能、性价比、个性化等关键词融会贯通的产物。对于“80后”、“90后”消费群体来说，LV、GUCCI这样的奢侈品本身就是一种稀缺资源，因此这样高价格的产品无论是否限量发行，对于他们的吸引力都差不多。但同样是箱包产品，麦包包可以根据消费群体的特性而开发出近1万款单品，而且这个数量还以每周数十款的数量在陆续增加，对于消费者来说，每个单品在全国的发行量都不高，大可不必担心走上街去遇上撞衫的尴尬。

娱乐——自2005年超级女声开始，一种全民娱乐的氛围开始在“80后”、“90后”年轻人群中漫延。这种娱乐的氛围打造了李宇春、张靓颖这样的平面偶像，而这种娱乐化的氛围也同样让厂商逐渐开始走上娱乐营销的道路。各种由厂商冠名的电视选秀如火如荼，在吸引了观众眼球的同时也让一批属于年轻人的消费品牌大放异彩。江中亮嗓赞助娱乐选秀节目“红楼梦中人”，根据江中药业股份有限公司方面的数据显示，自节目播出以来，江中亮嗓在全国范围内的品牌认知度达到了40%以上。而青岛啤酒“我是冠军”、“雪花啤酒”“勇闯天涯”等娱乐化、年轻化的全民参与活动更是引爆了“80后”、“90后”人群的消费激情。

互动——对于“80后”、“90后”群体来说，互动是体验营销最显著的特征之一，但对于他们的互动也不仅仅停留在短信的互动、问答与访谈等层面。2009年中粮推出悦活果蔬汁之前，首先通过开心网这样的SNS小区网站展开了营销攻势，在产品还未在超市上架前，消费者对这些产品的特性和功能就已经耳熟能详，因为之前在自己的开心网游戏中，他们已经根据网站的游戏插件自己制造相关的产品。另一则成功的互动营销案例则出现在知名运动品牌李宁身上，2008年，一位网友在其博客上发表了《囧人穿囧鞋，李宁真囧》的博文，还附上了几张角度不同的照片。看到照片后，不少网友被这款李宁牌新鞋逗乐了，纷纷为其创意所折服，盛赞鞋子很“囧”很强大，凭借网民强大的传播力量，李宁公司生产的10万多双囧鞋在7月到9月间销售一空。实际上，这个“囧”鞋的创意原本就来自于网络，可以说是“80后”、“90后”网友给了李宁创造“囧”鞋的灵感，也同样是他们创造了全新的营销神话。

如何玩转酷体验

如果不是有意于“80后”、“90后”消费群体的企业；如果不想改变传统的产、销商业模式，不是为消费者定制商品而仅是生产产品的企业；如果只想着规模化生产和在传统的电视媒体上进行广告轰炸，而缺乏与“80后”、“90后”消费者近距离沟通与体验的话，那么，请远离酷体验这种营销方式。当然，如果企业将“80后”、“90后”消费者作为主要目标客户，同时准备好了改变传统的生产、销售方式，并希望与这群玩家进行沟通，那么可以考虑以下几个方面的改变：

理解他们的语言——对于“80后”、“90后”群体来说，除了上淘宝消费以外，或许他们进店消费的方式变化并不大，但千万不要忽略了在某段时间，在这部分群体中最为流行的语言。李宁正是因为抓住了这个“囧”字的商机，所以才在中国市场以一双“囧”鞋把阿迪达斯、耐克等国际大牌甩在了后面。而“哥吃的是寂寞”、“房价在做俯卧撑”、“我是打酱油的”等经典流行语言正是在一段时间里，这些消费群体流行趋势和消费心态的体现。理解他们的语言不仅仅是需要知道“凤姐”、“小月月”背后的种种轶事，还需要知道这些流行语言是通过怎样的渠道得以迅速传播，需要了解他们都在怎样的圈子里交流，他们都有怎样的朋友，他们怎样娱乐，怎样购物和消费，怎样学习和工作。

给他们一个平台——超级女声这样的大型电视节目为“80后”、“90后”群体提供了一个全新的舞台，随着时间的推移这样的娱乐化舞台也越来越多，为这个新的群体提供了一个又一个全新的自我展现的平台，其实对于商家和企业而言，给这群玩票消费者一个平台也同样重要。雪花啤酒的“勇闯天涯”活动主要针对热爱运动、喜欢挑战的年轻人，但真正能够参与这个极限运动的消费者数量却非常有限，但事实上，“勇闯天涯”对于年轻消费群体来说，不过是一个自我展现、自我挑战的舞台，同时为了进一步扩大活动的吸引力，雪花啤酒在互联网上开通了“勇闯天涯”网络小区，通过这种虚拟游戏的方式，虽然“勇闯天涯”活动并不能让所有喜欢运动的消费者参与到活动的实地体验中，但他们却能够在互联网上的虚拟游戏中感受到由雪花品牌带来的运动精神与挑战的乐趣。

与他们平等沟通——与消费者的平等沟通，并不等于传统消费环节中那些在消费者进店以后，由经过专业培训的客服人员以夸张的笑容介绍自己产品的种种好处。因为互联网平台的出现，信息在厂商与消费者之间变得越来越对等，与这些长期驻守在互联网上的“80后”、“90后”消费群体平等沟通，首先需要转变原有的商品产销观念，消费者需要什么样的产品，厂商就要提供什么样的商品。目前有很多企业已经开始了一种全新的商品生产与制造过程，先是让消费者来参与商品设计的过程，然后把样品放到互联网上进行预售，如果产品热卖成为“爆款”则立即补货，这种C2B2C的产销方式让消费者参与了整个商品的产销过程，充分与消费者进行了沟通；即使是拿传统的商品来销售给“80后”、“90后”消费群体，厂商也需要充分地保证消费者的知情权，有了互联网这个营销工具，任何商品上的缺陷都难逃消费者的眼睛，互联网也正把原来的暴利变成过去时，产品的性价比变得越来越重要。

激发他们的创造力——在传统的消费决策过程中，消费者进入商店，在琳琅满目的货架上选择自己想要的商品，对比后进行决策与付费，对于传统的消费者而言，这种购物模式简单而又方便。但对于“80后”、“90后”消费者而言，不管是生产、选择还是最终决策过程，他们都有自己独立的购物方式。在生产上，他们更乐意参与厂商的设计与生产环节，他们可以帮助新产品命名，可以帮助厂商设计商标，可以设计产品的外观与造型；在选择上，那种“制服化”的产品已经不能够引起他们的兴趣，他们需要有更多的产品选择空间，同时通过互联网这个平台，他们还会就选择过程本身进行创新，通过尝试组合不同的关键词卷标搜索，他们能够获得各种独特个性的商品；在传统的消费链条中，完成支付似乎就是消费链条的结束，但玩票一代却并不把完成支付看成购物的结束，在完成商品选择后，他们乐意通过各种平台去分享自己的购物体验，产品的优缺点会再一次展示在他们周边的朋友圈子中，成为他们的朋友购物决策的依据。激发他们的创造力，就是要让他们参与产品的生产与设计过程，在选择过程中通过标签化的引导方式，让他们完成更复杂的购物决策，同时需要鼓励他们分享自己的购物体验，影响更多的消费群体。

（资料来源：莫可道.酷体验：营销玩转80、90后[J].销售与市场，2010，(12).）

案例思考题

1. “80后”、“90后”的购买行为有何特点？
2. 影响“80后”、“90后”购买行为的影响因素有哪些？
3. 企业应制定出怎样的营销策略来满足“80后”、“90后”的求酷体验心理？

CHAPTER 4

第四章 目标市场策略

本章要点

本章主要阐述市场细分、目标市场选择以及市场定位的基本原理，系统介绍市场细分的方法、选择目标市场的战略以及市场定位的策略。教学重点是市场细分的基本原理与依据、细分程序与方法，目标市场策略选择。教学难点是市场细分的方法和目标市场选择的战略，市场定位的策略。

学习目标

- 掌握市场定位的概念、定位策略。
- 熟悉目标市场选择的战略及评估细分市场的标准。
- 掌握目标市场策略选择。

引入案例

康大兔肉：细分市场的商机

几年前，青岛康大食品敏锐地嗅到了一个没有强势品牌的细分市场——兔肉产业，并成功切下这块市场蛋糕，走出了一条差异化的生存之道。国内肉制品领域，早已被双汇、雨润这样的强势品牌牢牢占据，弱势品牌要进入这个行业，既没有规模优势，又缺乏成本优势，很难撼动它们坚固的堡垒市场。同猪、牛、羊、鸡等肉类相比，兔肉产业的风险相对较小，目前国内兔肉产业还是一个有待开发的市场，是一个还没有形成大品牌的产业，而且真正将兔肉做大的企业几乎为零。正是这样一个市场契机，康大选择了从兔肉这个细分市场切入,重点开发兔肉产品,培育兔肉产业。

按常理来讲,兔肉算是小众产品,市场需求量起码比猪、牛、羊、鸡肉要小得多。但小众产品并不代表小众产业。目前在国内市场,兔肉消费早在2005—2006年就已达50万吨,其消费潜力是巨大的。“兔肉对于肉类产业来说是小众,但于一个企业而言却是一片蓝海。”青岛康大食品营销总监王绍辉对兔肉产业的未来充满信心。外贸起家的康大食品,以往是出口型企业,肉制品尤其是兔肉产品远销欧美、俄罗斯等国家,产销量一直相对稳定。但近两年,受国际金融危机大环境的冲击,康大逐步认识到:光出口不是一条长久之路,在国内经济逐渐向好的形势下,抢占内贸市场是势在必行的战略举措。

目前,康大食品在立足于外贸市场的同时,正在逐步培育内贸市场。目前已拥有自己专门的育种养殖基地、屠宰基地和饲料加工基地,已经形成了肉兔、肉鸡、快餐调理食品三大产业链,力求为消费者提供多品项、多品种、营养价值高、绿色环保的肉制品。其中,兔肉产品包括礼盒产品、酒店兔肉创新菜品(如手撕风干兔、九味汁焗兔腿、迷迭香小炒兔、久久辣卤兔头、兔肉风干肠)、生食分割品、熟肉制品等系列产品,年销售收入超过8亿元,未来的发展依然可观。

(资料来源:朱丽.康大兔肉:细分市场的商机[J].营销界,2010,(11).)

第一节 目标市场细分

一、市场细分概念及作用

1. 市场细分的概念

市场细分(marketing segmentation)的概念是20世纪50年代中期由美国市场学家温德尔·史密斯提出的。所谓市场细分,是指根据整体市场上顾客需求的差异性,将一个整体市场划分为两个或两个以上的顾客群体,每一个具有相似需求特点的顾客群体就称为细分市场(子市场)。同一细分市场的顾客群拥有相似的需求;而不同细分市场的顾客需求具有较大的差异性。例如服装市场,可按顾客的年龄,细分为儿童服装市场、成人服装市场、老年服装市场;按顾客性别,细分为男装市场、女装市场;按顾客的社会阶层,细分为高档服装市场、中档服装市场、平价服装市场;按顾客的适用场合,细分为职业装、休闲装、运动装、舞台装等。

市场细分的理论基础是顾客需求的差异性。在不同的细分市场上,顾客的需求有明显差异。在同一市场上需求基本相似。因此,市场细分不是通过产品分类来细分市场,而是按照顾客需求的差别来划分市场。其目的是使企业选择和确定目标市场,实施有效的市场营销组合,从而以最少、最盛的营销费用取得最佳的经营效果。

2. 市场细分理论的演变

总体来说，市场细分理论是随着市场营销观念的发展而不断演变的。有什么样的市场背景条件，就有什么样的市场营销指导战略，市场细分理论的演变经历了大量营销、差异化营销、目标营销三个阶段。

(1) 大量营销阶段(mass marketing)

19 世纪末 20 世纪初，西方社会普遍推崇生产观念，以大规模高效率的生产为企业的发展重心。企业的营销方式是大量营销，即企业大量生产、大量分销和大量促销同一品种、规格的产品给所有的消费者。例如，过去美国可口可乐公司长期只生产一种饮料，使用一种包装，它希望这种饮料适合每一个人。大量营销的方式可以大大降低成本和价格，因此在当时能够提高企业的利润并使其获得竞争优势。

(2) 差异化营销阶段(differential marketing)

20 世纪 30 年代，西方世界的经济危机导致市场竞争加剧，企业的经营重点从大规模高效的生产观念变成了研制与其竞争对手不同的产品。这一时期，企业的经营方式也从大量营销转变为差异化营销。企业生产两种或两种以上的，具有不同特色、式样、质量、型号的产品。值得注意的是，这种经营方式虽然较大量营销有所进步，但它并不是以市场细分为基础的，企业所提供的各种各样的产品只是为了吸引更多的消费者，企业生产经营的出发点仍然是企业自身而不是消费者。

例如，汇源公司在 20 世纪 90 年代初期就开始开发果蔬汁饮料市场，在几年间先后开发出鲜桃汁、鲜橙汁、猕猴桃汁、苹果汁，后来还扩展到野酸枣汁、野山楂汁、果肉型鲜桃汁、葡萄汁、木瓜汁、蓝莓汁、酸梅汤等，并推出了多种形式的包装。这些琳琅满目、各有特色的果汁的确吸引了不少消费者。但是 2000 年后，我国的果汁市场发生了变化，众多洋品牌纷纷进入中国果汁市场以分一杯羹，例如可口可乐、统一、百事、康师傅等。汇源在这场果汁之战中处于不利位置，市场份额缩水严重。汇源的失败给我们的启示是：市场细分绝不仅仅是把产品做个分类，而是在确定具有不同需要的顾客的基础上，将这些异质顾客进行分类，并提供满足他们需要的产品。

(3) 目标营销阶段(targeting marketing)

20 世纪 50 年代，科学技术的迅猛发展推动了生产力水平的提高，社会物质极其丰富，企业生产的差异化产品已经不能满足消费者的需求。因此，企业再次改变经营观念，从以企业为中心的差异化营销转变为以消费者为中心的目标营销，即在研究市场和细分市场的基础上，结合自身的资源优势，选择最具有吸引力和最能有效为之提高产品和服务的市场，并设计相应的营销组合。

3. 市场细分的作用

(1) 有利于企业发现新的市场机会

企业通过市场调查和市场细分，能够深入了解各个细分市场，包括顾客的消费偏好、市场需求满足程度、竞争对手的情况，因此就可以发现那些尚未被满足或者满足程度较低的市场，结合自身的资源优势制定营销策略，迅速出击，抢占市场。市场细分对于那些实力较弱、缺乏知名度的中小企业来说尤其有利，能够借此拾遗补缺，发现市场空白，避免与强劲的竞争对手“硬碰硬”。

(2) 有利于提高企业竞争力

市场细分能够使企业集中自身的资源优势在某一个或几个细分市场，避免力量分散，扬长避短，有针对性地制定出适合某一客户群的营销策略，这样不仅能够降低企业成本，而且还能提高客户忠诚度，提高企业竞争力。

(3) 有利于满足不断变化的、千差万别的社会消费的需要

社会上的众多企业奉行市场细分化策略，消费者尚未被满足的需要就会逐一成为企业营销的目标顾客，这样新的产品不断出现，整个社会的消费需求就会得到满足。

☞ 小案例：智强乳业集团特定细分市场营销

近几年，中国的乳业正在进入黄金发展期，液态奶消费正从少数人享用的营养保健食品转化为普通大众的生活必需品，年增长率达30%以上，产品结构与消费结构逐渐趋向多元化。在这样一个行业大背景下，一直在干粉行业滋润生长的“中国核桃大王”——四川智强集团，也于2002年8月悄然进入乳业。作为乳业新军，智强集团拥有一定的资金与网络实力，但与“光明”、“伊利”等行业巨头相比，显然是不占优势的；与各区域的乳品“诸侯”相比，也不占据“鲜”与“廉”的优势。于是，似乎只有一条路可以选择，那就是细分市场进行差异化经营。

智强集团多年积累起来的品牌影响与“中国核桃大王”的专业形象是介入液态奶领域的最大筹码，于是，“立足核桃，做透核桃”也成了进入乳业争胜的重要前提。因而，智强乳品的初期定位就是“做乳品企业里的专业户”(即液态奶企业里专门致力于“活脑核桃奶”的专家)。虽然智强会因此而失去一部分普通液态奶的消费群，但智强觉得会因此而获得更多青少年及用脑族的青睐——不懂得放弃，就不会有所收获，这也许就是对智强乳品产品定位最好的诠释。

虽然目前花色奶、功能奶(保健奶)在市场上已屡见不鲜，许多液态奶厂家都操起了这一兵器(如：高钙、铁、锌、免疫等)，但与其不同的是，智强乳品更聚焦、更专业，并从产品名称与概念上区隔并阻隔了其他产品的竞争与跟随。

(资料来源：赵正. 智强乳业集团特定细分市场营销[N]. 中国经营报，2003，(8).)

虽然市场细分有以上诸多好处，但在实施的过程中，每一个细分市场都要有与之相对应的营销策略，都要花费大量的人力物力财力去培育，如果企业对市场过度细分，即实行“超细分战略”，会导致产品价格不断增加，影响产销数量和利润。于是，一种“反细分战

略”应运而生。所谓反细分战略,是指把零散的细分市场聚合在一起,以较低的价格实现较大的市场利益。值得注意的是,反细分战略并不反对市场细分,而是“异中求同”地将许多过于狭小的子市场组合起来,以便能以较低的成本和价格去满足这一市场的需求。

二、市场细分的标准

1. 消费者市场的细分标准

市场细分的理论基础是顾客需求的差异性,企业一般会运用相关的细分变量来细分市场。消费者市场的细分变量主要有地理细分、人口细分、心理细分和行为细分。

表 4-1 细分市场的标准

细分标准	具体细分变量
地理	地区、气候、地形、资源分布、人口密集程度
人口	性别、年龄、收入、职业、教育程度、家庭生命周期、社会阶层
心理	生活方式、个性
行为	时机、利益、使用者、购买频率、忠诚度

(1) 地理细分

地理细分是按照消费者所在地理位置、环境条件来细分消费者市场的。如按照地区、气候、地形、资源分布、人口密集程度来细分市场。地理细分之所以成为市场细分的变量,是因为处于不同地域的消费者对企业的产品有着不同的需要和偏好,对企业所采取的战略,对企业的产品价格、分销渠道、广告宣传等措施有着不同的反应。

例如地板这种销路广阔的产品。江苏崔桥是强化木地板生产基地,受其规模生产与经营的影响,当地和邻近的家居装修几乎都选择当地的强化木地板,实木地板等其他种类和品牌的地板难以进入,而作为实木地板生产基地的浙江南浔也是如此。我国南方和北方气候差异大,空气湿度大不相同,了解当地的气候,生产时控制地板的含水率的大小以面向其所适宜的地域就显得很重要。

(2) 人口细分

人口细分是指按照人口统计学变量,如性别、年龄、收入、职业、教育程度、家庭生命周期、社会阶层等来细分市场。人口变量一直是细分消费者市场的重要变数,因为消费者的欲望、偏好和购买能力与人口变数有着直接的因果关系,而且人口变数比其他变数更易于统计分析。

① 性别。男性和女性对同一类别的产品有着不同的消费偏好和产品需求,比如,可以按性别将手机市场细分为女性手机市场和男性手机市场。女性手机外观小巧轻薄,曲线柔美,比男性手机更具时尚美感,以彰显时尚、品位的诉求。男性手机一般是功能强、外形偏大、颜色稳重、铃声清晰的产品,它的线条多比较硬朗,色调也以冷色调为主,能凸显

持有者特有的男性品位和气质，与他的衣着打扮相协调。

② 年龄。不同年龄的消费者有不同的需求特点，对产品有不同的认识，如青年人对服饰的需求与老年人的需求差异较大。青年人需要潮流时尚的服装，老年人需要端庄素雅的服饰。

例如，资生堂按照女性年龄细分化妆品市场，分为四类：第一类：15～17岁的女性，她们正当妙龄，讲究打扮，追求时髦，对化妆品的需求意识较强烈，但购买的往往是单一化妆品；第二类：18～24岁的女性，她们对化妆品也非常关心，采取积极的消费行动，只要是中意的化妆品，价格再高也在所不惜，她们往往购买整套化妆品；第三类：25～34岁的女性，她们大多数人已结婚，因此对化妆品的需求心理和购买行为也有所变化，化妆也是她们的日常生活习惯；第四类：35岁以上的女性消费者，她们可以分为积极派（因为"徐娘半老"）和消极派（因为即将进入老年），但也显示了对单一化妆品的需要。

③ 收入。收入水平不同的顾客，在购买时对商品的要求也不同，高收入的顾客比较注重产品的品质、外观、包装，对于购物场所也很讲究，一般会到百货公司和专卖店进行购物；低收入的顾客则关注产品的价格，侧重"量"的需求，通常喜欢到廉价的货仓商场、超市及普通商店。值得注意的是，在实际操作过程中不要只根据收入来细分市场，应该根据产品的特点，结合其他变量综合细分。例如有些低收入消费者有可能为了面子，而作出与自身收入水平并不相符的购买行为。

④ 职业与教育。消费者的职业和受教育程度不同，他们对产品的需求也会有差异。比如，农民购买自行车偏好载重自行车，而学生、教师则是喜欢轻型的、样式美观的自行车。

⑤ 家庭生命周期。一个家庭，按年龄、婚姻和子女状况，可划分为7个阶段：单身阶段、新婚阶段、满巢阶段Ⅰ、满巢阶段Ⅱ、满巢阶段Ⅲ、空巢阶段、解体阶段。在不同阶段，家庭购买力、家庭人员对商品的兴趣与偏好会有较大差别。如房地产公司为单身者设计单身公寓，为有孩子的家庭设计大户型的住房。

(3) 心理细分

心理细分是指按照消费者的个性、生活方式来细分市场。

① 生活方式。生活方式是人们生活的格局和格调，表现在人们对活动、兴趣和思想的见解上，人们形成的生活方式不同，消费倾向也不一样。如深圳的高级白领就很少去东门一带购物，这和他们的生活格调相关；妇女服装可根据顾客的不同生活方式，分别设计出"朴素型"、"时髦型"、"新潮型"、"保守型"、"有男子气型"。

☞ 小案例：中年简朴者：一个新的消费者类型

2008年世界经济危机期间出现了一个新的消费者类型：中年简朴者(the middle-aged simplifier)。面对金融危机，他们发现自己被买回来的太多物品所包围，而且越来越怀疑是否值得这么去做。奢侈购物、挥霍消费以及"战利品"文化将会随风而去。未来的消费者会更多地购买易耗物品,而不是购买乱七八糟堆满房间的耐用品:比如短暂而昂贵的体验,而非家用的笨重物品。

随着世界经济的下滑,简朴者消费细分市场会比以往增长更快。简朴者有以下四个特征:

第一,他们觉得自己拥有的物品超过了自己所需。当然,他们可能会收集瓷制雕像之类的东西作为兴趣爱好,但他们与什么东西都不肯扔掉的人完全不同,后者会把阁楼和地下室塞满"从来不知道什么时候会用上"的东西。

第二,他们想要"收集"体验而非拥有物品。他们向亲朋好友赠送体验而非物品作为礼物。体验可能看起来转瞬即逝。除非以"柯达"瞬间的方式,它们无法储存;但它们不会束缚你,不需要维护,而且能让喜欢多变的本能迅速得到满足。面对经济衰退,在外吃饭、出国旅游、学习一种新的体育运动,会被证明比预想的更能恢复经济。

第三,他们的物品让他们觉得难堪。他们的"揽胜(Range Rover)"不再告诉世人,他们是久经世故的城市及乡村社会名流。他们中简直有太多人在路上展示他们的社会地位了。更糟的是,现在他们代表了不负责任的"油老虎"一族。

第四,他们拥有财富,但他们确信不再需要引人注目。他们租用汽车,租用他人的假日房屋,并且乐意在生活的其他方面也借用外部资源。如果市场营销人员不停地施压,让他们花钱购买所有物品而非教育、医疗等社会商品,他们会予以拒绝。

日益增长的简朴者细分市场给市场营销人员带来了挑战。这些有钱人重视质量胜于数量,不会随着钱财的增加而相应购买更多商品。他们越来越不情愿消费,导致发达经济体的预期需求增长进一步受到抑制,从而使经济恢复放缓。这就需要制造消费品的跨国公司进一步致力于那些仍旧以商品为王的新兴市场。

(资料来源:约翰·奎尔奇.中年简朴者:一个新的消费者类型[J].商业评论网,2008,(12).)

② 个性。内向与外向;追求独特与愿意依赖;乐观与悲观。不同性格的顾客对产品的要求不同。如对产品的色彩,内向的人比较喜欢冷色调,外向的人却喜欢暖色调;对产品的款式,追求独特的人喜欢标新立异,依赖的人却爱跟随众人。例如爱冒险的客户注重投资收益或财产的增值,愿意冒一些风险来换取可观的回报。我国债券市场上基金的不同品牌,反映了对不同投资者偏好的细分和迎合。

(4) 行为细分

① 时机细分。可以根据消费者购买和使用产品的时机,将他们划分成不同的群体。营销实践中,企业可以通过时机细分提高消费者对产品的使用率。许多企业如化妆品、服装、糖果、保健品企业等都在我国传统节日以及黄金周(如国庆、元旦、中秋节、母亲节、儿童节)到来之际以过节送礼的好产品而大做广告,借机推销以增进其销售量。

② 利益细分。利益细分是指根据顾客对所购产品所追求的不同利益来细分市场。如钟表市场，购买手表的消费者追求的利益大致可以分为三类：一是追求价格低廉；二是侧重耐用性和产品的质量；三是注重产品品牌的声望。因此，生产钟表的企业，如果用追求的利益来细分市场，就必须了解消费者在购买某种产品时所寻求的主要利益。美国学者 Haley 曾运用利益对牙膏市场进行细分而获得成功，他把牙膏需求者寻求的利益分为经济实惠、防治牙病、洁齿美容、口味清爽四种。

③ 使用者细分。许多产品和品牌可以按照使用分为未使用者、曾使用者、潜在使用者、初次使用者和经常使用者。企业可以根据自身的情况，为不同的使用者制定营销计划。一般来说，大企业往往将经营的重点放在使潜在使用者转变为实际使用者，而小企业则由于自身资源限制，更多关注经常使用者。

④ 使用率细分。根据消费者对产品的使用频率可分为少量使用者、中量使用者和大量使用者。根据 80/20 原则，大量使用者在产品使用者总数中所占比重不大，但是他们消费的产品数量却在消费总量中占有极大比重，而他们常常是消费群体中的意见领袖。因此，企业一般把这些大量使用者当作目标顾客，为其制订与之相符的营销计划。

⑤ 忠诚度细分。所谓忠诚，是指由于价格、质量等诸多因素的引力，使消费者对某一产品或品牌情有独钟，形成偏爱并长期购买这一品牌产品的行为。按忠诚度可将消费者细分为坚定品牌忠诚者、有限品牌忠诚者、游移忠诚者和非忠诚者。

2. 产业市场的细分标准

消费品市场的许多细分变量，如地理细分、用户情况、品牌忠诚度、使用率等，同样也可以用于产业市场。但是由于消费品市场与产业市场在购买动机上的区别，企业有必要对产业市场的市场细分进行补充。

(1) 用户规模

用户规模是细分产业市场的一个重要变数。用户购买数量能体现出用户的购买力，企业也应该据此制定出针对不同规模客户的营销策略。例如，美国一家办公室用具制造商按照顾客规模，将顾客分为两类顾客群：①大客户，如国际商用机器公司、标准石油公司等，这类顾客群由该公司的全国客户经理负责联系；②小客户，由外勤推销人员负责联系。

(2) 最终用户

在西方国家，企业的管理当局通常用最终用户这个变量来细分产业市场。在产业市场上，不同的最终用户对同一种产业用品的市场营销组合往往有不同的要求。例如，电脑制造商采购产品时最重视的是产品质量和可用性，服务、价格也许并不是要考虑的最主要因素；飞机制造商所需要的轮胎必须达到的全部标准比农用拖拉机制造商所需轮胎必须达到的标准高得多，豪华汽车制造商比一般汽车制造商需要更优质的轮胎。因此，企业管理当局对不同的用户要相应地运用不同的市场营销组合，采取不同的市场营销措施，以投其所好,促进销售。

(3) 用户地点

用户的地理位置对于企业合理组织销售力量,选择适当的分销渠道以及有效地安排货物运输关系很大,而且不同地区用户对生产资料的要求往往各有特色。因此,用户的地理位置也是细分市场的依据之一。

三、市场细分的方法

1. 市场细分的方法

(1) 单一因素法。根据影响消费者需求的某一个变量来细分市场。如根据使用功能,可将牙膏市场细分为洁齿型牙膏、口气清新型牙膏、防蛀型牙膏等不同的细分市场。

(2) 综合因素法。根据两个或两个以上影响消费者需求的变量进行综合细分。例如,可以根据消费者的收入将服装市场细分为高档服装、中档服装、低档服装;根据性别细分为男装市场、女装市场;根据使用场合细分为商务装、休闲装、运动装等,综合以上三个细分变量,则可以得到18个细分市场。

(3) 系列因素法。系列因素法与综合因素法有相似之处,也要用到两个或两个以上的细分变量,但不同之处在于要按照一定的顺序,如由大到小、由粗到细等,逐步细分市场。

2. 市场细分的步骤

美国著名营销学家查尔斯·W.小兰姆提出了市场细分的6个步骤①。

(1) 选择要研究的市场或产品范畴。企业已经参与竞争的市场或产品范畴、一个新的但相关的市场或产品范畴、全新的市场或产品范畴。

(2) 选择市场细分的基础和依据。这个步骤要求管理者具有洞察力、创造力以及营销知识。虽然没有选择细分变量的科学程序,可是成功的细分方案必须符合市场细分的四个标准。

(3) 选择细分描述符。在选择一个或多个细分依据后,营销人员必须选择细分描述符。描述符识别具体使用的细分变量。例如,如果某公司选择人口构成作为细分依据,它可以使用年龄、职业、收入等作为描述符。

(4) 描述和分析市场。对市场的描述包括细分市场的规模、预期发展、购买频率、当前使用的品牌、品牌忠诚度、长期销售与盈利潜力。通过分析相关信息,按照盈利机会、风险与组织任务和目标的一致性以及对公司重要的其他因素将潜在细分市场进行排序。

(5) 选择目标市场。选择目标市场不是细分过程的一部分,却是细分过程的必然结果。它是一个影响甚至经常是决定公司营销组合的主要决策。

---

① 查尔斯·W.小兰姆.营销学精要[M].大连:东北财经大学出版社,2000:206-207.

(6) 设计、实施、保持合适的营销组合。营销组合是产品、分销、促销以及定价策略，其目的是产生与目标市场相互满意的交换关系。

3. 有效细分的条件

对不同行业、不同类型的企业来说，实行市场细分化必须具备一定条件。形成有效的细分市场，必须具备以下几个条件。

(1) 差异性

在商品的整体市场中确实存在着购买与消费上的明显差异，足以成为细分依据。例如，服装、护肤品可以按性别细分，而大米、食盐等一般性食物就没有必要按性别细分。

(2) 可衡量性

细分市场的规模及其购买力是可以衡量的。细分出来的市场不仅范围比较清晰，而且也能大致判断该市场的大小。

(3)可接近性

细分的市场是企业的营销活动能够通达的市场，企业能够对顾客发生影响、产品能够展现在顾客面前。考虑细分市场的可接受性，实际上就是考虑企业营销活动的可行性。显见，对不能进入或难以进入的市场进行细分是没有意义的。

(4) 效益性

细分市场的容量足够大，能够保证企业获得足够的经济效益，值得企业专门为之制定营销计划去开拓市场。如果容量太小，销售有限，得不偿失，则不足以成为细分依据。

第二节　目标市场选择

一、评估细分市场

企业进行市场细分后，要对细分市场进行评估和选择。评价细分市场的标准主要可从细分市场的规模、市场结构的吸引力、企业目标和资源这些方面来考虑。

1. 细分市场的规模

细分市场只有达到一定的规模或具备一定的发展潜力，才能够给企业带来所期望的销售额和利润。如果细分市场规模太小，那么企业进入该市场后难以得到发展，也无法弥补前期投入的各项资源。

☞小案例："丽"(Lee)牌牛仔裤的目标市场

美国的"丽"(Lee)牌牛仔裤始终把目标市场对准占人口比例较大的那部分"婴儿高峰期"的消费者群体，从而成功地扩大了该品牌的市场占有率。在20世纪六七十年代,丽牌牛仔裤以15～24岁的小青年为目标市场。因为这个年龄段的人正是那些在"婴儿高峰期"出生的,在整个人口中占有相当大的比例。可是,到80年代初,昔日"婴儿高峰期"的小青年一代已经步入中青年阶段。新一代小青年在人口数量上已大大少于昔日小青年。为了提高市场占有率,在80年代末,丽牌牛仔裤又将其目标对准25～44岁年龄段的消费者群体,即仍是"婴儿高峰期"一代。为适应这一目标市场的变化,厂商只是将原有产品略加改进,使其正好适合中青年消费者的体形。结果,90年代初,该品牌牛仔裤在中青年市场上的份额上升了20%,销售量增长了17%。

(资料来源:王建英.如何选择目标市场[EB/OL].2008.5.15,http://wjy1128826.blog.163.com/blog/static/7804162120086293385637.)

2. 市场结构的吸引力

企业在评估细分市场时,除了市场规模以外,还应该考虑细分市场的结构是否具有吸引力。市场结构的吸引力包括:竞争者的实力、替代产品、顾客议价能力、供应商议价能力以及潜在竞争对手的威胁等。

3. 企业目标和资源

细分市场能否成为企业的目标市场,还需考虑企业自身的目标和资源。有时候,某些细分市场很有吸引力,但是如果他们不符合企业的长期发展规划,而且企业自身的竞争力较弱,那么就必须果断地放弃该细分市场。

二、目标市场的选择

企业在评估细分市场后,应根据自己的任务、目标、资源和特长等,权衡利弊,决定进入哪些细分市场。企业选择目标市场时,一般有五种类型。如图4-1所示。

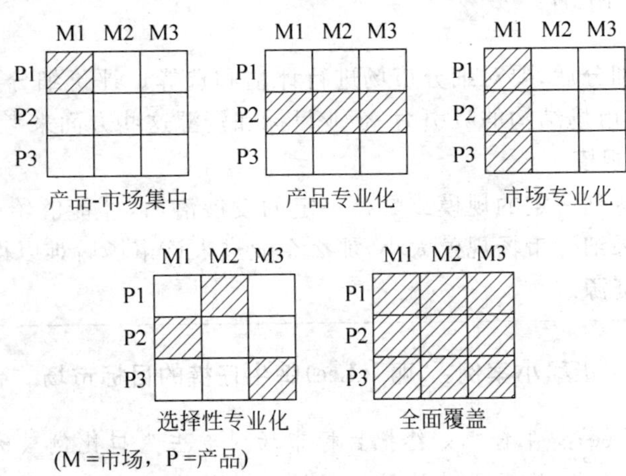

图4-1 五种目标市场选择类型

1. 产品-市场集中化

企业的目标市场集中于某一细分市场(M1),只生产某一种产品(P1),满足这一特定顾客群的需要,以取得企业在市场上的优势地位。如小型企业通常选择的策略是只生产供中等收入女性穿的服装。企业可以始终专注于某个细分市场,并可在经营取得成功后向更大市场范围扩展。

2. 产品专业化

企业只生产一种产品(P2),向各种不同的顾客群销售。如银行发行某种信用卡,面向政府机关、学校以及企业。这种模式能够确立企业在某一特定产品上的竞争优势,形成好的信誉。但是如果企业的产品出现了替代品,那么企业将会面临极大的风险。

3. 市场专业化

企业生产不同的产品(P1,P2,P3)提供给某一特定细分市场(M1)。如某一生产商专门生产医院所需要的各种医疗器械。企业专门为某个顾客群服务,能够在该顾客群中形成良好的信誉,从而带动企业新产品的销售。但是如果该顾客群购买力下降,企业会遇到收益下降的危险。

4. 选择性专业化

企业有选择性进入几个不同的细分市场,并为之生产不同的产品(P1M2,P2M1,P3M3)。这些细分市场之间没有明显的联系,每个细分市场都能获利。这种模式"没有把鸡蛋放进一个篮子",因而可以分散风险。

5. 全面覆盖

企业选择的目标市场是经过市场细分后的所有子市场,即为不同的人、不同的财力和不同的个性的顾客群提供它所生产的各种不同产品。一般说来,只有实力雄厚的公司才会采用这种模式。例如可口可乐公司提供各种各样的饮料满足饮料市场上所有顾客的需求,通用汽车公司生产的汽车,也能够给各种不同年龄、不同社会阶层的人在各种情境下使用。

三、目标市场战略

1. 目标市场战略

常见的目标市场战略有3种,分别是:无差异营销战略、差异营销战略、集中营销战略。

(1) 无差异营销战略

无差异营销战略就是企业不做市场细分,把整体市场作为目标市场,设计单一的产品和营销组合,力求满足尽可能多的消费者的需求。无差异营销战略的优点是产品的品种单一,使生产过程能够实现标准化,进行大规模生产,这样能够降低生产成本,获得规模效益。无差异营销战略的缺点是单一的产品和营销组合不能满足消费者复杂多变的需求,不能适应多变的市场形势。无差异营销战略适合于以下情况：企业实力雄厚，产品和市场同质程度较高，消费者需求广泛，能够大量生产、大量销售。

美国可口可乐公司从1886年问世以来，一直采用无差别市场策略，生产一种口味、一种配方、一种包装的产品满足世界156个国家和地区的需要，称作"世界性的清凉饮料"。

（2）差异营销战略

差异营销战略是在市场细分的基础上，企业选择两个或两个以上的细分市场为目标市场，根据不同细分市场的需求特点，分别设计不同产品，采取不同的市场营销组合，有针对性地满足不同消费者的需求。

差异营销战略的优点是能扩大销售，减少经营风险，提高市场占有率。因为多品种的生产能分别满足不同消费者群的需要，扩大产品销售。由于某一两种产品经营不善的风险可以由其他产品经营所弥补；如果企业在数个细分市场都能取得较好的经营效果，就能树立企业良好的市场形象，提高市场占有率。差异营销战略的缺点是产品的多样化导致成本增加（设计研发费、生产成本、管理成本、促销费用）；可能造成企业资源的过度分散，不利于企业核心竞争力的形成。差异营销战略适用于产品需求差异大的情况，由于多样化的产品在研制、生产以及销售的过程中需要以技术、人力以及资金为后盾，因此采用这种战略的一般都是大企业。

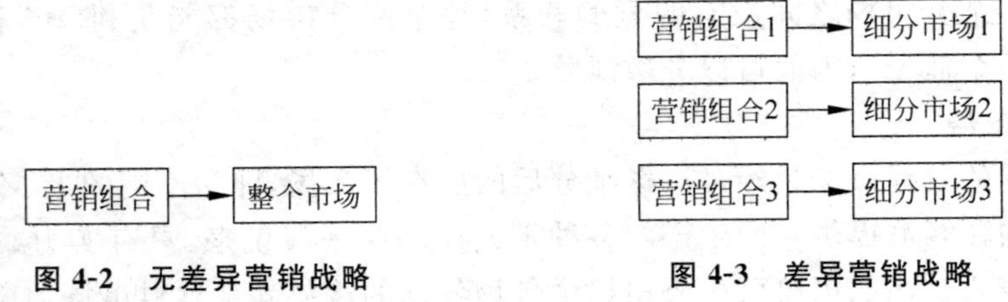

图4-2 无差异营销战略　　**图4-3 差异营销战略**

☞ 小案例：养君酒："差异化"笑傲区域市场

2008年，会稽山开始涉足保健酒行业，推出了品牌——养君酒。养君酒仅用了不到两年的时间，就在苏南市场形成年销售额3 000万元的佳绩。养君酒能够在苏南市场快速崛起，其四位一体的差异化营销策略正是其成功的关键。

1. 规格差异化：大瓶实惠装

养君酒用125ml产品"明修栈道"，用500ml实惠装"暗度陈仓"，提升让渡价值。实惠装的销量提升后，反过来又能够促进125ml产品的销售，两者相得益彰，互为促进。与此同时，养君酒还趁热打铁，推出实惠装升级产品——10年度。该产品在商场超市实惠装的基础上，全面提升品质，并围绕产品开展了大力度的终端传播和体验营销活动。

2. 口感差异化：强化“江南味道·淡雅型”

目前，国内酒类市场呈现低度化、清淡化、健康化的趋势，这符合大多数消费者的饮用习惯。养君酒源于江南区域的绍兴会稽山，承载着丰富的江南文化底蕴。而江南人自古以来就注重保健养生。因此，养君酒因地制宜，突出强化“江南味道·淡雅型”品类概念，将产品度数定为32°，其入口绵柔、清淡、不上头，从而在保健酒行业内成功进行了品类细分和定位切割。

3. 价值差异化：倡导养生新概念

保健酒行业主流诉求仍然在“性保健”上，但正在从传统的“性保健”向“泛保健”过渡，温补养生、长期调养的消费观念已经开始被越来越多的消费者所接受。养君酒定位于“男人就要养——养元气，更尽兴”，将目标消费群定位为男性。虽然从表面看来屏蔽了女性消费者，但是这样的定位更聚焦，更清晰。

4. 终端运营：差异化运营

在终端中，由于劲酒的高自点率，造成了终端“封锁”。作为市场挑战者，必须给消费者以充分的埋单理由。如果单纯倚重铺市率，会导致自点率明显不够而产生滞销，留下很大后遗症，形成夹生市场。对保健酒行业而言，在提升铺市率的基础上，必须通过体验营销、终端推荐和终端拦截，在网点实现品牌与消费者的良性互动。养君酒以餐饮核心旺销店和商超网点为切入点，在区域市场作出影响力之后，再充分发挥传统分销力量，实现整体突破。通过不同的主推品种，以餐饮渠道带动副食商店，以商超销售带动餐饮渠道，以实现“点面结合，以点带面”，其中“面”要足够广，“点”要足够好。

（资料来源：杨云飞. 养君酒：“差异化”笑傲区域市场[J]. 销售与市场，2010(12).）

(3) 集中营销战略

集中营销战略是指在市场细分的基础上，企业选取一个或少数几个相似的细分市场作为目标市场，集中力量实行专业化生产和经营。如初元食品采取这一策略，锁定看病人的购买者，提出“看病人送初元”的主张，在很短的时间内初元变成了看病人礼品的第一品牌。还有脑白金集中到礼品市场、日加满功能饮料专为精英人士以及太太口服液，等等，这些品牌都采取聚焦某一市场，集中优势来达到该领域或某一市场的第一品牌。

集中营销战略的优点是目标市场集中，有助于企业深入了解目标市场的消费者需求，使产品适销对路，有助于提高企业和产品在市场上的知名度。集中营销战略的缺点是该战略风险较大，目标市场过于狭窄，一旦市场上出现实力雄厚的竞争者，或者消费者的需求发生转变，企业就会立即陷入困境。实行集中营销战略的一般是资源有限的中小企业或是初次进入新市场的大企业。

日本尼西奇起初是一个生产雨衣、尿布、游泳帽、卫生带等多种橡胶制品的小厂，由于订货不足，面临破产。总经理多川博在一个偶然的机会，从一份人口普查表中发现，日本每年约出生250万个婴儿，如果每个婴儿用2条尿布，一年需要500万条。于是，它们决定放弃尿布以外的产品，实行尿布专业化生产。一炮打响后，又不断研制新材料、开发新品种，不仅垄断了日本尿布市场，还远销世界70多个国家和地区，成为闻名于世的“尿布大王”。

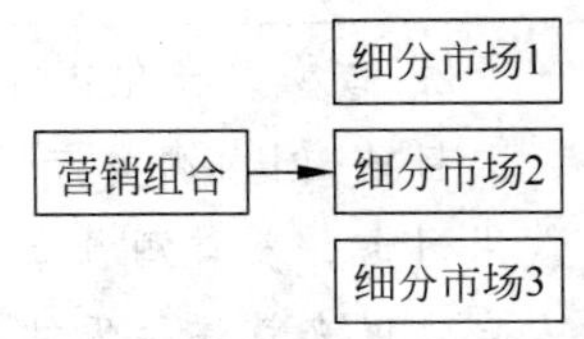

图 4-4　集中营销战略

2. 目标市场战略的选择

三种目标市场战略各有利弊，适合不同的情况。企业在选择的时候应该全面考虑，慎重决策，可以从企业的资源状况、市场同质性、产品差异性、产品生命周期阶段和竞争对手的状况五个方面进行考虑。

(1) 企业的资源状况

企业的资源状况包括技术水平、生产能力、设备、资金和销售能力等。一般来说，实力雄厚的企业拥有先进的技术设备和生产能力，而且资金充足，能够进行大规模生产和产品研发，因而可以采用无差异营销战略和差异营销战略。如果企业资源有限，实力薄弱，那么就应该采用集中营销战略，把有限的资源集中运用到某一个或几个子市场，形成该领域的竞争优势。

(2) 市场同质性

如果市场上的顾客对产品的偏好、购买量大致相似，可视为同质市场，可以采用无差异营销战略。反过来，如果顾客对产品的需求存在较大差异，则适合采用差异营销战略，设计不同的产品，制定有针对性的营销组合满足消费者的需要。

(3) 产品差异性

产品差异性是指产品在性能、特点等方面差异性的大小。如果产品差异性较小，比如产业市场所需的钢铁、粮食、木材、电力等，适合采用无差异营销战略；如果产品差异性较大，如化妆品、房屋装修、服装等，则适合采用差异营销战略。

(4) 产品生命周期阶段

一般来说，产品在导入期和成长期适合采用无差异营销战略和集中营销战略；进入成熟期之后，由于竞争激烈，不得不设计出与竞争对手相区别的产品或营销策略，因此该阶段应该采用差异营销战略。

(5) 竞争对手的状况

一般来说，企业应该避免与竞争对手采用相同的目标市场战略，应反其道而行之。如果强大的竞争对手采用无差异营销战略，以一种产品满足所有顾客群的需要，则企业应该采用差异营销战略或集中营销战略。对实力较弱的竞争对手，也可以考虑采用与之相同的目标市场战略。

以上提法并非普遍性规则，在选择目标市场战略的实践中，企业还需根据实际情况仔细斟酌,灵活选择。

> **小案例:皮鞋公司的目标市场战略**
>
> 有一家小规模的制鞋公司,在皮鞋市场上的竞争力较弱。通过市场调查和细分后,了解到皮鞋市场上有各种不同的皮革制成的皮鞋,款式约有150多种。但有很多消费者喜欢在家穿轻便舒适的皮便鞋,该公司决定以此消费者群体作为目标市场,集中企业的一切资源,专门生产这种皮便鞋,使公司在竞争激烈的皮革制品市场上站住了脚,获得了很大的经济效益。

第三节 目标市场定位

一、市场定位的概念

市场定位是在20世纪70年代由美国营销学家艾·里斯和杰克特劳特提出的,其含义是指企业根据竞争者现有产品在市场上所处的位置,针对顾客对该类产品某些特征或属性的重视程度,为本企业产品塑造与众不同的、给人印象鲜明的形象,并将这种形象生动地传递给顾客,从而使该产品在市场上确定适当的位置。

市场定位最核心的思想是区隔市场,聚焦经营,任何一个品牌(产品、服务或企业),都必须在消费者的心目中占据一个特定位置,形成有利于竞争者的价值,并维护好自己的经营焦点①。

二、市场定位的步骤

市场定位的关键是企业要设法在自己的产品上找出比竞争者更具有竞争优势的特性。竞争优势一般有两种基本类型:一是价格竞争优势,就是在同样的条件下比竞争者定出更低的价格。这就要求企业采取一切努力来降低单位成本。二是偏好竞争优势,即能提供确定的特色来满足顾客的特定偏好。这就要求企业采取一切努力在产品特色上下功夫。因此,企业市场定位的全过程可以通过以下三大步骤来完成。

1. 分析目标市场的现状,确认本企业的竞争优势

这一步骤的中心任务是要回答以下三个问题:一是竞争对手产品定位如何?二是目标市场上顾客欲望满足程度如何以及确实还需要什么?三是针对竞争者的市场定

---

① 侯晓春.中国企业要善用定位理论[J/OL].商业评论网,2010-09-16.

位和潜在顾客的真正需要的利益要求企业应该及能够做什么？要回答这三个问题，企业市场营销人员必须通过一切调研手段，系统地设计、搜索、分析并报告有关上述问题的资料和研究结果。通过回答上述三个问题，企业就可以从中把握和确定自己的竞争优势。

2. 准确选择竞争优势

竞争优势表明企业能够胜过竞争对手的能力。这种能力既可以是现有的，也可以是潜在的。选择竞争优势实际上就是一个企业与竞争者各方面实力相比较的过程。比较的指标应是一个完整的体系，只有这样，才能准确地选择相对竞争优势。通常的方法是分析、比较企业与竞争者在经营管理、技术开发、采购、生产、市场营销、财务和产品7个方面究竟哪些是强项，哪些是弱项，借此选出最适合本企业的优势项目，以初步确定企业在目标市场上所处的位置。

(1) 经营管理方面，主要考察领导能力、决策水平、计划能力、组织能力以及个人应变的经验等指标。

(2) 技术开发方面，主要分析技术资源(如专利、技术诀窍等)、技术手段、技术人员能力和资金来源是否充足等指标。

(3) 采购方面，主要分析采购方法、存储及运输系统、供应商合作以及采购人员能力等指标。

(4) 生产方面，主要分析生产能力、技术设备、生产过程控制以及职工素质等指标。

(5) 市场营销方面，主要分析销售能力、分析网络、市场研究、服务与销售战略、广告、资金来源等是否充足以及市场营销人员的能力等指标。

(6) 财务方面，主要考察长期资金和短期资金的来源及资金成本、支付能力、现金流量以及财务制度等指标。

(7) 产品方面，主要考察可利用的特色、价格、质量、支付条件、包装、服务、市场占有率、信誉等指标。

通过对以上指标的分析与比较，选出最适合本企业的优势项目。

3. 显示独特的竞争优势和重新定位

这一步骤的主要任务是企业要通过一系列的宣传促销活动，将其独特的竞争优势准确传播给潜在顾客，并在顾客心目中留下深刻印象。为此，企业首先应使目标顾客了解、知道、熟悉、认同、喜欢和偏爱本企业的市场定位，在顾客心目中建立与该定位相一致的形象。其次，企业通过各种努力强化目标顾客形象，保持对目标顾客的了解，稳定目标顾客的态度和加深与目标顾客的感情来巩固与市场相一致的形象。最后，企业应注意目标顾客对其市场定位理解出现的偏差或由于企业市场定位宣传上的失误而造成的目标顾客认识上的模糊、混乱和误会，及时纠正与市场定位不一致的形象。

☞小案例：乐百氏的再定位

20世纪90年代初，乐百氏在上海少儿酸奶市场上一枝独秀，公司产品也明确定位为少年儿童酸奶。从1995年开始，产品销售增长势头开始放缓，公司经过调查分析发现，出现这种情况的最主要原因在于乐百氏的目标消费群体人口剧减。乐百氏奶的主体消费群体是1～9周岁的孩子，随着人口出生率的降低，因而小孩数量急剧减少：1994年上海10周岁以下小孩人口为125.1万，到了1997年下降为94.96万，减少了24%。上海少儿酸奶市场大大缩减，而这是企业所无法控制的，再加上雪碧、芬达、美年达等饮料分流了一部分购买力，对乐百氏奶构成了极大威胁。面对市场的变化，公司通过分析发现，前几年的7周岁左右少年儿童现已长成青少年了，而这是一块很大的市场。于是公司在紧紧抓住原有市场的同时，对市场进行了重新定位，提出了“大孩子，乐百氏也爱你”的宣传，获得了巨大的成功，销售额由1997年的5 300万元一跃上升到1998年的7 200万元，增长了35.8%。

（资料来源：李玲.品牌重新定位时机辨别与策略选择[J].品牌塑造，2006(22).）

三、市场定位的策略

1. 产品定位策略

(1) 功效定位

企业主要以产品的功能、效果和效益来定位，以产品功效为主要诉求。有的产品可能有多重功效，面对这种情况，企业要考虑是向顾客传达单一功效还是多重功效。消费者在面对海量的商品信息时往往只对少数信息有印象。因此，针对某一功效突出产品特征是较好的选择。如洗发水中飘柔的承诺是“柔顺”，海飞丝是“去头屑”，潘婷是“健康亮泽”；舒肤佳强调“有效去除细菌”；沃尔沃定位于“安全”。

(2) 利益定位

根据产品向消费者提供的利益定位。而这一利益点是其他产品无法提供或者没有诉求过的，因此是独一无二的。实力雄厚的大企业可以在同一类产品中推出众多产品，覆盖多个细分市场，提高其总体市场占有率。

☞小案例：宝洁公司洗衣粉的定位

汰渍——洗涤力强，去污彻底，用途齐全的家用洗衣粉。

奇尔——杰出的洗涤能力与护色能力。

奥克多——含有漂白剂。

格尼——加酶洗衣粉，令衣物干净、清新。

波德——加入织物柔软剂。

象牙雪——碱性温和，适合洗涤婴儿用品。

卓夫特——含有天然清洁剂硼石粉，适合洗涤婴儿用品。

达诗——宝洁公司的价值产品，有效去污价格低。

时代——天生的去污剂，能清除难洗的污点。

(3) 使用者定位

把产品的目标顾客群作为定位的依据，例如下例中奇瑞 QQ 的成功定位就是采用这种方法。

☞ 小案例：定位鲜明——奇瑞 QQ 诠释年轻人的第一辆车

奇瑞汽车公司作为中国地方汽车企业，曾经成功推出奇瑞“旗云”、“东方之子”等性价比（注：性能价格比）较高的轿车，并且凭借自主品牌的优势与合理的价格优势向国外出口轿车产品，已经在全国形成相当的知名度。奇瑞汽车公司经过认真的市场调查，精心选择微型轿车打入市场。它的新产品不同于一般的微型客车，同是微型客车的尺寸，却采用轿车的配置。QQ 微型轿车在 2003 年 5 月推出，6 月就获得良好的市场反应，到 2003 年 12 月，已经售出 28 000 多台，同时获得多个奖项。

轿车已越来越多地进入大众家庭，但由于地区经济发展的不平衡及人们收入水平的差距，对汽车的需求走向了进一步的细分。由于微型车的品牌形象在汽车市场一向是低端的代名词，因此，把握心态，突出微型轿车年轻时尚的特征与轿车的高档配置，在众多的消费群体中进行细分，才能更有效地锁住目标客户，以全新的方式和优良的性价比吸引客户。

令人惊喜的外观、内饰、配置和价格，是奇瑞公司占领微型轿车这个细分市场成功的关键。奇瑞 QQ 的目标客户是收入并不高但有知识、有品位的年轻人，同时也兼顾有一定事业基础，心态年轻、追求时尚的中年人。一般大学毕业两三年的白领都是奇瑞 QQ 潜在的客户。人均月收入 2 000 元人民币即可轻松拥有这款轿车。

在产品名称方面：QQ 在网络语言中有“我找到你”之意，QQ 突破了传统品牌名称非洋即古的窠臼，充满时代感的张力与亲和力，同时简洁明快，朗朗上口，富有冲击力。在品牌个性方面：QQ 被赋予了“时尚、价值、自我”的品牌个性，将消费群体的心理情感注入品牌内涵。其次是引人注目的品牌语言：富有判断性的广告标语“青年人的第一辆车”及“秀我本色”等流行时尚语言，配合创意的广告形象，将追求自我、张扬个性的目标消费群体的心理感受描绘得淋漓尽致，与目标消费群体产生情感共鸣。

（资料来源：沈小雨. 奇瑞 QQ 诠释年轻人的第一辆车[J]. 成功营销，2004(2).）

(4) 质量/价格定位

这种定位策略将质量和价格结合起来共同构筑品牌识别,往往表现为产品的物美价廉或是物有所值。例如,戴尔电脑总是强调“物超所值,实惠之选”;雕牌产品用“只选对的,不买贵的”暗示雕牌的实惠价格;奥克斯空调告诉消费者“让你付出更少,得到更多”;乐凯胶卷宣称“拍得好,花得少”。

(5) 对比定位

这种定位策略是通过与竞争对手进行比较来突出显示自己产品或服务的特殊之处。在该定位中,企业设法改变竞争者在心目中现有形象,找出其缺点或弱点,并用自己的优势进行对比,从而确立自己的地位。例如,百事可乐“新一代的选择”是百事可乐面对强大的可口可乐所做的一个经典定位,它在营销学上可以看作“对比定位”,因为可口可乐自称“经典的可乐”;又如农夫山泉通过天然水与纯净水的客观比较,确定天然水优于纯净水的事实,宣布停产纯净水,只出品天然水,鲜明地亮出自己的定位,从而树立了专业的健康形象。

2. 竞争定位策略

(1) 避强定位

避强定位是指企业尽量避免与市场上强劲的竞争对手直接对抗,定位于市场空白处,开拓新的市场领域。例如七喜宣传自己的产品为非可乐,不含咖啡因,与可口可乐和百事可乐在可乐市场的“垄断”建立起区隔;五谷道场定位为非油炸健康型方便面,避开了传统的油炸方便面。

☞ 小案例:丰田公司进军美国市场

20世纪60年代,丰田投入大量人力和资金,意图进入美国市场。但要进入通用、福特独霸的美国汽车市场,对老成持重的丰田公司来说,无异于以卵击石。经过调查发现,美国汽车业以生产高能耗、宽车体的豪华大型车为主,但是由于石油危机、交通阻塞、停车困难等情况使得低价、节能车型的需求产生了;德国的大众牌小型车在美国很畅销,但是暖气设备不好、后座空间小、内部装饰差使得部分用户对大众车有所抱怨。综合以上两点,丰田把市场定位于生产适合美国人需要的小型车,以国民化汽车为目标,吸收其长处而克服其缺点,如按“美国车”进行改良的“光冠”小型车,性能比大众牌高两倍,车内装饰也高出一截,连美国人个子高、手臂长、需要的驾驶室大等因素都考虑进去了。丰田的准确定位使得美国人心目中“日本货就是质次价低”的旧印象得以改观。

(2) 迎头定位

迎头定位又称对峙性定位,是指企业选择与市场上最强劲的竞争对手采用大体相同的营销策略，与其争夺同一个市场。

小案例：百事可乐与可口可乐之争

美国百事可乐公司与可口可乐公司是两家以生产销售碳酸型饮料为主的大型企业。可口可乐自1886年创建以来，以其味道独特扬名全球，使晚于其“出生”的百事可乐在第二次世界大战之前一直处于望其项背的境地。

第二次世界大战后，百事可乐采用了迎头定位策略，专门与可口可乐抗衡，把自己置身于竞争地位。通过这场旷日持久的饮料大战，可乐饮料引起了越来越多消费者的关注，当大家对百事可乐与可口可乐之间兴趣盎然时，双方都是赢家，因为喝可乐的人越来越多，两家公司都获益匪浅。

（资料来源：连漪．市场营销管理[M]．2版．北京：国防工业出版社，2010：131.）

（3）重新定位

企业调整产品线或改变产品特色，改变其在目标顾客心中的印象，希望形成新的认识。市场促使企业重新定位的原因有如下四个。

① 市场状况变化。宜家在欧美市场上被视为“家居便利店”，但中国消费者却视其为“高档家具”。7年来，宜家只开了两家分店。为此，宜家于2006年对原来的高档形象进行了再定位，瞄准自己擅长的大众市场，希望扭转在中国市场销售量逐年递减的趋势。

② 原有定位不准确。万宝路最初定位是女士香烟，市场业绩极其一般，后来重新定位为男士香烟，并用具有男子汉气概的西部牛仔形象作为品牌形象。通过这一重新定位，万宝路树立了自由、野性与冒险的形象，一举成为全球驰名的香烟品牌。

③ 品牌形象老化。如果产品品牌老化，对品牌进行再定位是让品牌形象重新获得生命力的有效途径。2003年9月，麦当劳在中国全面更新品牌形象，以时尚现代的价值观来重新阐释麦当劳的品牌理念。事实证明，麦当劳公司再定位之后，时尚年轻、充满活力的形象赢得了更多年轻人的青睐，公司盈利开始回升。

④ 消费需求发生变化。宝洁公司刚进入中国时，旗下品牌飘柔最早的定位是二合一带给人们的方便以及它具有使头发柔顺的独特功效。后来，宝洁在市场开拓和深入调查中发现，消费者最迫切需要的是建立自信，于是从2000年起，飘柔品牌以“自信”为诉求，对品牌进行了重新定位。

小案例：万宝路的重新定位

“万宝路”1924年问世，其广告语是“像五月的天气一样温和”。用意在于争当女性烟民的“红颜知己”。但是一直至20世纪50年代，始终默默无闻。万宝路定位于女性香烟致使广大男性烟民对其望而却步。这样的一种广告定位虽然突出了自己的品牌个性，也提出了对某一类消费者（这里是妇女）特殊的偏爱，但却为其未来的发展设置了障碍，导致它的消费者范围难以扩大。香烟是一种特殊商品，它必须形成坚固的消费群，重复消费的次数越多，消费群给制造商带来的销售收入就越大。而女性往往由于其爱美之心，担心过度抽烟会使牙变黄，面色受到影响，在抽烟时较男性烟民要节制得多。“万宝路”的命运在上述原因的作用下，日趋黯淡。

抱着心存不甘的心情，菲利普·莫里斯公司开始考虑重塑形象。公司派专人请利奥-伯内特广告公司为“万宝路”作广告策划，以期打出“万宝路”的名气销路。“让我们忘掉那个脂粉香艳的女子香烟，重新创造一个富有男子汉气概的举世闻名的‘万宝路’香烟！”利奥-伯内特广告公司的创始人对一筹莫展的求援者说。一个崭新大胆的改造“万宝路”香烟形象的计划产生了。产品品质不变，包装采用当时首创的平开式盒盖技术，并将名称的标准字（MARLBORO）尖角化，使之更富有男性的刚强，并以红色作为外盒主要色彩。

广告的重大变化是：万宝路的广告不再以妇女为主要对象，而是用硬铮铮的男子汉形象。这个理想中的男子汉集中到美国牛仔这个形象上：一个目光深沉、皮肤粗糙、浑身散发着粗犷、豪气的英雄男子汉，在广告中袖管高高卷起，露出多毛的手臂，手指总是夹着一支冉冉冒烟的“万宝路”香烟。这种洗尽女人脂粉味的广告于1954年问世，它给“万宝路”带来巨大的财富。仅1954—1955年间，“万宝路”销售量提高了3倍，一跃成为全美第10大香烟品牌，1968年其市场占有率上升到全美同行第二位。

现在，“万宝路”每年在世界上销售香烟3000亿支，用5000架波音707飞机才能装完。世界上每抽掉4支烟，其中就有一支是“万宝路”。是什么使名不见经传的“万宝路”变得如此受人青睐了呢？“万宝路”的包装广告所赋予“万宝路”的形象已经像服装、首饰等各种装饰物一样成为人际交往的一个相关标志。而“万宝路”的真正口味在很大程度上是依附于这种产品所创造的美国牛仔形象之上的一种附加因素。这正是人们真正购买“万宝路”的动机。

（资料来源：万宝路的重新定位[EB/OL]. 圣才学习网，[2010-10-20]. http://www.100guanli.com/HP/20101020/DetailD1515958.shtml. 有删减。）

本章小结

1. 市场细分的概念：市场细分是20世纪50年代中期由美国市场学家温德尔·史密斯提出的。所谓市场细分，是指根据顾客需求的差异性，将一个整体市场划分为两个或两个以上的顾客群体，每一个具有相似需求特点的顾客群体就称为细分市场（子市场）。

2. 市场细分理论的演变：大量营销阶段、差异营销阶段、目标营销阶段。

3. 市场细分的作用：有利于企业发现新的市场机会；有利于提高企业竞争力；有利于满足不断变化的、千差万别的社会消费的需要。

4. 消费者市场细分的标准：地理细分、人口细分、心理细分、行为细分。

5. 产业市场细分的标准：用户规模、最终用户、用户特点。

6. 市场细分的方法：单一因素法、综合因素法、系列因素法。

7. 评估细分市场的条件：细分市场的规模、市场结构的吸引力、企业的目标与资源。

8. 目标市场的战略：无差异营销战略、差异营销战略、集中营销战略。

9. 影响目标市场选择的因素：企业的资源状况、市场同质性、产品差异性、产品生命周期阶段、竞争对手。

10. 市场定位的概念：指企业根据竞争者现有产品在市场上所处的位置，针对顾客对该类产品某些特征或属性的重视程度，为本企业产品塑造与众不同的、给人印象鲜明的形象，并将这种形象生动地传递给顾客，从而使该产品在市场上确定适当的位置。

11. 市场定位的策略：产品定位策略包括功效定位、利益定位、使用者定位、质量/价格定位、对比定位；竞争定位策略包括避强定位、迎头定位和重新定位。

本章习题

一、名词解释

1. 市场细分
2. 市场定位
3. 避强定位
4. 无差异营销战略
5. 差异营销战略

二、单项选择题

1. 企业为使产品获得稳定销路，培养产品特色，树立市场形象，以求得顾客特殊偏爱，叫（　　）。

A. 市场营销组合　　B. 寻找市场机会
C. 市场细分　　D. 市场定位

2. 对于经营资源有限的中小企业而言，要打入新市场适宜用（　　）。

A. 集中市场营销　　B. 差异性市场营销
C. 整合市场营销　　D. 无差异市场营销

3. 企业只推出单一产品，运用单一的市场营销组合，力求在一定程度上适合尽可能多的顾客的需求，这种战略是（　　）。

A. 无差异市场营销战略　　B. 密集市场营销战略
C. 差异市场营销战略　　D. 集中市场营销战略

4. 企业以一种产品满足几个细分市场上的同类需求，这种目标市场模式称为(　　)。

A. 单一产品——市场集中化　　B. 产品专业化
C. 市场专门化　　D. 选择性专业化

5. 对同质性的产品，一般实行(　　)。

A. 差异市场营销　　B. 无差异市场营销
C. 集中市场营销　　D. AC 都对

三、填空题

1. (　　　　)是 20 世纪 50 年代中期由美国市场学家温德尔·史密斯提出的。

2. 市场细分理论的演变过程是(　　　　)、(　　　　)、(　　　　)。

3. (　　　　)是通过与竞争对手进行比较来突出显示自己产品或服务的特殊之处。

4. 市场细分的主要方法有(　　　　)、(　　　　)、(　　　　)。

5. (　　　　)是指在市场细分的基础上，企业选取一个或少数几个相似的细分市场作为目标市场，集中力量实行专业化生产和经营。

四、简答题

1. 什么是市场细分？市场细分有何作用？
2. 细分消费者市场的标准有哪些变量？选择其中一个举例说明。
3. 细分产业市场的标准有哪些变量？
4. 企业在选择目标市场时应考虑哪些因素？
5. 分析某一消费品的广告诉求，说明其产品的定位方法。
6. 市场定位可以采用哪些策略？

本章案例

红罐王老吉品牌定位战略

背景

2002 年以前，从表面看，红色罐装王老吉(以下简称“红罐王老吉”)是一个活得很不错的品牌，在广东、浙南地区销量稳定，盈利状况良好，有比较固定的消费群，红罐王老吉饮料的销售业绩连续几年维持在 1 亿多元。发展到这个规模后，加多宝的管理层发现，要把企业做大，要走向全国，就必须克服一连串的问题，甚至原本的一些优势也成为困扰企业继续成长的障碍。而所有困扰中,最核心的问题是企业不得不面临一个现实难题——红罐王老吉当"凉茶"卖,还是当"饮料"卖?

难题表现一:广东、浙南消费者对红罐王老吉认知混乱。

在广东,传统凉茶(如颗粒冲剂、自家煲制、凉茶铺煲制等)因下火功效显著,消费者普遍当成"药"服用,认为它无须也不能经常饮用。因此,红罐王老吉受品牌名所累,并不能很顺利地让广东人接受它作为一种可以经常饮用的饮料,销量大大受限。另一个方面,加多宝生产的红罐王老吉口感偏甜,按中国"良药苦口"的传统观念,消费者自然感觉其"降火"药力不足,当产生"下火"需求时,不如到凉茶铺购买。在广东区域,红罐王老吉拥有凉茶始祖王老吉的品牌,却长着一副饮料化的面孔,让消费者觉得"它好像是凉茶,又好像是饮料",陷入认知混乱之中。

难题表现二:红罐王老吉无法走出广东、浙南。

在两广以外,人们并没有凉茶的概念,甚至在调查中频频出现"凉茶就是凉白开"、"我们不喝凉的茶水,泡热茶"这些看法。教育凉茶概念显然费用惊人。而且,内地的消费者大多是通过服用牛黄解毒片之类的药物来解决上火问题。做凉茶困难重重,做饮料同样危机四伏。如果放眼整个饮料行业,以可口可乐、百事可乐为代表的碳酸饮料,以康师傅、统一为代表的茶饮料、果汁饮料更是处在难以撼动的市场领先地位。而且,红罐王老吉以草本植物熬制,有淡淡的中药味,对口味至上的饮料而言,也存在不小的障碍。

难题表现三:推广概念模糊。

如果用"凉茶"概念来推广,加多宝公司担心其销量将受到限制,但作为"饮料"推广又没有找到合适的区隔,因此,在广告宣传上不得不模棱两可。很多人都见过这样一条广告:一个非常可爱的小男孩为了打开冰箱拿一罐王老吉,用屁股不断蹭冰箱门。广告语是"健康家庭,永远相伴"。显然,这个广告并不能够体现红罐王老吉的独特价值。

重新定位

2002年年底,加多宝找到成美营销顾问公司,初衷是想为红罐王老吉拍一条以赞助奥运会为主题的广告片,要以"体育、健康"的口号来进行宣传,以期推动销售。成美经初步研究后发现,红罐王老吉的销售问题首要解决的是品牌定位。经一轮深入沟通后,加多宝公司最后接受了建议,决定暂停拍广告片,委托成美先对红罐王老吉进行品牌定位。

为了了解消费者的认知,成美一方面研究红罐王老吉竞争者传播的信息,另一方面,与加多宝内部、经销商、零售商进行大量访谈,完成上述工作后,聘请市场调查公司对王老吉现有用户进行调查。以此基础进行综合分析,厘清红罐王老吉在消费者心目中的位置——即在哪个细分市场中参与竞争。

在研究中发现,广东的消费者饮用红罐王老吉主要在烧烤、登山等场合。其原因不外乎"吃烧烤容易上火,喝一罐先预防一下"、"可能会上火,但这时候没有必要吃牛黄解毒片"。而在浙南,饮用场合主要集中在"外出就餐、聚会、家庭"。在对当地饮食文化的了解过程中，研究人员发现：该地区消费者对于“上火”的担忧比广东有过之而无不及，如消费者座谈会桌上的话梅蜜饯、可口可乐都被说成了“会上火”的危险品而无人问津。（后面的跟进研究也证实了这一点，发现可乐在温州等地销售始终低落，最后几乎放弃了该市场，一般都不进行广告投放。）而他们对红罐王老吉的评价是“不会上火”，“健康，小孩老人都能喝，不会引起上火”。这些观念可能并没有科学依据，但这就是浙南消费者头脑中的观念，这是研究需要关注的“唯一的事实”。

消费者的这些认知和购买消费行为均表明，消费者对红罐王老吉并无“治疗”要求，而是作为一个功能饮料购买，购买红罐王老吉的真实动机是用于“预防上火”，如希望在品尝烧烤时减少上火情况发生等，真正上火以后可能会采用药物，如牛黄解毒片、传统凉茶类治疗。

再进一步研究消费者对竞争对手的看法，则发现红罐王老吉的直接竞争对手，如菊花茶、清凉茶等由于缺乏品牌推广，仅仅是低价渗透市场，并未占据“预防上火的饮料”的定位。而可乐、茶饮料、果汁饮料、水等明显不具备“预防上火”的功能，仅仅是间接的竞争。

同时，任何一个品牌定位的成立，都必须是该品牌最有能力占据的，即有据可依。研究人员对于企业、产品自身在消费者心目中的认知进行了研究，结果表明，红罐王老吉的“凉茶始祖”身份、神秘中草药配方、175 年的历史等，显然是有能力占据“预防上火的饮料”这一定位的。

由于“预防上火”是消费者购买红罐王老吉的真实动机，自然有利于巩固加强原有市场。而能否满足企业对于新定位“进军全国市场”的期望，则成为研究的下一步工作。通过二手资料、专家访谈等研究表明，中国几千年的中医概念“清热祛火”在全国广为普及，“上火”的概念也在各地深入人心，这就使红罐王老吉突破了凉茶概念的地域局限。研究人员认为：“做好了这个宣传概念的转移，只要有中国人的地方，红罐王老吉就能活下去。”

至此，品牌定位的研究基本完成。在研究一个多月后，成美向加多宝提交了品牌定位研究报告，首先明确红罐王老吉是在“饮料”行业中竞争，竞争对手应是其他饮料；其品牌定位——“预防上火的饮料”，独特的价值在于——喝红罐王老吉能预防上火，让消费者无忧地尽情享受生活：吃煎炸、香辣美食，烧烤，通宵达旦看足球……

成美在提交的报告中还提出，由于在消费者的认知中，饮食是上火的一个重要原因，特别是“辛辣”、“煎炸”饮食，因此建议在维护原有的销售渠道的基础上，加大力度开拓餐饮渠道，在一批酒楼打造旗舰店的形象。重点选择在湘菜馆、川菜馆、火锅店、烧烤场等。

凭借在饮料市场的丰富经验和敏锐的市场直觉，加多宝董事长陈鸿道当场拍板，全部接受该报告的建议，决定立即根据品牌定位对红罐王老吉展开全面推广。

“开创新品类”永远是品牌定位的首选。一个品牌如若能够将自己定位为与强势对手所不同的选择，其广告只要传达出新品类信息就行了，而效果往往是惊人的。红罐王老吉作为第一个预防上火的饮料推向市场,使人们通过它知道和接受了这种新饮料,最终红罐王老吉就会成为预防上火的饮料的代表,随着品类的成长,自然拥有最大的收益。

确立了红罐王老吉的品牌定位,就明确了营销推广的方向,也确立了广告的标准,所有的传播活动就都有了评估的标准,所有的营销努力都将遵循这一标准,从而确保每一次的推广,在促进销售的同时,都对品牌价值(定位)进行积累。

品牌定位的推广

紧接着,成美为红罐王老吉制定了推广主题"怕上火,喝王老吉",在传播上尽量凸显红罐王老吉作为饮料的性质。在第一阶段的广告宣传中,红罐王老吉都以轻松、欢快、健康的形象出现,避免出现对症下药式的负面诉求,从而把红罐王老吉和"传统凉茶"区分开来。

为更好地唤起消费者的需求,电视广告选用了消费者认为日常生活中最易上火的五个场景:吃火锅、通宵看球、吃油炸食品薯条、烧烤和夏日阳光浴,画面中人们在开心享受上述活动的同时,纷纷畅饮红罐王老吉。结合时尚、动感十足的广告歌反复吟唱"不用害怕什么,尽情享受生活,怕上火,喝王老吉",促使消费者在吃火锅、烧烤时,自然联想到红罐王老吉,从而促成购买。

红罐王老吉的电视媒体选择主要锁定覆盖全国的中央电视台,并结合原有销售区域(广东、浙南)的强势地方媒体,在 2003 年短短几个月,一举投入 4 000 多万元广告费,销量立竿见影,得到迅速提升。同年 11 月,企业乘胜追击,再斥巨资购买了中央电视台 2004 年黄金广告时段。正是这种急风暴雨式的投放方式保证了红罐王老吉在短期内迅速进入人们的头脑,给人们一个深刻的印象,并迅速红遍全国大江南北。

2003 年年初,企业用于红罐王老吉推广的总预算仅 1 000 万元,这是根据 2002 年的实际销量来划拨的。红罐王老吉当时的销售主要集中在深圳、东莞和浙南这三个区域,因此投放量相对充足。随着定位广告的第一轮投放,销量迅速上升,给企业极大的信心,于是不断追加推广费用,滚动发展。到 2003 年年底,仅广告投放累计超过 4 000 万元(不包括购买 2004 年中央台广告时段的费用),年销量达到了 6 亿元——这种量力而行、滚动发展的模式非常适合国内许多志在全国市场,但力量暂时不足的企业。

在王老吉的渠道和终端地面推广上,除了传统渠道的 POP 广告外,还配合餐饮新渠道的开拓,为餐饮渠道设计布置了大量终端物料,如设计制作了电子显示屏、灯笼等餐饮场所乐于接受的实用物品,免费赠送。在传播内容选择上,充分考虑终端广告应直接刺激消费者的购买欲望,将产品包装作为主要视觉元素,集中宣传一个信息:"怕上火,喝王老吉饮料。"餐饮场所的现场提示,最有效地配合了电视广告。正是这种有针对性的推广,消费者对红罐王老吉"是什么"、"有什么用"有了更强、更直观的认知。目前餐饮渠道业已成为红罐王老吉的重要销售传播渠道之一。

在频繁的消费者促销活动中,同样是围绕着"怕上火,喝王老吉"这一主题进行。如在一次促销活动中，加多宝公司举行了“炎夏消暑王老吉，绿水青山任我行”刮刮卡活动。消费者刮中“炎夏消暑王老吉”字样，可获得当地避暑胜地门票两张，并可在当地度假村免费住宿两天。这样的促销，既达到了即时促销的目的，又有力地支持巩固了红罐王老吉“预防上火的饮料”的品牌定位。

同时，在针对中间商的促销活动中，加多宝除了继续巩固传统渠道的“加多宝销售精英俱乐部”外，还充分考虑了如何加强餐饮渠道的开拓与控制，推行“火锅店铺市”与“合作酒店”的计划，选择主要的火锅店、酒楼作为“王老吉诚意合作店”，投入资金与他们共同进行节假日的促销活动。由于给商家提供了实惠的利益，因此红罐王老吉迅速进入餐饮渠道，成为主要推荐饮品。

这种大张旗鼓、诉求直观明确“怕上火，喝王老吉”的广告运动，直击消费者需求，及时迅速地拉动了销售；同时，随着品牌推广的进行，消费者的认知不断加强，逐渐为品牌建立起独特而长期的定位——真正建立起品牌。

推广效果

红罐王老吉成功的品牌定位和传播，给这个有175年历史的、带有浓厚岭南特色的产品带来了巨大的效益：2003年红罐王老吉的销售额比去年同期增长了近4倍，由2002年的1亿多元猛增至6亿元，并以迅雷不及掩耳之势冲出广东，2004年，尽管企业不断扩大产能，但仍供不应求，订单如雪片般纷至沓来，全年销量突破10亿元，2005年再接再厉，全年销量稳过20亿元，2006年加上盒装，销量近40亿元，2007年销量则高达90亿元。

结语

红罐王老吉能取得巨大成功，总结起来，以下几个方面是加多宝公司成功的关键所在：

① 为红罐王老吉品牌准确定位；

② 广告对品牌定位传播到位，这主要有两点：广告表达准确；投放量足够，确保品牌定位进入消费者心中；

③ 企业决策人准确的判断力和果敢的决策力；

④ 优秀的执行力，渠道控制力强；

⑤ 量力而行，滚动发展，在区域内确保市场推广力度处于相对优势地位。

（资料来源：红罐王老吉品牌定位战略[J].哈佛商业评论，2008(4).）

案例思考题

1. 王老吉为什么要重新定位？企业在进行重新定位时要考虑哪些因素？
2. 根据相关定位原理分析王老吉的定位策略。
3. 为了将其定位传达给消费者，王老吉做了哪些推广工作？

CHAPTER 5

第五章 产品策略

本章要点

本章主要阐述产品策略的基本理论。系统介绍产品的概念与分类、产品组合、产品生命周期、新产品的开发。教学重点是产品的概念与分类、产品生命周期。教学难点是产品生命周期各阶段特点及其营销策略。

学习目标

- 掌握产品及产品组合的基本概念,产品生命周期理论,并将这些理论应用于企业新产品开发的实际。
- 理解产品的概念与分类。
- 了解新产品的开发过程。

引入案例

携程网 (ctrip. com) 卖的是什么?

携程网(简称携程)是一家吸纳海外风险投资组建的旅行服务公司,创立于 1999 年年初,主要的投资者有美国 Carlyle Group(凯雷集团)、日本 Softbank(软银)、美国 IDG (国际数据集团)、上海实业、美国 Orchid(兰花基金)及中国香港 Morningside(晨兴集团)等,是国内最大的旅游电子商务网站,最大的商务及度假旅行服务公司,提供酒店、机票、度假产品的预订服务以及国内、国际旅游实用信息的查询。

携程网于 1999 年 10 月接受 IDG 的第一轮投资; 2000 年 3 月接受以软银集团为首的第二轮投资,2000 年 11 月收购国内最早、最大的传统订房中心——现代运通,成为中国最大的宾馆分销商，并在同月接受以凯雷集团为首的第三轮投资，三次共计吸纳海外风险投资近1 800万美金；2001年10月携程实现盈利；2002年4月收购了北京最大的散客票务公司——北京海岸航空服务公司，并建立了全国统一的机票预订服务中心，在十大商旅城市提供送票上门服务。

携程网的交易额、毛利、会员数以及宾馆业务连年呈直线快速上升。公司在30个月内实现了盈利，2002年10月的交易额突破1亿元人民币，其中酒店预订量达到了18万间夜。2002年全年的交易额超过10亿元人民币，其中网上交易额达到40%。到2002年12月止，携程网拥有注册会员超过500万人，其中使用过携程网服务及产品的常用客户约50万人。

携程网的发展证明了高科技和传统产业的结合是大有所为的：不仅在存活率不到1%的网络公司中成为赢利规模最大、稳定性最好的互联网创业公司，并且在短短的3年时间内逼近了传统公司几十年的发展规模，使宾馆分销成为重要的旅游服务领域。携程网以高科技的运作手段、精细化的管理模式和先进的服务理念为旅游服务企业的超常规发展拓展了新路子。

互联网时代，每个公司都是以同样一屏界面的方式展现在消费者面前。这一点非常容易引起人们的错觉，前台看来好像每个公司都差不多，实际上这里相互间的差距可是山高水远，网站之间真正比拼的是其后台。尽管任意一个人都可以建立一个网站，号称可以提供相关服务，但最后决定胜负的还是企业的整体实力。

携程网的创业就像小时候做数学题一样，从最简单的入手。携程网先从酒店订房开始，这是携程网的“初级版本”。相对订票，订房是更为简单直接的切入点。只要顾客在网上拿到订房号，自己带着行李入住即可。所以第一年携程网集中全力打通酒店订房环节。这种“帮人订房”的“简单工作”，或许是很多海归所不屑的。但是“不要忘了，你是在中国，要服务的是中国大众”。

“上市公司的股价你无法控制，但是你可以不断地把公司的核心竞争力加强再加强。只要是金子总会发光。”给核心竞争力加分的秘诀都取决于“细节”。

比如说，携程网从三年前开始的“预留房”服务。目前有800个酒店为携程网协议保留一定数量的预留房。在洽谈这个条款时，携程网并没有期望能马上得到回报。但是其意义却非同一般。它保证了携程网的酒店订房业务在旅游旺季依然能够游刃有余，更是为携程网的长期竞争力或者说携程股票的长期不俗表现加分。

2004年10月19日携程旅行网和携程翠明国旅在上海召开新闻发布会，正式对外宣布推出全新360°度假超市，超市“产品”涵盖海内外各大旅游风景点，旅游者可以根据自己的出游喜好自由选择搭配酒店、航班等组合套餐。面对国内发展迅猛的旅游市场，度假超市的推出对整个国内旅游业的发展起到积极深远的影响。

随着国内旅游者出游频率的逐年增加，旅游者的旅游经验日趋丰富，旅游者的旅游需求也在不断提高，传统旅行社组团在个性化、自由度方面已无法满足现代游客的出游需求。在此背景下，以“机票＋酒店”套餐为主的自助游产品应运而生，即旅游网站等给游客提供机票和酒店等旅游产品，由旅游者自行安排自己的行程，自由行的出游模式已逐渐成为人们出行的一个热门选择。

面对旅游市场这一新的变化，国内许多旅游企业开始新一轮排兵布阵，携程网也将度假业务的重点放在自助游。携程网执行副总裁范敏介绍，针对市场上自助游产品线路少、产品单一的状况，此次推出的360°度假超市主要是由携程翠明提供的自助旅游产品和携程网自行开发的“机票＋酒店”套餐产品构成，携程网依托与酒店、航空公司以及中国香港、新加坡、马来西亚等当地旅游局的合作伙伴关系，通过强大的技术力量搭建了度假产品查询、预订界面的度假超市。整个“超市”包括香港、马尔代夫、普吉岛、巴厘岛、三亚、广西、云南、滨海假期等几十个自由行精品店，每个“精品店”内拥有不同产品组合线路至少5条以上。另外，度假超市为旅游者同时提供了景点门票等增值服务以及众多的可选项服务，旅游者可以根据时间、兴趣和经济情况自由选择希望游览的景点、入住的酒店以及出行的日期。

目前携程网已把酒店、机票预订拓展到境外，可预订的海外酒店超过500家。这比一般旅行社的数字都要大。由于携程网保持了电子商务公司的性质，在未来发展中，其酒店预订、机票预订以及旅游项目三块主业，无一不促使其和相应传统渠道存在特殊的关系：既竞争抢食，又合作发展。为此，携程开始在度假旅行方面下功夫，并推出一些组合性的套餐产品。预先帮客户设计了一些可供选择的方案，客户可以据此安排自己的行程。度假旅行属于自助游的范畴，我国自助游的发展空间很大。在未来自助游将会成为主流。相比传统旅行社，携程的优势很明显。首先，携程网的成本比他们低得多。另外，自助游的选择很多，按传统方式操作，客户很难在短时间内全面了解清楚，而在网上一切就方便多了。还有携程网的散客量很大，一年有50万人订房，100万人订票，没有一间传统旅行社能达到这样的规模。同时，携程对传统旅行社还是充满兴趣的。

在美国纳斯达克成功上市后，携程网目前已经发展成为国内最大的旅游电子商务网站和最大的商务及休闲度假旅行服务公司。在酒店预订和机票预订获得双丰收后，2004年2月，携程网与上海翠明国旅合作并将其正式更名为携程翠明国际旅行社，全力进军度假市场领域。类似的例子还有很多。

携程网永远都记得自己在卖什么，携程网本身是一个旅游服务企业，互联网只是载体！

(资料来源：上海财经大学市场营销课程教学案例. http://course.shufe.edu.cn/course/marketing)

第一节　产品的概念与分类

产品是企业营销成败的关键，更是企业市场营销组合的首要因素。一个企业要实现自己的经营目标，要在激烈的市场竞争中占有一席之地，就必须生产适销对路的产品。价格、渠道、促销等组合因素都是因产品的存在而存在，也会因产品的变化而随之变化，因此，产品策略是企业营销策略的基础环节，也是重要的组成部分。

一、产品的概念

正确的产品策略，需要首先明确产品的概念。所谓产品，是指能提供给市场用于交换，满足人们某种欲望和需要的任何事物，包括实物、服务、场所、组织、体验、主意等。例如苹果笔记本、格力空调、音乐会、旅游度假、心理咨询、美容美发等，这些都是产品。它既包括有形的实体产品，也包括无形的服务产品，同时还包括那些随同产品出售包含在产品中的附加服务。

市场营销学的产品概念是一个多方面的概念。从前面产品的概念我们可以得出一个关于产品的整体外延概念。产品不仅仅是指有形的实体，从广义上说，产品包括有形物品、服务、人员、地方、组织、构思，或者这些实体的组合。服务产品包括可供出售的行为、利益和满意等。与此同时，产品整体还是一个包含多层次的产品概念，不仅具有广泛的外延，而且具有深入的内涵。因此，产品不单单是指一组有形的实体，更是满足消费者欲望和需要的复杂利益集合。在开发产品时，营销人员首先必须找出将要满足消费者需要的核心利益，然后设计出实际产品和找到扩大产品外延的途径，并能关注和把握满足这一产品需要的未来发展变化，以便能不断创造出满足消费者需求的一系列利益组合。

二、产品整体概念

在设计和销售产品时，营销者必须从产品的整体概念出发考虑产品，即市场营销中所指的产品是一个整体概念。产品整体概念包含核心产品、形式产品、期望产品、附加产品和潜在产品 5 个层次。如图 5-1 所示。

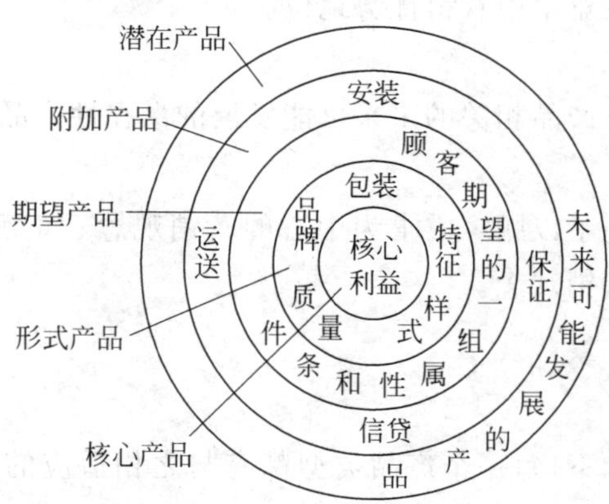

图 5-1　产品整体概念的层次

1. 核心产品

核心产品又称为实质产品，是指产品能向顾客提供的最根本的利益和效用。这是产品最基本的层次，是满足顾客需要的核心利益。顾客购买某种产品，不仅是为了获得它的所有权，而且还要能满足某一方面的利益。顾客购买空调，并不是为了获得它的外观、式样，而是要获得"冬暖夏凉"的利益感受。

2. 形式产品

形式产品是核心产品的载体，是核心产品借以实现的形式。形式产品包含包装、品牌、质量、式样、特征等几个要素。这些要素，有形物质产品都具备，而服务也具有部分或全部特点相类似的要素。形式产品是呈现在市场上，并被顾客所识别的，因此它是顾客选择产品的直观依据。

3. 期望产品

期望产品是指顾客购买某产品时期望的一组属性和条件。例如，旅客住宾馆时期望干净整洁的床、洗漱用品、衣橱等。对没有特别偏好的顾客来讲，由于大多数企业都能为消费者准备了一个期望产品，而且能够满足消费者的最低期望，所以获得此类产品的便利性成为选择这一产品的首要因素。

4. 附加产品

附加产品指顾客购买产品时所获得的全部附加利益与延伸服务，包括安装、送货、信贷、售后服务等。企业在向消费者提供产品核心价值的同时，也要为顾客提供附加利益，而这往往是消费者在选择产品时很重要的考虑因素。这正如美国学者西奥多·莱维特指出的："现代竞争的关键，并不在于各家公司在其工厂中生产什么，而在于它们能为其产品增加些什么内容——诸如包装、服务、广告、用户咨询、融资信贷、及时送货、仓储以及人们所重视的其他价值。每一公司应寻求有效的途径，为其产品提供附加价值。"能正确发展附加产品的企业必将在竞争中获得优势地位。

5. 潜在产品

潜在产品是指与现有产品相关的未来可能发展的潜在性产品。潜在产品指出了产品可能的发展趋势和前景。

产品的整体概念体现了以顾客需求为中心的营销观念。正确认识产品的整体概念，才能真正贯彻现代市场营销观念。

三、产品分类

在现代市场营销观念下，每一个产品类型都有与之相适应的市场营销组合策略。所以，要制定科学的市场营销策略就必须对产品进行科学的分类。根据不同特征可以将产品划分为不同类别。

1. 按产品是否耐用和有形划分

按产品的耐用性和有形性可将产品划分为下列三种。

① 耐用品,是指在正常情况下能够多次、长时间使用的物品,如住房、汽车。

② 非耐用品,是指在正常情况下一次或几次使用即被消耗掉的有形物品,即低值易耗品、如食品、一次性饭盒。

③ 服务,是非物质实体产品,是为出售而提供的活动或利益,如修理、旅游、教育等。

2. 按消费者的购买习惯划分

对消费品,按消费者的购买习惯又可分为下列四种。

① 便利品,是指消费者通常频繁购买或需要随时购买,并且很方便就购买得到的消费品。例如,肥皂、报纸等。便利品可进一步分成常用品、冲动品以及救急品。常用品是顾客经常购买的产品,如牙膏;冲动品是顾客未经过计划或搜寻而顺便购买的产品;救急品是顾客的需求十分紧迫时购买的产品。

② 选购品,是指消费者为了物色适当的物品,在购买前往往要去许多家零售商店选择比较商品的花色、式样、质量、价格等因素的消费品。例如,服装、家具等都是选购品。选购品挑选性强,消费者不知道哪家的最合适,且因其耐用程度较高无须经常购买,所以消费者有必要花较多的时间和精力去许多家商店物色合适的物品。

③ 特殊品,是指消费者能识别的独特产品或名牌产品,而且习惯上愿意多花时间和精力去购买的消费品。例如,特殊品牌和造型的奢侈品、名牌男服、名家古玩字画等。消费者在购买前对要物色的特殊品的特点、品牌等均有充分认识,这一点同便利品相似;但是,消费者只愿购买特定品牌的某种商品,而不愿购买其他品牌的某种特殊品,这又与便利品不同。

④ 非渴求物品,是指顾客不知道或者知道也不想购买的物品。例如,百科全书、墓地、人寿保险等。非渴求商品的性质,决定了企业必须加强广告、推销工作,同时切实做好售后服务和维修工作。

3. 产业用品的分类

产业用品可分成三类:材料和部件、资本项目以及供应品和服务。

① 材料和部件,是指完全转化为制造商所生产的成品的那类产品。它们可分成两类:原材料、半成品和部件。原材料本身又可以分成两个主类:农产品和天然产品。半成品和部件可以用构成材料(如铁、棉纱)与构成部件(如马达,车胎)来加以说明。构成材料和构成部件通常具有标准化的性质,其价格与服务是影响购买的最重要因素。

② 资本项目,是指部分进入产成品中的商品。包括两个部分:装备和附属设备。装备包括建筑物(如厂房)与固定设备(如电梯)。附属设备包括轻型制造设备和工具(如手用工具)以及办公设备(如打字机、办公桌)。这种产品不会成为最终产品的组成部分,但在生产过程中起辅助作用。

③ 供应品和服务,是指不直接参与生产过程,而是为生产过程的顺利进行提供的帮助。供应品可以分为两类:操作用品(如润滑油、打字纸)和维修用品(如油漆、钉子)。供应品相当于工业领域内的方便品。服务包括维修或修理服务(如清洗窗户、修理打字机)和商业咨询服务(如法律咨询、广告设计)。

第二节 产品组合

大部分企业都不只生产一种产品,而是生产多种产品。如何将这些产品统筹安排好,更全面地满足市场的需求,企业营销者需要在产品组合中付出努力。

一、产品组合及其相关概念

1. 产品组合、产品线与产品项目

① 产品项目(product item)是指产品线中不同品种、规格、质量和价格的具体产品。

② 产品线(product line),又称产品大类,是指产品组合中的某一产品大类,即一组密切相关的产品。

③ 产品组合(product mix)是指一个企业提供给市场的全部产品线和产品项目的组合,即企业的经营业务范围。

2. 产品组合的长度、宽度、深度和相关性

① 产品组合的长度,是指产品组合中所有产品项目的总和,即一个企业包括的产品项目的数目。

② 产品组合的宽度,是指该企业拥有产品线数目。拥有的产品线越多,其产品组合就越宽,产品线越少,其产品组合就越窄。

③ 产品组合的深度,是指产品组合中各产品线所包含的产品项目的数量。每条产品线中所包含的项目愈多,产品组合愈深。增加产品项目,增加产品的规格、型号、式样、花色,可以迎合不同细分市场消费者的不同需要和爱好,招徕、吸引更多顾客。

④ 产品组合的相关性,即企业所有产品线之间相关的程度。如某家用电器厂除经营洗衣机外,还经营电冰箱、空调机、微波炉等多个产品线,因每个产品线都与电有关,这一产品组合就有较强的一致性,说明产品组合相关性紧密;假如该厂还生产清凉饮料,那么,这种产品组合的相关性就显得松散了。在实行集团多角化经营的混合型公司,其各类产品线间的相关性较小,或毫无相关性。

这四种产品组合要素为企业的产品策略提供了决策依据,企业可以从几个方面拓展业务。它可以增加新的产品线,扩大产品组合的宽度,也可以增加每种产品的品种从而加深其产品组合。并且企业可以根据自己的市场发展规划,决定是加强或减弱产品线的相互相关性。总之,产品组合对企业的营销决策具有十分重要的意义。如图 5-2 所示。

清洁剂	牙膏	条状肥皂	纸尿布	纸巾
象牙雪 1930	格利 1952	象牙 1879	帮宝适 1961	媚人 1928
德来夫特 1933	佳洁士 1955	柯克斯 1885	露肤 1976	粉扑 1960
汰渍 1933		洗污 1893		旗帜 1982
快乐 1950		佳美 1926		绝顶 1992
奥克雪多 1914		爵士 1952		
德希 1954		保洁净 1963		
波尔德 1965		海岸 1974		
圭尼 1966		玉兰油 1993		
伊拉 1972				

深度(纵向) 宽度(横向)

图 5-2 宝洁公司的产品组合

资料来源:菲利普·科特勒.营销管理[M].10 版.北京:中国人民大学出版社,2001:479.

二、产品组合策略

产品组合策略就是企业根据市场需求、竞争形势和企业自身能力对产品组合的宽度、长度、深度和相关性方面作出的决策。如何实施好产品组合策略,优化产品组合,企业可依据不同情况采取以下策略。

1. 扩大产品组合

扩大产品组合包括拓展产品组合的宽度和加强产品组合的深度,前者指在原产品组合中增加产品线,扩大经营范围;后者指在原有产品线内增加新的产品项目。当企业预测现有产品线的销售额和盈利率在未来可能下降时,就需考虑在现有产品组合中增加新的产品线,或加强其中有发展潜力的产品项目。

2. 缩减产品组合

市场繁荣时期,较长较宽的产品组合会为企业带来更多的盈利机会。但是在市场不景气或原料、能源供应紧张时期,缩减产品线反而能使总利润上升,因为剔除那些获利小甚至亏损的产品线或产品项目,企业可集中力量发展获利多的产品线和产品项目。

3. 产品线延伸策略

总体来看,每一企业的产品线只占所属市场的一部分,每一产品都有特定的市场定位。例如,宝马汽车公司(BMW)所生产的汽车在整个汽车市场上属于中高档价格范围。当一个企业把自己的产品线长度延伸超过现有范围时,我们称之为产品线延伸。具体有向下延伸、向上延伸和双向延伸三种表现方式。

① 向下延伸,是在原有的高档产品线中增加中、低档产品项目。实行这一决策需要具备以下市场条件之一:利用高档名牌产品的声誉,吸引购买力水平较低的顾客慕名购

买此产品线中的廉价产品；高档产品销售增长缓慢，企业的资源设备没有得到充分利用，为赢得更多的顾客，将产品线向下延伸；企业最初进入高档产品市场的目的是建立厂牌信誉，然后再进入中、低档市场，以扩大市场占有率和销售增长率；补充企业的产品线空白。实行这种策略也有一定的风险。如处理不慎，会影响企业原有产品特别是名牌产品的市场形象，而且也有可能激发更激烈的竞争对抗。虽然新的低档产品项目可能会蚕食掉较高档的产品项目，但某些公司的重大失误之一就是始终不愿意填补市场上低档产品的空隙。哈利·戴维森公司的失败就在于忽视了轻型摩托车的市场。

② 向上延伸，是在原有的产品线内增加高档产品项目。实行这一策略的主要目的是：高档产品市场具有较大的潜在成长率和较高利润率的吸引；企业的技术设备和营销能力已具备加入高档产品市场的条件；企业要重新进行产品线定位。采用这一策略也要承担一定的风险，要改变产品在顾客心目中的地位是相当困难的，处理不慎，还会影响原有产品的市场声誉。

③ 双向延伸，即原定位于中档产品市场的企业掌握了市场优势以后，向产品线的上下两个方向延伸。

4. 产品线现代化策略

现代社会科技发展突飞猛进，产品开发也是日新月异，产品的现代化成为一种不可改变的大趋势，产品线也必然需要进行现代化改造。产品线现代化策略首先面临这样的问题：是逐步实现技术改造，还是以更快的速度用全新设备更换原有产品线。逐步现代化可以节省资金耗费，但缺点是竞争者很快就会察觉，并有充足的时间重新设计他们的产品线；而快速现代化策略虽然在短时期内耗费资金较多，却可以出其不意，击败竞争对手。

第三节　产品生命周期

当一种产品进入市场后，就如同人的生命一样，由诞生、成长到成熟，最终走向衰亡。而产品的销售量和利润也会随时间推移而改变，呈现一个发展变化的过程，这就是产品的生命周期现象。如何利用产品有限的生命周期为企业创造无限的价值，成为企业实施产品策略中重要的问题。

一、产品生命周期的概念

1. 产品生命周期的含义

所谓产品生命周期，是指产品从进入市场开始，到最终退出市场为止所经历的全过程。产品只有经过研究开发、试销，然后进入市场，它的市场生命周期才算开始。产品退出市场，则标志着其生命周期的结束。

同时我们需要理解的是，产品生命周期和产品的使用寿命是两个不同的概念，前者是指产品的市场寿命，在市场上的存在时间，它的长短主要受市场因素的影响。使用寿命是指从产品投入使用到产品报废所经历的时间，其长短受自然属性、使用频率等因素的影响。

2. 产品生命周期阶段

任何生物体都有一个出生、成长和衰亡的过程，产品也是如此，每一种产品都是一个研制、生产、投放市场、大批量生产和被市场淘汰的过程。因此，我们把一种产品从投放市场开始一直到被市场淘汰为止的整个阶段，称为该产品的生命周期。典型的产品生命周期一般可分为四个阶段，即介绍期（或引入期）、成长期、成熟期和衰退期。如图 5-3 所示。

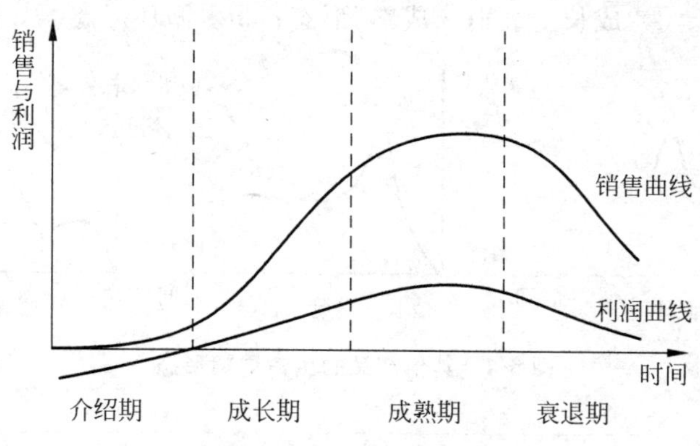

图 5-3 产品生命周期阶段

(1) 介绍(引入)期

当新产品投放市场时，就意味着产品进入了介绍期。此时，顾客对产品还不了解，只有少数追求新奇的顾客可能购买，销售量比较低。为了迅速打开销路，需要大量的促销费用，对产品进行宣传。在这一阶段，由于生产和销售方面的原因，产品不能大批量生产，因而成本高，销售额增长缓慢，企业不但得不到利润，甚至是亏损。

(2) 成长期

此时顾客对产品已经熟悉，大量的顾客开始购买，市场份额逐步扩大。产品开始大批量生产，生产成本逐步降低，企业的销售额和利润也迅速上升。这时竞争者看到有利可图，将纷纷组织同类产品的生产，并且进入市场参与竞争，使得同类产品供给量增加，价格随之下降。企业应该继续扩大产品宣传，尽可能地扩大市场份额。

(3) 成熟期

市场需求趋向饱和，潜在的顾客已经很少。在这一阶段，企业销售额和利润增长速度逐步减慢，然后达到生命周期的最高点，转而开始下降。

（4）衰退期

随着新产品或新的替代品出现，将使顾客的消费习惯发生改变，转向其他产品，从而使原来产品的销售额和利润额迅速下降，直至退出市场。

3. 产品生命周期的其他形态

产品生命周期曲线，是反映产品在市场上变化情况的基本模型。但这只是一种理论上的曲线，并不是一切产品均经过这样的过程，有些产品上市后很快就进入成长期，没有经过介绍期的缓慢增长过程；也有些产品没有成长期，直接进入成熟期；有些产品经过成熟期后，由于种种原因又进入新一轮的成长期。

国外营销学家研究表明，产品生命周期的不规则形态有很多种，以下我们介绍其中常见的三种类型即：

① 再循环形态；②“成长－衰退－成熟”形态；③多循环形态。如图 5-4 所示。

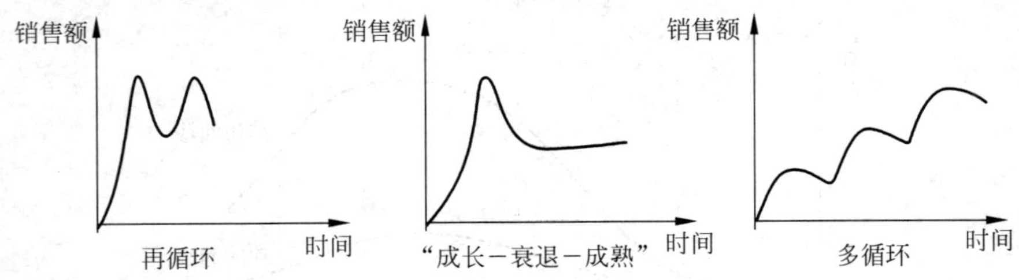

图 5-4　其他产品的生命周期形态

> **小案例：对 PLC 的认识**
>
> 产品的生命是有限的。
>
> 产品销售经历不同的阶段，每一阶段都对销售者提出了不同的挑战。
>
> 在产品生命周期不同的阶段，产品利润有高有低。
>
> 在产品生命周期不同的阶段，产品需要不同的营销、财务、制造、购买和人力资源战略。
>
> （资料来源：菲利普·科特勒．营销管理[M]．10 版．北京：中国人民大学出版社，2001：367.）

二、产品生命周期各阶段特点及其营销策略

典型的产品生命周期的四个阶段呈现出各自不同的市场特点，企业的营销策略也就以各阶段的特点为基础来制定和实施。PLC 各阶段的特点与营销目标如表 5-1。

表 5-1 PLC 各阶段的特点与营销目标

项目	介绍期	成长期	成熟期	衰退期
销售量	低	剧增	最大	衰退
销售速度	缓慢	快速	减慢	负增长
成本	高	一般	低	回升
价格	高	回落	稳定	回升
利润	亏损	提升	最大	减少
顾客	创新者	早期使用者	中间多数	落伍者
竞争者	很少	增多	稳中有降	减少
营销目标	建立知名度，鼓励试用	最大限度地占有市场	保护市场，争取最大利润	压缩开支，榨取最后价值

1. 介绍期的营销策略

介绍期的特征是产品销量少，促销费用高，制造成本高，销售利润很低甚至为负值。根据这一阶段的特点，企业应努力做到：投入市场的产品要有针对性；进入市场的时机要合适；设法把销售力量直接投向最有可能的购买者，使消费者尽快接受该产品，扩大市场份额，以缩短介绍期，更快地进入成长期。

在产品的介绍期，由于产品促销费用高，价格难以抉择。结合价格和促销两方面考虑，就有下面四种策略：

① 快速撇脂策略。即以高价格、高促销费用推出新产品。实行高价策略可在单位产品销售额中获取最大利润，尽快收回投资；高促销费用能够快速建立产品知名度，占领市场。实施这一策略须具备以下条件：产品有较大的需求潜力；目标顾客求新心理强，急于购买新产品；企业面临潜在竞争者的威胁，需要及早树立品牌形象。一般而言，在产品介绍期阶段，只要新产品比替代的产品有明显的优势，市场对其价格就不会那么敏感。

② 缓慢撇脂策略。即以高价格、低促销费用推出新产品，目的是以尽可能低的费用开支求得更多的利润。实施这一策略的条件是：市场规模较小；产品已有一定的知名度；目标顾客愿意支付高价格；潜在竞争的威胁不大。

③ 快速渗透策略。即以低价格、高促销费用推出新产品。目的在于先发制人，以最快的速度打入市场，取得尽可能大的市场占有率。然后再随着销量和产量的扩大，使单位成本降低，取得规模效益。实施这一策略的条件是：该产品市场容量相当大；潜在消费者对产品不了解，且对价格十分敏感；潜在竞争较为激烈；产品的单位制造成本可随生产规模和销售量的扩大迅速降低。

④ 缓慢渗透策略。即以低价格、低促销费用推出新产品。低价可扩大市场，低促销费用可降低营销成本，增加利润。这种策略的适用条件是：市场容量很大；市场上该产品的知名度较高；市场对价格十分敏感；潜在的竞争者很少，或者威胁很小。

2. 成长期市场营销策略

新产品经过介绍期以后，消费者对产品已经熟悉，消费习惯已经形成，销售量迅速增长，这时新产品就进入了成长期。进入成长期以后，老顾客重复购买，并且带来了新的顾客，销售量迅速增长，企业利润也迅速增长。随着销售量的增大，企业生产规模也逐步扩大，产品成本逐步降低，新的竞争者也会加入竞争。随着竞争的加剧，新的产品特性开始出现，产品市场开始细分，分销渠道增加。企业为维持市场的继续增大，需要继续增加促销费用，但由于销量增加，平均促销费用有所下降。针对成长期的特点，企业为维持其市场销售量和利润的迅速增长，可以采取下面几种策略：

① 改善产品品质。如增加新的功能，改变产品款式，发展新的型号，开发新的用途等。对产品进行改进，可以提高产品的竞争能力，满足顾客更广泛的需求，吸引更多的顾客。

② 寻找新的细分市场。通过市场细分，找到尚未满足的新的细分市场，根据其需要组织生产，迅速进入这一新的市场。

③ 改变广告宣传的重点。把广告宣传的重心从介绍产品转到建立产品形象上来，树立产品名牌，维系老顾客，吸引新顾客。

④ 适时降价。在适当的时机，可以采取降价策略，以激发那些对价格比较敏感的消费者产生购买动机和采取购买行动。此时适时降价是把“双刃剑”，即能够降价扩大市场，同时也可以打击竞争对手。

3. 成熟期市场营销策略

进入成熟期以后，产品的销售量和利润都将经历增长缓慢、逐步达到最高峰，然后缓慢下降的过程；市场竞争非常激烈，各种品牌、各种款式的同类产品不断出现。

对成熟期的产品，宜采取主动出击的策略，延长成熟期，或使产品生命周期出现再循环过程。为此，可以采取以下三种策略：

① 市场调整。这种策略不是要调整产品本身，而是发现产品的新用途、寻求新的用户或改变营销方式等，以使产品销售量得以扩大。

② 产品调整。这种策略是通过产品自身的调整来满足顾客的不同需要，吸引有不同需求的顾客。

③ 市场营销组合调整。即通过对产品、定价、渠道、促销四个市场营销组合因素加以综合调整，刺激销售量的回升。常用的方法包括降价、提高促销水平、扩展分销渠道和提高服务质量等。

4. 衰退期市场营销策略

衰退期的主要特点是：产品销售量急剧下降；企业从这种产品中获得的利润也急剧减少；大量的竞争者退出市场；消费者的消费习惯已发生改变等。面对处于衰退期的产品，企业需要进行认真的研究分析，决定采取什么策略，在什么时间退出市场。通常有以下几种策略可供选择：

① 继续策略。继续沿用过去的策略，仍按照原来的细分市场，使用相同的分销渠道、定价及促销方式，直到这种产品完全退出市场为止。

② 集中策略。把企业能力和资源集中在最有利的细分市场上，从中获取利润。这样有利于缩短产品退出市场的时间，同时又能为企业争取更多的利润。

③ 收缩策略。抛弃无希望的顾客群体，大幅度降低促销水平，尽量减少促销费用，以增加目前的利润。这样可能导致产品在市场上的衰退加速，但也能从忠实于这种产品的顾客中得到利益。

④ 放弃策略。对于衰退比较迅速的产品，应该当机立断，放弃经营。可以采取完全放弃的形式，如把产品完全转移出去或立即停止生产。也可采取逐步放弃的方式，使其所占用的资源逐步转向其他的产品。

第四节　新产品开发

一、新产品的概念及分类

什么是新产品，从不同的角度去理解，可以得出不同的概念。市场营销学中所说的新产品可以从市场和企业两个角度来认识。对市场而言，第一次出现的产品是新产品；对企业而言，第一次生产销售的产品也是新产品。所以市场营销学中所讲的新产品同科学技术发展意义上的新产品是不相同的。

要正确理解新产品的含义，首先，要从产品整体的概念上来理解，可以说，新产品并不一定是新发明的产品。固然，市场上出现的前所未有的崭新的产品是新产品。例如，一百多年以前出现的汽车，五十多年以前出现的黑白电视机，等等。但是，这种新产品并不是经常出现的。有些产品在形态或功能方面略有改变，人们也习惯于把它们看作新产品。例如，每年出现的新型号汽车，就是汽车市场经常出现的新产品。由此可见，新产品的“新”，具有相对意义。

其次，还可以从市场与顾客的角度来确认新产品。比如，有些产品尽管在世界上早已出现，但从来没有在某个地区出售过，那么对这个地区市场来说，它就是新产品。这样一种关于新产品的理解，对于出口销售是具有重要意义的。

最后，从生产和销售企业的角度看，凡是本企业从来没有生产和销售过的产品，而标上本企业的品牌或商标的，也可以说是新产品。

综上所述，我们认为从企业营销意义上看，所谓新产品是在功能、形态上得到改进或与原有产品有一定的差异，具有吸引顾客新价值的产品。

新产品从不同角度或按照不同的标准有多种分类方法。常见的分类方法有以下几种。

1. 从市场和技术角度分类

从市场角度和技术角度，可将新产品分为市场型和技术型新产品两类。

① 市场型新产品，是指产品的主体和本质没有什么变化，只改变了色泽、形状、设计装潢等的产品，不需要使用新的技术。其中也包括因营销手段和要求的变化而引起消费者"新"的感受的产品。如变换产品的包装，它们刚出现也被认为是市场型的新产品。

② 技术型新产品，是指由于科学技术的进步和工程技术的突破而产生的新产品。不论是功能还是质量，它与原有的类似功能的产品相比都有了较大的变化。如时速超过350千米的高速列车就属于技术型的新产品。

2. 按新产品新颖程度分类

按新产品新颖程度，可分为全新新产品、换代新产品、改进新产品、仿制新产品和新牌子产品。

① 全新新产品，指采用新原理、新材料及新技术制造出来的前所未有的产品。全新新产品是应用科学技术新成果的产物，它往往代表科学技术发展史上的一个新突破。它的出现，从研制到大批量生产，往往需要耗费大量的人力、物力和财力，这不是一般企业所能胜任的。因此它是企业在竞争中取胜的有力武器。

② 换代新产品，指在原有产品的基础上采用新材料、新工艺制造出的适应新用途、满足新需求的产品。它的开发难度较全新新产品小，是企业进行新产品开发的重要形式。

③ 改进新产品，指在材料、构造、性能和包装等某一个方面或几个方面，对市场上现有产品进行改进，以提高质量或实现多样化，满足不同消费者需求的产品。它的开发难度不大，也是企业产品发展经常采用的形式。

④ 仿制新产品，指对市场上已有的新产品在局部进行改进和创新，但保持基本原理和结构不变而仿制出来的产品。落后国家对先进国家已经投入市场的产品的仿制，有利于填补国家生产空白，提高企业的技术水平。在生产仿制新产品时，一定要注意知识产权的保护问题。

⑤ 新牌子产品，指在对产品实体微调的基础上改换产品的品牌和包装，带给消费者新的消费利益和新的满足的产品。

3. 按新产品的区域特征分类

按新产品的区域特征分类可分为国际新产品、国内新产品、地区新产品。

① 国际新产品，指在世界范围内首次生产和销售的产品。

② 国内新产品，指在国外已经不是新产品，但在国内还是第一次生产和销售的产品。它一般为引进国外先进技术，填补国内空白的产品。

③ 地区新产品，指国内已有，但本地区第一次生产和销售的产品。它是企业经常采用的一种产品发展形式。

二、新产品的开发方式

新产品的开发方式包括自行研制、技术引进、研制与技术引进相结合、协作研究、合同式新产品开发和购买专利等。

① 自行研制，即企业依靠自己的技术力量进行独立研制。它一般是针对现有产品进行的研究开发，目的在于使现有产品的质量、性能更优越，或增加新特色。自行研制由于技术的专有性，可以使产品具有一定的特色和优势，在市场上具有独特的吸引力。

② 技术引进，即引进企业以外成功的技术进行开发研制。采用这一开发方式，能够以较快的速度研发新产品，有利于节省时间和开发费用，缩短与先进技术之间的差距，迎头赶上竞争对手。这种开发方式对技术力量不强的企业具有重要意义。

③ 研制与技术引进相结合，指企业在开发新产品时既利用自己的科研力量研制又引进先进的技术，并通过对引进技术的消化吸收与企业的技术相结合，创造出本企业的新产品。这种方式使研制促进引进技术的消化吸收，使引进技术为研制提供条件，从而可以加快新产品的开发。

④ 协作研究，指企业与企业、企业与科研单位，企业与高等院校之间协作开发新产品。这种方式有利于充分使用社会的科研力量，发挥各方面的长处，有利于把科技成果迅速转化为生产力。

⑤ 合同式新产品开发，指企业雇用社会上的独立研究人员或新产品开发机构，为企业开发新产品。

⑥ 购买专利，指企业通过向有关研究部门、开发企业或社会上其他机构购买某种新产品的专利权来开发新产品。这种方式可以大大节约新产品开发的时间。

三、开发新产品的程序

开发新产品是一项十分复杂而风险又很大的工作。为了减少新产品的开发成本，取得良好的经济效益，必须按照科学的程序来进行新产品开发。开发新产品的程序因企业的性质、产品的复杂程度、技术难度和企业的研发能力的差别而有所不同。一般说来要经历新产品构思、筛选构思、概念形成和测试、初拟营销计划、商业分析、产品研制、市场试销和商业化正式上市八个阶段。

1. 新产品构思

新产品构思是指新产品的构想或新产品的创意。企业要开发新产品，就必须重视寻找创造性的构思，构思的来源很多，主要有以下六个方面。

① 顾客。生产产品是为了满足消费者的需求,因此消费者的需求是新产品构思的重要来源。了解消费者对现有产品的意见和建议,掌握消费者对新产品的期望,便于产生构思的灵感。

② 企业职工。企业职工最了解产品的基本性能,也最容易发现产品的不足之处,他们的改进建议往往是企业新产品构思的有效来源。

③ 竞争对手。分析竞争对手的产品特点,可以找到自己企业产品与竞争对手的产品的差距和劣势,从而对其进行改进。

④ 科技人员。许多新产品都是科学技术发展的结果。科技人员的研究成果往往是新产品构思的一项重要力量。

⑤ 中间商。中间商直接与顾客打交道,最了解顾客的需求。收集中间商的意见是构思形成的有效途径。

⑥ 其他来源。可作为新产品构思来源的其他渠道比较多,如大学、科研单位、专利机构、市场研究公司、广告公司、咨询公司、新闻媒体等。

2. 筛选构思

这一阶段是将前一阶段收集的大量新产品构思进行评估,研究其可行性,尽可能地发现和放弃错误的或不切实际的构思,以避免资金的浪费。一般分两步对构思进行筛选。第一步是初步筛选,首先根据企业目标和资源条件评价市场机会的大小,从而淘汰那些市场机会小或企业无力实现的构思;第二步是仔细筛选,即对剩下的构思利用加权平均评分等方法进行评价,筛选后得到企业所能接受的产品构思。

3. 概念形成和测试

产品概念的形成是指企业从消费者角度对产品构思所做的详尽描述。企业必须根据消费者对产品的要求,将形成的产品构思开发成产品概念。通常,一种产品构思可以转化为许多种产品概念。企业对每一个产品概念,都需要进行市场定位,分析它可能与现有的哪些产品产生竞争,以便从中挑选出最好的产品概念。

4. 初拟营销计划

产品概念确定后,企业就要拟订一个初步的市场营销计划,并在以后阶段不断发展完善。

5. 商业分析

它是指对新产品的销售额、成本和利润进行分析,如果能满足企业目标或者可行性较强,那么该产品就可以进入产品的开发阶段。

6. 产品研制

新产品构思经过一系列可行性论证后,就可以把产品概念交给企业的研发部门进行研制,开发成实际的产品实体。产品开发包括设计、试制和功能测试等过程。这一过程是把产品构思转化为在技术上和商业上可行的产品,需要投入大量的资金。

7. 市场试销

新产品研制出来后，一般要选择一定的市场区域进行试销，注意收集产品本身、消费者及中间商的有关信息，以便有针对性地改进产品，调整市场营销组合，并及早判断新产品的成效。值得注意的是，并不是所有新产品都必须经过试销，通常是选择性大的新产品需要进行试销，选择性小的新产品不一定试销。

8. 商业化正式上市

如果新产品的试销成功，企业就可以将新产品大批量投产，推向市场。要注意研究选择适当的投放时机和地区、市场销售渠道以及销售促进策略。

四、新产品市场扩散

所谓新产品市场扩散，是指新产品上市后随着时间的推移不断地被越来越多的消费者所采用的过程。

1. 新产品的创新特征对市场扩散的影响

① 创新产品的相对优点。

② 创新产品的适应性。

③ 创新产品的简易性。

④ 创新产品的明确性。

2. 消费者采用新产品的程序

消费者接受新产品的规律一般表现为以下五个重要阶段：认知→兴趣→评价→试用→正式采用。

① 认知。这是个人获得新产品信息的初始阶段。很明显，人们在此阶段所获得的情报还不够系统，只是一般性的了解。

② 兴趣。这是指消费者不仅认识了新产品，并且发生了兴趣，还会积极地寻找有关资料，并进行对比分析、研究新产品的具体功能、用途、使用等问题。如果这些方面均较满意，将会产生初步的购买动机。

③ 评价。这一阶段消费者主要权衡采用新产品的边际价值。比如，采用新产品可获得的利益和可能承担风险的比较，经过比较分析形成明确认识，作出判断。

④ 试用。是指顾客开始小规模地试用创新产品。通过试用，顾客开始正式评价自己对新产品的认识及购买决策的正确性如何。

⑤ 正式采用。顾客通过试用，收到了理想的使用效果，就会放弃原有的产品，完全接受新产品，并开始正式购买、重复购买。

3. 消费者的个性差异与新产品扩散

在新产品的市场扩散过程中，由于社会地位、消费心理、消费观念、个人性格等多因素的影响，导致不同顾客对新产品接受快慢程度不同。企业如果善于分析顾客对新产品的反映差异，就有利于加快新产品的市场扩散。

美国学者罗杰斯在对新产品扩散过程的研究中发现，某些人性格上的差异是影响消费者接受新技术和新产品的重要因素。就消费品而言，罗杰斯按照顾客接受新产品的快慢程度，把新产品的采用者分为五种类型（如图 5-5 所示）。

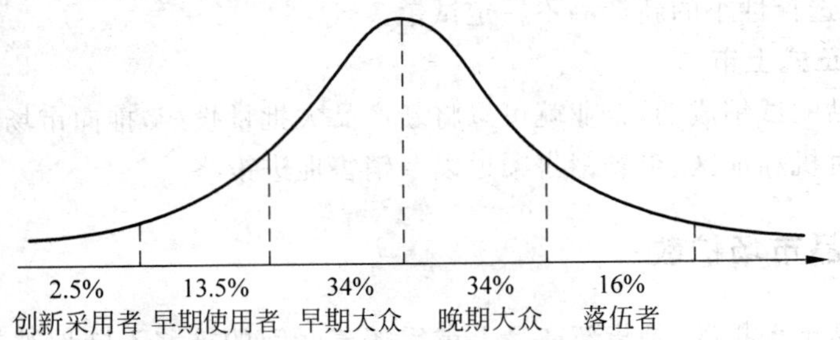

图 5-5 激光唱机的扩散采用过程（罗杰斯模式）

(1) 创新采用者（innovators）

该类采用者约占全部潜在采用者的 2.5%。通常富有个性，受过高等教育，勇于革新冒险，性格活跃，消费行为很少听取他人意见，经济宽裕，社会地位较高。广告等促销手段对他们有很大的影响力。这类消费者是企业投放新产品时的极好目标。

(2) 早期采用者（early adopters）

早期采用者是第二类采用创新的群体，占全部潜在采用者的 13.5%。一般也接受过较高的教育，年轻，富于探索，对新事物比较敏感，并且有较强的适应性，经济状况良好，他们对早期采用新产品具有自豪感。这类消费者对广告及其他渠道传播的新产品信息很少有成见，促销媒体对他们有较大的影响力。但与创新者比较，他们一般持较为谨慎的态度。这类顾客是企业推广新产品极好的目标。

(3) 早期大众（early majority）

这类采用者的采用时间较平均采用时间要早，占全部潜在采用者的 34%。一般较少保守思想，接受过一定的教育，有较好的工作环境和固定的收入；对社会中有影响的人物、特别是自己所崇拜的“舆论领袖”的消费行为具有较强的模仿心理；他们不甘落后于潮流，但由于他们特定的经济地位所限，在购买高档产品时，一般持非常谨慎的态度。他们经常是在征询了早期采用者的意见之后才采纳新产品。但早期大众和晚期大众构成了产品的大部分市场。因此，研究他们的心理状态、消费习惯，对提高产品的市场份额具有很大的意义。

(4) 晚期大众（late majority）

这类采用者的采用时间较平均采用时间稍晚，占全部潜在采用者的 34%。较晚跟上消费潮流的人，其工作岗位，受教育水平及收入状况往往比早期大众略差；他们对新事物、新环境多持怀疑态度，对周围的一切变化抱观望态度；他们的购买行为往往发生在产品成熟阶段。

(5) 落伍者(laggards)

这类采用者是采用创新的落伍者，占全部潜在采用者的16%。这些人受传统思想束缚很深，思想非常保守，怀疑任何变化，对新事物、新变化多持反对态度，固守传统消费行为方式。因此，他们在产品进入成熟期后期乃至衰退期才能接受。

罗杰斯对消费者接受新产品的上述五种类型的划分，是新产品市场扩散理论的重要依据。

本章小结

1. 产品是指能提供给市场用于交换，满足人们某种欲望和需要的任何事物，包括实物、服务、场所、组织、体验、主意等。

2. 产品整体概念包含核心产品、形式产品、期望产品、附加产品和潜在产品五个层次。

3. 产品项目指产品线中不同品种、规格、质量和价格的具体产品。

4. 产品线又称产品大类，是指产品组合中的某一产品大类，即一组密切相关的产品。

5. 产品组合是指一个企业提供给市场的全部产品线和产品项目的组合，即企业的经营业务范围。

6. 产品组合策略就是企业根据市场需求、竞争形势和企业自身能力对产品组合的宽度、长度、深度和相关性方面作出的决策。

7. 产品生命周期是指产品从进入市场开始，到最终退出市场为止所经历的全过程。

8. 产品生命周期分为介绍期(或引入期)、成长期、成熟期和衰退期四个阶段。

9. 新产品是在功能、形态上得到改进或与原有产品有一定的差异，具有吸引顾客新价值的产品。

10. 开发新产品的程序包括新产品构思、筛选构思、概念形成和测试、初拟营销计划、商业分析、产品研制、市场试销和商业化正式上市8个阶段。

本章习题

一、名词解释

1. 产品
2. 产品线
3. 产品组合

4. 产品生命周期

5. 新产品

二、单项选择题

1. 从产品的整体概念来看,核心产品是指产品的(　　)。

A. 基本功能　　B. 质量

C. 商标　　D. 售前和售后服务

2. 一个家电企业生产4种电冰箱产品、8种洗衣机产品、5种空调产品,那么这个企业的产品线有(　　)条。

A. 1　　B. 3　　C. 17　　D. 8

3. 当产品处于(　　)时,市场竞争最为激烈。

A. 成长期　　B. 介绍期　　C. 成熟期　　D. 衰退期

4. 新产品采用撇脂定价法,不利的方面可能是(　　)。

A. 使竞争很快产生　　B. 新产品的投资回收较慢

C. 不适应高收入阶层　　D. 以上都是

5. 核心产品的概念来源于对市场需求的(　　)。

A. 深入认识　　B. 全面把握　　C. 整体衡量　　D. 总量要求

三、填空题

1. 产品整体概念包括(　　　　)、(　　　　)、(　　　　)、(　　　　)、(　　　　)5个层次。

2. 产业用品可分为三类:(　　　　)、(　　　　)、(　　　　)。

3. 典型的产品生命周期一般可以分为四个阶段,即(　　　　)、(　　　　)、(　　　　)、(　　　　)。

4. (　　　　)按照顾客接受新产品的快慢程度,把新产品的采用者分为5种类型。

5. (　　　　)是企业投放新产品时的极好目标。

四、简答题

1. 什么是产品整体概念?它对市场营销活动有何意义?

2. 如何调整现有的产品线?

3. 产品组合策略的相关概念。

4. 什么是产品生命周期?试述各阶段的特点及采取的营销策略。

5. 论述新产品开发的程序。

6. 新产品开发的必要性。

7. 新产品采用的过程。

本章案例

谷歌的产品观

2010年12月7日，谷歌中国创新论坛上，一位产品经理在演示谷歌搜索的新功能——在搜索框输入字符的同时就能预览结果，例如搜索一部台湾流行偶像剧《一起又看流星雨》，在敲到“一起又”3个字的时候，下面的结果页面就即时地显示出了用户想要的搜索结果。

谷歌台北研发团队负责人、谷歌台湾总经理简立峰博士在现场说，自己在使用了带“即时预览”功能的搜索后一段时间，慢慢培养出将目光焦点从搜索框下移到后面结果显示区的习惯，因为每敲一个字符，下面结果显示区就会自动刷新一次。

现在“即时预览”功能已经能够让每一个用户在用谷歌搜索时体验到，但很可能许多用户并没有太注意这类功能细节上的改进，甚至许多大陆互联网用户并未像谷歌的工程师理想中的那样——用敲字来搜索，而是被恶意绑定在浏览器里的导航网站所绑架，被培养出上网就点击数次，为许多网站贡献流量之后，才点击到自己真正需要的应用。

在“创新论坛”的演示现场，简博士站在做演示的产品经理旁边补充说：“谷歌为了即时预览，要为用户的每次查找请求多付出3～4次的搜索计算，可见背后的资源支撑非常重要。”这句话很明显透露出的信息是，谷歌会为了搜索体验一个常人看来微不足道的改进，扩大自己三四倍的资源投入，这种几乎不计代价的投入着实令人惊讶。

在国内互联网恶意竞争、视用户为“肉鸡”的生态环境中，谷歌这种不计代价地投入核心产品——搜索引擎的动作，显得是如此“超现实”。但是，这也恰恰体现了这家世界级企业的产品观和价值观。

搜索的核心需求

谷歌为什么如此重视甚至不计代价地改善用户每一次敲击键盘获得的搜索结果？这必须从搜索产品的核心需求讲起。

搜索产品的最核心需求是什么？让用户能够“找得到”。不能小看“找得到”这几个字，觉得它不够性感，没有高科技感觉。其实能够实现“找得到”已经足可以改变世界了。哥伦布找到新大陆，就着实改变了世界。对于地理大发现时的“找得到”，里面一定包含了当时最先进的造船、航海技术，包含了无数人的艰辛努力，甚至是血的代价，我们今天才能在谷歌地图上轻易找到美洲。

为了“找得到”，谷歌从诞生之日起就制造出各种各样的爬虫机器人——在互联网、图书馆的扫描仪、绕城行驶的街景拍摄汽车、绕地飞行的卫星等，复制这个世界的信息。谷歌不惜花16亿美元收购视频网站Youtube，获得视频数据；不惜付费搜索Twitter上的数据，获得实时数据；不惜报价60亿美元收购GroupOn，试图获得本地信息，虽然未能如愿。

与以上种种为了“找得到”而付出的代价相比，让用户在“找得到”这个基本需求满足的条件下找得更快一点、更稳定一点和更安全一点，像“即时预览”这种功能的改进，就只能算是比较小的代价了。谷歌的愿景是“整理全世界的信息并方便获得”，也就是说不仅要“找得到”，还要“能获得”，还要“尽可能方便地获得”。

为了让信息“方便获得”，谷歌要跨越许多物理世界和文化的障碍，如购买黑光纤，成为虚拟运营商；建立庞大的数据中心，提供云计算平台并出租计算服务，如App Engine；提供给普通用户Gmail邮箱、Chrome浏览器和Android这种移动终端上的机器人等“接地”服务，弥补云端暂时阶段的不足；提供跨语言的翻译，翻越获得信息的文化障碍等。

无论是重金获取它没有的数据，还是不断制造各种各样的机器人和工具，通往谷歌核心之路的目标只有一个，就是“全部信息都可找到并容易获得”。借用前百度副总裁、百度贴吧产品经理俞军说过的话——“我们若能更妥善地搜寻资料，实在已经改变世界”。或许正是这个意思。

原百度产品市场总监、盛大在线副总裁边江说，当年面试产品经理，最常问的一个问题是：“MP3搜索满足用户的核心需求是什么?”以当时的环境来说，正确答案是“搜得到，可下载”。边江说：“当时给出这个答案的几位同学现在都已经是高级产品经理以上，并负责着众多大众熟知的产品。”

借用“MP3搜索”的核心需求，完全可说搜索引擎产品的核心需求就是“找得到，可获得”。因为创始人和工程师高管们明白，只要将搜索真正做到“找得到，可获得”，商业利润自然能接踵而至，支持一家数万人的上市企业持续成长。

从产品观到价值观

在谷歌的故事中，我们可以看到，一个公司的产品观也是其公司价值观的投影。这种价值观说的不是“不作恶”的自我约束，而是企业如何看待自己对这个世界的价值和使命。

我们还是从功能说起。谷歌台北的简立峰博士说，像“即时预览”这种功能让用户感受到的是每次敲击键盘，都是在和机器交互。过去是用户输入完整的查询词组之后才和机器交互，现在则是让机器可以知道用户的手指在动并作出反馈。长此以往，用户会慢慢将注意力从键盘和搜索框上面转移到根据自己手指动作实时变化的结果显示区。

谷歌不仅为此投入了巨大物质资源，单就耗能来说，就会大大提高，但这从另一方面促使谷歌不断改进分布式数据存储系统，让系统在承载亿万人“十指”运动的高频次查询请求方面，能够驾驭。Gmail的创始人Paul Buchheit就曾说，谷歌注定能开发出Bigtable这样的超级电脑系统。Bigtable是建立在谷歌海量数据处理实践上的一种分布式结构化数据存储系统，通常处理数据在PB量级，已经在超过60个的谷歌产品上得到应用和尝试。

另一个例子是谷歌盲人工程师T. V. Raman做的一系列工作——让机器可以说话、听和感知动作，但他思考的却不是如何让像他一样的盲人使用互联网，而是思考如何让普通人不依靠屏幕、不依靠看就能使用某项互联网服务。这实际上是推翻过去互联网服务很多假设，例如使用者是方便去看的这个假设，比如在没有光线的情况下，每个人都不方便用视觉获取信息。实际上，T. V. Raman 分享了谷歌的一个产品观，也是公司的价值观，即“打破信息藩篱”，让人们有更多可选择的方式去获取信息，这是一个更广阔的思考和产品创新维度。

谷歌翻译等跨语言、跨文化和国度的产品，也是这种思路和价值取向下作出的创新。谷歌翻译的许多创新都是从中国团队开始，然后使用到全球产品中。

从产品观到价值观，实际上不单单是纵向的功能延伸和产品线延伸，而是思维方式上的创新和超越，通常引发平台级别的改进。而这种鲜明的产品观和价值观一旦和竞争对手放在一起，就越发清晰。比如，谷歌和 Facebook 最大的不同是什么？谷歌认为整理信息是最重要的，而 Facebook 认为组织人是最重要的。核心价值不同导致两者的产品走向不同。Facebook 的产品最关心的是用户的数量和活跃度，而谷歌最关心的是数据的全面性和完整性。Facebook 和谷歌的产品都成为了虚拟世界的基础设施，但 Facebook 对应的是现实世界的市民广场，每天上演 Party 和游行，谷歌对应的则是现实世界的图书馆，每天都在收录新书和编撰索引。

谷歌在解决一个看似不够性感，也没有任何高科技感觉的需求——“找得到，可获得”的过程中，一直在追求极致，并因此成为一家改变世界的公司，这正是互联网产品精神的最佳体现。由此可见其实所谓“产品精神”并没有多么高深，就是排除一切干扰，将一件非常简单而基本的事情做到极致。在正确的企业价值观下，这种精神可以塑造伟大的企业和产品。

也许未来的一天，谷歌基于“打破信息藩篱”的价值观不再符合社会的主流需求，而另一个具备符合主流需求的企业价值观的公司——比如 Facebook，会登上王座。但有一点是确定的，那就是能成为伟大企业的互联网公司，必然有鲜明的企业价值观和执着的产品精神，这才是伟大企业的“王者之心”。

（资料来源：成远. 谷歌的产品观[J]. 商业价值，2001(1).）

案例思考题

1. 如何评价谷歌的产品观？

2. 为什么谷歌不计代价地在搜索引擎产品上追求极致，哪怕已经“超越”了用户的需求？

3. 产品的价值到底对于企业和消费者意味着什么？

品牌与包装策略

本章要点

本章主要阐述品牌及商标的概念，品牌设计的基本原则及品牌的作用、品牌营销的策略，最后系统介绍包装的含义、作用、分类和包装策略。教学重点是品牌及商标的概念以及品牌设计的基本原则。教学难点是品牌营销策略。

学习目标

通过本章学习要求掌握：

- 掌握品牌及商标的概念。
- 理解品牌设计的基本原则及品牌的作用。
- 了解比较全面的品牌营销策略。
- 了解包装的含义、作用、分类和包装策略。

引入案例

2011年，让品牌飞起来

在2010年中，日化业界出现了一系列的事件，无论是好的或是坏的，通通都浮现在大众的视线和脑海中，我们把这一年列为不平凡的一年。经过一年的风雨洗礼的背后，我们发现这个行业有个“怪僻”现象，是众多业界人士常说的话题，日化行业很浮躁，没啥意思，媒体的炒作和竞争对手的矛盾等，还有行业中出现众多品牌的动作表现，这一切都被业界视为“舞台剧”的表演。

对于这些企业或是品牌有什么动作也好，别人能推出，说明别人有“话语权”可以站在这个舞台上说话，如果别人没“话语权”就不会站在上面说。在一个公平竞争的舞台上，谁的手段比较得到观众认可，谁就是焦点。

本身品牌常常就被说成是“戏剧”，这个“戏剧”好与坏，那看观众的认可和评价如何。品牌比作戏剧，好的品牌就是能吸引眼球，吸引目光，不好的品牌都成为“说唱”俗调了。

曾几何时，我们在想，日化行业的“怪僻”现象到底是什么样的，都无从说起，但是真正来临的时候全部都是在2010年，这个就是“怪僻”现象。

之所以不需要阐述太多，我们要默默地忘掉这一年，开始迎接2011年，一切重新开始，我们要在2011年，让品牌飞起来。

在2011年，如果让品牌飞起来，那我们怎么样去做呢？笔者最近一直在研究一套系统，这套系统已经给到一些企业中实施用过了，效益还是很不错，降低了企业的成本，还有把品牌的效益也提升上来，市场也稳定，市场拓展也比较快些，如根据市场变化的情况下，我们都从中选择应对策略来操作。从企业到终端的运作模式系统，也就是说，从企业输送到终端市场上的运作模式(上游到下游的输送链运作模式——输送链系统)，再从企业到终端这整条输送链的环节中，必须配合好，缺一不可，都是相结合的一套体系，而且是直接导入终端市场来操作的，这样配合代理经销商起来的话，很容易把市场做起来。

目前，很多日化企业都无法做到细节化的操作，也许是有些企业做到了部分环节，但是又缺了一部分环节做不好，这样容易导致企业的服务体系跟不上。企业要做品牌做大做强，应该在于内功修炼好，只有把内功修炼好，才能更好地迎接上战场，必须从企业战略、企业文化、品牌文化、产品品质、品牌塑造、包装特色、价格定位、渠道定位、教育体系、服务体系、模式创新上做到位。

除此之外，有好的战略、策略、市场定位，还需要执行到位，打造专业化的团队去执行，要做到具体问题具体分析。品牌要在市场中成长和发展壮大，必须做到输送链系统的运用，这样才能稳定快速发展。

思考题：品牌对于日化行业营销起着什么样的作用？日化企业如果想获得更好的发展应该如何运用品牌营销策略？

(资料来源：张红辉. 2011年，让品牌飞起来[EB/OL]. [2011-01-14]. http://www.emkt.com.cn/article/500/50037.html.)

品牌与包装是消费者购买选择的重要依据。随着我国社会经济的迅速发展，人民生活水平逐步提高，消费观念不断更新，广大消费者购物日益重视对产品品牌与包装的选择。而在当今社会主义市场经济体制的新形势下，产品的品牌与包装又成为企业竞争取胜的重要手段。实践证明，优质的产品配置、良好声誉的品牌和精美的包装，有利于增强吸引力和感染力，唤起广大消费者的购买兴趣，及时作出购买决策。因此，优化产品的品牌和包装是现代企业不断拓展市场营销的重要策略。

第一节 品牌的概念与内涵

一、品牌的概念

1. 品牌含义

品牌是由美国西部的庄园主和畜牧业者最早开始使用的。当时的美国西部还处于蛮荒阶段，庄园主和畜牧业者在自己的牲畜上印上一些标记，以表明自己的所有权，警告他人："不要动，它是我的。"但到了现在，品牌作为一种营销工作，其使用目的已完全不同，它表示："请接受，这是为您准备的。"

但是，品牌最基本的含义，并没有随其目标的改变而变动。不管是过去的庄园主还是现在的消费品制造商，品牌最基本的含义是：声明一种特殊的权益或资产。区别在于：过去的品牌在主张所有权时只是采取一种单纯的防御性方式，只是为了使敌人难以偷走庄园主的东西；而现在的品牌则既具有防御性又具有进攻性，防御性是指一个稳固的品牌可以制止竞争对手试图抢占品牌所有者的市场；进攻性的是指一个稳固的品牌可以积极地沟通各种层次上的潜在顾客中，为他们提供各种各样充足的理由来购买其产品。由此，"品牌"这个词的确切含义也变得更广、更复杂了。

今天，美国市场营销协会（AMA）对品牌给出了定义："品牌是用以识别一个或一群产品和劳务的名称、术语、象征、记号或设计及其组合，以和其他竞争者的产品和劳务相区别。"营销学权威 P. 道尔认为，品牌是"一个名称、标志、图形或它们的组合，用以区分不同企业的产品"。

美国市场营销协会与道尔都是从品牌的原意出发，从差异与区别等角度对品牌进行了定义，没有点到品牌的实质。而我们认为品牌是世界上最伟大的商业资产，最难得的就是一个品牌在消费者心中率先的心理认知最难以被复制，因此我们对品牌的定义是：品牌是相关受众（主要是目标顾客）提及一个产品或企业时，大脑所能联想到的名称、术语、象征、记号或设计等一切信息以及由这些信息所带来的所有心理体验的总和。

品牌一旦在消费者心中率先占据了某个认知与联想，就会对消费者产生强劲的吸引力，从而具备无与伦比的先发性竞争优势——竞争品牌要撼动已经被占位的认知与联想是几乎不可能的。例如，生活中不知有多少品牌在追求"营养、头发健康亮泽"，但潘婷牢牢占据这一定位，甚至不少品牌在宣传"营养、头发健康亮泽"是免费在帮潘婷做广告，因为消费者已经牢牢地把"营养、头发健康亮泽"与潘婷联系在一起，一提到"营养、头发健康亮泽"马上就联想到了潘婷。

2. 品牌名称与品牌标志

品牌是一个集合概念，它包括品牌名称和品牌标志。品牌名称指的是品牌中用语言称呼的部分，如“娃哈哈”、“李宁”、“奔驰”、“蒙牛”等。品牌标志是指品牌中可以识别，但难以用语言称呼的部分，通常是一种特殊的符号、设计、颜色或印字。如著名的奔驰汽车的品牌标志是圆形圈内一个三角形标志，颜色以银白色为主；“太阳神”品牌中的黑色三角形顶起红色圆形，“太阳神”三个汉字及英文字母“APOLLO”的特殊造型。图 6-1 是常见的一些品牌标志。

图 6-1 部分品牌标志

3. 品牌的全部内涵

一个品牌要充分表现出产品的全部内涵，必须包括下面 6 层意思。

(1) 属性。一个品牌首先应该代表一定的属性。例如，海尔代表优良的服务，沃尔玛代表低廉的价格。

(2) 利益。品牌所代表的属性必须转化为对销售者有意义的利益。例如：优质的服务代表消费者可以更放心使用该企业的产品。

(3) 价值。品牌还表示企业所代表的价值。例如奔驰代表了优良的汽车生产质量。

(4) 文化。就目前的市场营销发展趋势来看，品牌的文化内涵已经越来越受到人们的注意。例如，贵州茅台代表了中国高级优质白酒文化。

(5) 个性。品牌个性是品牌形象的一部分，是指产品或品牌特征的传播以及在此基础上消费者对这些特征的感知。消费者需要借助品牌个性来延伸自我。例如，有些中学生购买鸿星尔克运动服装以突出对网球运动的热爱。

(6) 使用者。品牌还能勾画出产品使用者的特征。例如，人们一般会认为购买和使用美国宝马汽车的是具有一定年龄和资本的成功人士，而不是刚成年的学生。

二、商标概念

1. 商标的含义

商标是商品生产者或经营者对于商品使用的具有显著特征，并能区别商品来源的标记。从概念可以看出：第一，商标是商品上使用的标记。如果产品为生产者自用或赠送亲友，而在产品上附加的标记不能看作商标，它们不属于商标的范畴。第二，商标是具有显著性的标记。显著性是指商标的独特性或可识别性。商标的独特性越显著，它的作用越能充分发挥出来。显著性是商标基本特征之一，不具备这一特点的任何标记，如机械行业的"▽"符号，是用来表示商品光洁度的通用符号，不具备显著性，不能作为商标。第三，商标是区别商品来源的标记。为了宣传、保护一级商品安全等目的，企业有时也在商品上标一些符号、文字或图案，如毒品上的骷髅标记，防雨防潮的雨伞标记等。由于这些标记不能说明商品的来源，因此都不能称为商标。

在日常生活中，有些标记近似于商标，如商品的装潢、服务标记、商号、商务标语等。为了准确地理解商标的概念，需弄清它们与商标的关系。

装潢是商品包装上的装饰，是为了美化商品，使商品美观醒目，吸引顾客注意，刺激顾客的购买欲望而采用的一种装饰手段。它与商标的根本区别在于，商标是专用的，一般很少改变。装潢不是专用的，可以随着市场需要随时加以变动；商标注重显著性，以便于与其他厂家的商品相区别。装潢则着力于宣传与美化商品，图形面积较大，且多为宣传商品的实质性内容。例如，猪肉罐头包装上的肥猪图案。当然，这种区别不是绝对的。如果商品实行"全包装注册"，则整个商品包装都应受到法律保护。在这种情况下，装潢也就成为专用标记。

商号是厂家字号或企业名称。它虽然也是受法律保护的一种产权，但并不等于商标。有些企业商号声誉很高，又易记易背，习惯上被认为是其商品的代表。例如，"同仁堂"中药，"亨得利"眼镜店，等等。但只有当企业用商号名称作为商标申请注册后，商号名称才能与商标同样受到法律保护。

服务标记是企业为了使自已所提供的服务与其他企业相区别，或者是为了表明企业的服务项目而设置的标记。通常用于金融、邮电、旅馆等服务性行业。例如，我国民航使用的"CAAC"符号，就是一种服务标记。服务标记与商标具有同样的作用，只是适用于不同的对象。因此，许多国家也将其纳入商标法调整的范围。服务标记虽然在我国早已存在，但目前尚未纳入法律调整范畴，但随着市场经济的建立和完善，服务标记的法律调整将提上日程。

此外，在理解商标概念时，还应将商标与商品名称区别开来。商品名称分为通用名称和特定名称两类。商品通用名称是指一类商品所共有的名称。例如，电视机、电冰箱等，它不是商标。不仅如此，有些通用名称还是由商标转化而来的。例如："阿司匹林"(Aspirin)是原来德国拜耳公司的著名商标，后来成为通用药品名称。商标一旦演变为商品的通用名称，便失去了商标的专用性，原有企业也便失去了对它的所有权。所以，国外企业对商标使用情况极为重视，慎防他人将其商标用作商品通用名称。商品特定名称是在商品名称前冠以该商品的产地、性能或特点而形成的。例如，"贵州茅台"、"五粮液"都是特定商品名称。同通用名称一样，商品特定名称也不是商标。有些商品的特定名称由于相传沿用，往往被误认为商标，引起消费者的误购，一些不法分子也利用这一特点推出假冒商品侵害广大消费者利益。因此，应该将商品特定名称与商标严格加以区别。

2. 商标的特征

(1) 合法性。这是指商标的设计与使用要符合法律的有关要求与规定。例如，法律规定禁止将我国或外国的国旗、军旗等标志作为商标图案。厂商及商标设计者不应采用这些图案作为商标。

(2) 新颖性。商标设计应具有独特的构思，新商标与原有商标比较有明显的区别与差异。新颖性是体现商标说明商品来源这一本质特征的必要条件。

(3) 表现性。商标只有通过一定的形式才能得到表现。实体、音响、气味是表现的常用形式。实体商标包括平面商标与立体商标两种。平面商标即商品的平面区别性商标，在数量上居于首位。立体商标是以立体形状作为商品的标记。例如，美国的"可口可乐"公司将可口可乐瓶形作商标注册。音响商标是将某种特定的声音作为商标注册，通过这种音响来区别不同的商品或服务。例如，广播电台将一段独特的音乐作为商标注册，以区别于其他广播电台。气味商标则是以一种特定的气味代表某种商品。这种商标目前还很少使用。

3. 品牌与商标

品牌与商标都是用以识别不同生产经营者的不同种类、不同品质商品的商业名称及其标志。但品牌是市场概念，实质上是品牌使用者对顾客在商品特征、服务和利益等方面的承诺。而商标是法律概念，它是已获得专用权并受法律保护的品牌，是品牌的一部分。商标无论是否被使用，也不管商标所指定的商品是否有市场，只要采用成本法对其评估，它就必然有商标价值；而品牌的价值是其使用中通过品牌标定的商品或服务在市场上的表现来进行评估的。在我国，商标有"注册商标"与"非注册商标"之分。注册商标是指受到法律保护，所有者享有专有权的商标。

2010 年 Interbrand 全球最佳品牌 10 强榜如表 6-1 所示。

表 6-1 2010 年 Interbrand 全球最佳品牌 10 强榜单

2010年排名	2009年排名	品牌名称	国家	行业	2010年品牌价值美元(百万)	2009年品牌价值美元(百万)	品牌价值增减幅度(%)
1	1	可口可乐 COCA-COLA	United States	饮料	70 452	68 734	2
2	2	IBM	United States	商业服务	64 727	60 211	7
3	3	微软 MICROSOFT	United States	电脑软件	60 895	56 647	7
4	7	谷歌 GOOGLE	United States	互联网服务	43 557	31 980	36
5	4	通用电气 GE	United States	多元化业务	42 808	47 777	−10
6	6	麦当劳 MCDONALD'S	United States	餐厅	33 578	32 275	4
7	9	英特尔 INTEL	United States	电子	32 015	30 636	4
8	5	诺基亚 NOKIA	Finland	电子	29 495	34 864	−15
9	10	迪士尼 DISNEY	United States	媒体	28 731	28 447	1
10	11	惠普 HP	United States	电子	26 867	24 096	12

4. 商标的侵权与驰名商标

商标的侵权是指同一类商品或类似商品上使用与某商标雷同或近似的品牌,可能引起欺骗、混淆或讹传,损害原商标声誉的行为。凡未拥有商标使用权,假冒、仿冒他人商标或恶意抢注他人商标等行为,均构成侵权。

驰名商标是国际上通用的为相关公众所熟悉的享有较高声誉的商标。驰名商标的专用权跨越国界。驰名商标的注册权超越优先申请原则。在我国,驰名商标的认定是由国家商标局负责。凡在市场上有较高的知名度和较高的市场占有率的商标都可以向其申请认定驰名商标。

☞ 小案例:拿什么拯救你,我的"商标"

经过10余年的努力,由中国新华书店协会注册的新华书店服务商标近日被国家工商行政管理总局商标评审委员会认定为中国驰名商标。然而在这10余年中,"新华书店"这一有着70年光荣历史的"老字号"却不断受到抢注商标的挑衅,驰名商标之路可谓一波三折。但"商标抢注"绝非偶然现象,它甚至已达到猖獗的境地。

就此,记者采访了北京市炜衡律师事务所单兴山律师。

"商标抢注"一词的含义经历了两个发展阶段。在第一阶段,商标抢注的对象基本上限于未注册商标;现阶段商标抢注的内涵有了进一步的扩展,将他人已为公众熟知的商标或驰名商标在非类似商品或服务上申请注册的行为,也属于抢注。进而可以认为,将他人的创新设计、外观设计专利、企业名称和字号、著作权等其他在先权利作为商标申请注册的行为,也应视为商标抢注。

"但我国法律对'商标抢注'的概念至今仍没有一个明确的界定。"单兴山律师如是说,"商标抢注在国内外都是一个较为普遍的现象,但在我国,目前它们呈现出新的特点与趋势。

首先,外国大公司和海外代理商在多个国家疯狂抢注中国知名商标,导致我国企业不能在该国或该地区使用已在中国注册的商标;即使要继续使用,也需付出高昂的经济代价'赎回',因而造成重大损失却无能为力。

其次,国内'职业注标人'、'商标倒爷'抢注正在走向专业化运作。有些人注册商标与企业和产品没有任何关系,由于他看准了市场的行情,就大批量向商标审批机关提出几十个商标注册申请,成了抢注商标'专业户',进而获取暴利。

最后,商标抢注的另一动向是恶意抢注呈现恶化的态势。商标抢注热潮已催生了一条产业利益链:抢注—炒作—胁迫赎回或者转卖。这种产业链条的形成更使商标抢注现象日益加剧。

鉴于此,国家应该健全相关的法律、法规,尤其完善《商标法》,加大对商标抢注者的惩治。再有,就是我国商品经营者应提高商标保护意识,做到防微杜渐。"

(资料来源:拿什么拯救你,我的"商标"[EB/OL].[2008-02-26]. http://www.110.com/ziliao/article-59700.html.20080722.)

第二节 品牌的作用

一、品牌设计的基本原则

人们在日常生活环境中,通常以语言、文字、图像图形、闻、尝、摸等来识别和感受某项事物。而反应最快、感受最深的是视觉,这就是人们所说的"耳听为虚、眼见为实"的原因。因此品牌的设计对于商品的销售非常重要。品牌设计得好,容易在消费者心目中留下深刻的印象,也就容易打开市场销路,增强品牌的市场竞争能力。品牌设计得不好,会使消费者看到品牌就产生反感,降低购买欲望。品牌设计时应遵循以下几个原则。

1. 美观新颖,简单鲜明

商标美观大方,构思新颖,别致有趣,不落俗套,才能引人注目,在消费者心目中树立良好的企业形象和商品形象,激发购买欲望。简单鲜明,构思流畅,色彩明快,才便于顾客记忆和识别,留下深刻的印象。

2. 体现商品的特色

商标应能充分体现商品的性质、特点和风格,表现商品的特色,这是商标成功设计的基础。只有体现商品特色的商标,才能对顾客产生吸引力。这一特色可通过商品的结构和形状来反映，也可以间接地以他物为象征加以表达，还可以借用某种机智趣味的形象语来描述。如“雪花”（冰箱）、“洁银”（牙膏）、“声乐”（收录机）、“可口可乐”（饮料）等商标，都较好地体现了商品特色的传神商标，极富感染力。

3. 与目标市场相适应

企业的一切活动包括商标设计在内，都是围绕目标市场运作的，因此，商品的商标需与企业的目标市场相适应，包括商品的名称、图案、色彩、发音等都要考虑目标市场的风俗习惯、审美观点、语言等方面的要求。这样设计出的商标，才能为消费者所接受，达到预期目的。

4. 避免雷同和过分夸张

对设计巧妙的商标是应该学习和借鉴的，但不能盲目效仿，以致造成雷同。否则，不但会失去自己商标的特点，给人们以似曾相识的感觉，印象淡薄，还会引起顾客心理上的反感和企业间的法律纠纷。商标设计运用一定的艺术是必要的，但不能过分夸张，脱离生活实际，给人以莫名其妙的感觉，带来不良效果。

5. 符合法律规范

国家制定的商标法，是进行商标设计的重要依据。如商标法规定：商标不能使用与国家和国际组织的名称、国旗、国徽、军旗、勋章等相同或类似的文字、图形；不能使用在政治上有不良影响的文字、图案；要尊重民族风俗习惯，内容文明、健康，等等，都是商标设计所必须遵循的。

二、商标的功能与价值

1. 商标的功能

商标之所以被企业广泛采用，并成为竞争的重要手段，是由它的内在功能所决定的。商标一般具有以下功能。

(1) 便于消费者选购商品

随着社会生产力水平的提高和科学技术的进步，市场上商品不仅种类日益增加，而且花色品种越来越复杂。因此，一方面为更好地满足消费者需要提供了可能，另一方面在客观上也带来了选购上的困难。怎样才能很快地在众多类似的商品中寻找到所需要的商品？商标为此提供了导购作用。商标是商品的脸谱，消费者凭借商标可以区别商品的不同来源，准确地识别与挑选商品，这是商标最本质的、最重要的功能。

(2) 表明商品的特征

商标是一个综合概念，它包含着许多影响消费者对商品的情绪和感觉的因素。第一，商标能够说明商品的质量。对于同一种商品，商品生产者或经营者可以运用不同商标代表不同等级的商品质量，因而赋予了商标说明商品质量的功能。例如，一提“五粮液”白酒，则代表了一种高质量的白酒。因此，商标可以明确企业的责任，监督商品质量，同时帮助消费者正确选购所需求商品。第二，商标代表一种商品的历史。例如，人们提到北京

“六必居”商标，就会联想到它100多年的历史，而提到一种新的酱菜的商标，则会意识到它是问世不久的新型酱菜。这样，人们便可凭借自己的价值观去选择购买。第三，商标代表商品的价格。名牌商品价格高，非名牌商品价格低，这是人们头脑中印象最深的市场现象。由于商标能够给消费者提供较为稳定的价格印象，因此，消费者可以根据商标判断商品的定价是否合理，并据此作出购买与否的决策。第四，商标代表商品的内在特性。例如，南京洗衣粉厂生产的“美佳”洗衣粉，其特点是含有酶的成分，因而它对洗清有机物污渍有特殊的效果，这是“美佳”洗衣粉与其他洗衣粉的个性差别，“美佳”商标代表着这种商品的内在特性。而“白玉”牙膏则说明这种牙膏除含有一定的甘油、薄荷脑外，还有水果味的特色。

(3) 装饰美化商品

商标是工艺美术作品，一般由精美的图案、流畅的线条构成，五彩缤纷，各具特色，可对商品起到很好的装饰作用。一个好的商标设计，可以增强商品的美感，给人以赏心悦目的感受，从而提高商品身价，扩大商品销路。

(4) 宣传促销商品

在市场营销过程中，企业可以通过商标独特的名称、优美的图案、鲜明的色彩、生动的形象来表明商品，吸引顾客，刺激购买。例如，在商店广告宣传中，大部分是以宣传商标、突出商标为内容的。这是因为商标有着特定的文字、图案和色彩，能够在人们心目中留下深刻的印象，有利于迅速打开商品销路。由于商标代表着商品的质量与企业信誉，宣传商标容易获得消费者的信任，增加消费者购买的安全感。尤其是使用注册商标的商品，因为受到国家法律保护，又达到一定质量标准，能很快为消费者接受与承认。

(5) 维护生产经营者的利益

一些优质名牌商品，由于深受广大消费者欢迎，具有较强的竞争力，往往容易被不法厂商所仿制，鱼目混珠，以假乱真。由于商标注册后，受法律保护，具有排他性，可以有效地防止这种现象的发生，保护企业的正当权益不受侵害。

2. 商标的价值

作为一种特殊商品，商标也具有价值，这集中体现在以下4个方面。

(1) 商标的经济价值

商标是一种物质商品，在它的生产过程中也要投入一定量的社会活动和物化劳动，这些劳动投入以货币的形式表现出来，即是商标的经济价值。它构成企业有形财产的一部分。商标的经济价值是由两部分组成的，一是商标制造过程所花的费用(市场调研费、设计费、印刷费、原料费等)，二是在取得商标法律保护过程中所花的费用(注册费、续展费等)。

(2) 商标的信誉价值

商标信誉是指商标在市场上的声誉和知名度，其高低由商标所代表的商品市场占有率等因素决定。商标的信誉价值是企业的无形财富，它可以提高企业的竞争能力，开拓市场。如美国的“伊伯娜”牙膏，在1968年以前一直由必治妥公司经营，1968年年初，该公司放弃了此产品。两位明尼苏达州商人购走了该牙膏商标，调成新配方后，仍继续使用与原来类似的轻管包装，虽然并无促销活动，但仅在7个月内，销售额就达20万美元，伊伯娜商标的信誉在其中起了关键作用。

小案例：海尔优势分析：全球化品牌战略发挥核心作用

海尔集团是世界白色家电第一品牌、中国最具价值品牌。目前海尔已发展成为大规模的跨国企业集团，2008年海尔集团实现全球营业额1 190亿元。

说起海尔的品牌优势，我们必须提到一个人，他就是海尔集团的首席执行官张瑞敏。他就像海尔的一面旗帜，在某些时候他就代表海尔。海尔集团在张瑞敏确立的名牌战略指导下，先后实施名牌战略、多元化战略和国际化战略，2005年年底，海尔进入第四个战略阶段——全球化品牌战略阶段。创业二十多年的拼搏努力，使海尔品牌在世界范围的美誉度大幅提升。2009年，海尔品牌价值高达812亿元，自2002年以来，海尔品牌价值连续8年蝉联中国最有价值品牌榜首。

海尔在2009年中国市场家电行业品牌排行榜中依然以绝对优势排在第一位，拥有最高的品牌商标信誉价值。对于大多数消费者来说海尔依然是他们最信赖的品牌，部分用户表示家里大部分家电都是海尔品牌。用户的认可是海尔最大的品牌优势。

产品优势

海尔品牌旗下有冰箱、空调、洗衣机、电视机、热水器、电脑、手机、家居集成等19个产品，其中海尔冰箱、洗衣机还被国家质检总局评为首批中国世界名牌。

自1984年海尔集团的前身青岛电冰箱总厂成立至1991年的7年时间里，海尔在实施名牌战略过程中，坚持技术质量上的高起点，强化全员质量意识和产品质量意识，坚持技术进步，通过狠抓产品质量，创立了海尔冰箱名牌。

服务优势

海尔以服务支撑品牌的能力是海尔成功的主要因素，这也是海尔核心竞争力。我们大家都接受过海尔的服务，非常优秀，非常专业。在这种优异和专业的背后是海尔精心培育的服务队伍。

海尔始终坚持“用户第一”的思想。海尔认为，名牌要靠用户和市场认可，名牌更要靠优良的服务来创造和维护。因此，海尔把售后服务看成创造名牌、宣传名牌、维护名牌、发展名牌的重要环节和首要领域。1996年6月，海尔集团荣获美国优质服务科学学会颁发的“五星钻石奖”，这是亚洲家电行业第一家获此殊荣的企业。

（资料来源：海尔优势分析：全球化品牌战略发挥核心作用[EB/OL]．[2010-03-23]．http://info.jctrans.com/xueyuan/czal/2010323863704.shtml．）

（3）商标的权利价值

商标的价值与商标专用权有密切联系。商标专用权表现为一种财产权，商标专用权转移的实质是一种财产交换关系，并由此表现出商标的权力价值。如北京一家著名的烤鸭店，在国外与外商联营开设分店，其中仅以商标使用作价，便占中方投资的15%，这就是商标的权力价值。由于只有经过注册的法律程序商标才能获得专用权，所以权力价值仅为注册商标所有。

（4）商标的艺术价值

商标是知识产品的一种，是人类脑力劳动的结晶，它的艺术价值一是表现在它能够引起消费者对商品的偏爱，扩大销售；二是它本身就是艺术产品，其艺术价值往往超过商品本身的价值。

第三节 品牌策略

品牌策略是企业营销的重要策略之一，企业从事品牌运营，科学合理地制定品牌策略是其核心内容。品牌策略主要包括品牌有无策略、品牌归属策略、品牌统分策略、品牌延伸与品牌重新定位策略。

一、品牌有无策略

在市场上，我们所见到的商品大部分都有商标，这是因为使用商标无论是对企业还是对消费者都有很多好处，但是，这并不意味着所有的商品都必须使用商标。

1. 无品牌策略

商标的使用是以一定的费用为代价的，当某些商品受特殊因素的影响不需要或无明显效果时，也可以不使用商标。选择不使用商标的策略，主要有下面三种情况：第一，从商品本身的性质来看，有些商品不可能在生产过程中形成一定的特性而与其他商品相区别，消费者在选购时也没有识别商品来源的要求，像一些蔬菜、水果和电力等，可不使用商标；第二，从商品经营的特点看，有些商品属于国家计划品种，由国家统一经营，像特殊钢材、飞机、大型设备等，可不使用商标，但需要附有质量标准、产品规格、厂家名称、地址等情况说明，以对商品负责；第三，从消费者习惯来看，人们长期习惯于无商标商品，像食盐、糖、熏肉等，可采用无商标策略。

现实生活中，市场上流通的商品大部分都有商标，无商标的商品比重很小，并且随着我国社会主义市场经济的建立还有继续缩小的趋势。这是由于一些企业在营销实践中逐步感到，仅用厂名等代表商品的质量和信誉有很大的局限性，不利于竞争能力的发挥。

小案例：小型企业的无品牌营销

在现实中，并不是所有的企业都适合在当前做品牌营销的，尤其对于某些正在摸索中的小型企业而言，从自身实际情况出发，进行无品牌营销才更有利于企业的生存和发展。

一、战略制定

首先，对于规模和生产水平都并不大的小型企业而言，企业成长的优势并不在于投入品牌广告和市场公关行为，而在于对市场灵活的应变能力和可调控的终端渠道。对于这一点，无品牌营销能够有利于小企业在面对市场时更好地发挥自身的优势，不浪费每一份投入。

其次，对于小型企业而言，无品牌营销更为企业节约了市场竞争的成本。如果做品牌营销，企业首先需要知道这是一个长远的工程，企业不仅仅是要创造出一个品牌名，更要围绕这个品牌名去做多元的辐射，这是因为品牌只在具有深厚底蕴的时候才能够对市场产生作用。而无品牌营销则绕过了这些繁文缛节，使企业直接面对市场，面对消费者的选择，做更有效的营销选择，既为企业减少了多余的开支，更增加了实际的市场开发空间。

另外，在无品牌营销中，最大的优势在于最大限度地减少日常惯性支出和成本控制，这两大因素的贯彻实施能够有效提高产品在价格上的市场竞争力。在产品直面消费者时，产品名变得不再重要，企业名成为醒目识别标志，消费者看到产品时能够有效同其他竞争产品作出认知和比较，提高企业的知名度和产品的市场记忆力。

二、质量为先

无品牌营销虽然是在尽力为企业争取成本的降低，但绝不是说放弃产品的质量。紧抓质量关是小型企业产品在市场上胜出非常重要的因素之一。对于小型企业而言，提高生产和销售的规模就能够有效降低单位成本，并且在质量上得到一定程度的保证。有了质量，再有了成本的控制，就等于消灭了模仿对手的市场空间，为企业的发展争取到了独有的市场份额，以便企业不断获取市场利益，不断成长。

小型企业的生存和发展决定了其只能做市场的游击队，但绝不是游击者。寻找市场并结合自己“小米加步枪”的优势，才能够形成自己的前沿阵地，在市场中稳步成长。

（资料来源：穆麒旭. 小型企业的无品牌营销[EB/OL].[2010-06-28]. http://www.tech-food.com/kndata/1027/0055736.htm.）

2. 选用品牌策略

市场上大多数产品都需要通过品牌塑造来提升其形象。目前，在一些发达国家，市场上的商品几乎无一例外地都使用品牌商标。像蔬菜这样历史上从未使用过品牌的商品，也通过塑料袋等特别包装，并贴上相应品牌的商标。

虽然大部分的企业都选择采用品牌策略，但并不是每一家企业都实行了品牌商标注册。对于一个企业来说，是采取注册商标策略，还是采取不注册商标策略，主要考虑企业规模和商品特点两个因素。

第一，从企业规模来看：因规模较大的企业生产能力强，设备技术力量雄厚，经营管理组织系统相对健全，能够稳定地生产产品，为提高产品的竞争能力，一般来说应采取注册商标策略。反之，则采用不注册商标策略。第二，从商品的特点来看：①对于较为稳定地生产一种或几种商品的厂家，应采用注册商标策略；而对于生产一次性商品、临时性商品、季节性商品、不定型商品和原材料没有保证的商品的厂家，则宜采用不注册商标策略。②当商品市场寿命处于投入期时，因风险大，成功的把握小，最好运用不注册商标策略进行试销，以免投放失败，给企业造成较大的经济损失和信誉损害；当商品处于市场寿命成长期时，为了扩大商品宣传，加速其向成熟期过渡，应采用注册商标策略；当商品处于市场寿命成熟期时，若成长期未能及时注册，这时应予以注册。但若已经到了成熟期的晚期，再申请注册对企业就不利了，因为企业的商标信誉很容易受到即将到来的衰退期的影响；当商品生命处于衰退期时，一般不注册较为有利，它既可减少不必要的费用支出，又可以集中力量开发新商品。③如果商品销货范围较广，应采取注册商标策略，以便在较大的区域内促进商品销售。反之，若商品的销售范围较窄，销售量有限，像某些民族商品，则选择不注册商标策略为宜。

二、品牌归属策略

企业在决定了使用品牌之后，还要决定如何使用品牌。企业通常可以在如下三种品牌使用策略之间进行选择。

1. 制造商品牌策略

制造商品牌由制造商推出，并且用自己的品牌标定产品进行生产销售。制造商是该品牌的所有者。人们平常非常熟悉的一些品牌，如“格兰仕”、“美的”、“柯达”、“可口可乐”、“联想”等都是制造商品牌。

制造商使用自己的品牌，虽然要花费一定的费用，但可以获得品牌带来的全部利益；享有盛誉的制造商将自己的品牌借给他人使用，还可以获得一定的特许使用费。

2. 经销商品牌策略

经销商品牌是经销商根据自身的需求以及对市场的了解，结合企业发展需要创立的品牌。实力强大的经销商会倾向于树立自己的品牌。著名的经销商品牌有美国的“西尔斯”和北京的“王府井”等。

采用这种策略可以利用经销商良好的品牌声誉以及庞大的、完善的分销体系为制造商在新的市场推销新的产品服务；经销商有自己的品牌不仅可以控制定价，而且在某种程度上可控制制造商；经销商要求一些无力创立品牌、不愿自设品牌的厂家，一些生产能力过剩的厂家，使用经销商的品牌制造产品，由于减少了一些不必要的费用，经销商不仅可以降低售价，提高竞争能力，还能保证得到较高水平的利润。

但采用这种策略，要求经销商对制造商的产品质量严格控制。否则，不仅会影响产品销售，还会砸掉经销商的牌子。经销商需投入较多的费用用于推广其品牌；经销商本身不从事生产，必须向厂家大量订货，这就使大量资金积压；经销商承担各种风险，消费者对某一中间商品牌的产品不满，往往影响其他品牌的销售。

小案例：从沃尔玛看自有品牌的发展之道

当你在逛沃尔玛的时候，看到一桶“惠宜”5升装食用花生油的价格大大低于国内同类品牌的食用花生油，并且它的展示位置相当突出，你会不会心动呢？你原本打算购买某品牌的食用花生油，你会不会因为价格的原因而临时改变购买计划，转而购买价格更便宜的沃尔玛自有品牌呢？答案是：“很有可能！”很多消费者在沃尔玛都有过购买“惠宜”商品的经历，他们看重的不单是“惠宜”商品的价格比同类品牌更便宜，而且看重“惠宜”是沃尔玛的自有品牌，对沃尔玛这样的大企业表示信任。

据了解，沃尔玛销售商品中有20%～25%商品为自有品牌，有30%的销售额来自于自有品牌。其实，不单是沃尔玛拥有自有品牌，其他大型零售商也拥有大量自有品牌。就如西尔斯、加普、7-11连锁、马狮、阿霍德、大荣等大型零售商都拥有大量自有品牌，在这其中，西尔斯90%的销售商品为自有品牌，而马狮所销售的商品则100%为自有品牌（马狮所销售的商品都为自有品牌“圣米高”）。有专业研究人士甚至发现，世界百货联合会有20%～40%的成员单位都拥有自有品牌的商品；而且，拥有自有品牌的商品更是西方销售业绩较好的零售商的一个普遍特征。

如今，在中国也有越来越多的零售商在推出自有品牌的商品，就如上海华联超市的自有品牌“勤俭”商品，其商品领域覆盖了粮油制品、日用百货、洗涤用品、调味品等15大类、1 000多种品项，并且还曾经取得了年销售额2亿元的不俗业绩。

不过，自有品牌的发展也不能急于求成，正所谓“欲速则不达”。虽说国内零售业在自有品牌领域可谓是“异彩纷呈、异常火热”，但也有不少的失败案例。就如海王星辰力推销自有品牌的药品却发生了品牌药品的“下架门”事件，又如天津家世界集团由于自有品牌的商品和资金链的双重压力而最终导致被华润万家全线收购。

因此，自有品牌的发展对零售商来说是把“双刃剑”。

（资料来源：陈丽. 从沃尔玛看自有品牌的发展之道[EB/OL]. [2009-12-29]. http://www.tobaccochina.com/sales/retailcollege/Retailtactics/200912/20091225164447_389441.shtml.）

3. 混合品牌策略

企业对自己生产的一部分产品使用制造商品牌,而对另一部分产品则使用中间商品牌,这种策略可以使企业获得上述两种策略的优点。

三、品牌统分策略

企业在决定其大部分的产品或全部产品使用统一的品牌还是多个不同的品牌时,也有若干不同可供选择的策略。

1. 统一品牌策略

统一品牌策略,是指企业生产经营的全部商品都采用同一品牌。如青岛海尔集团的电冰箱,用的都是"青岛海尔"品牌。实行统一品牌策略的优点是:在推广新商品时,可节省品牌设计费、注册费、续展费等有关费用;一次性广告宣传,能使所有的商品受惠;若老商品在消费者中具有较高的信誉,则可带动新商品很快打开销路。采用统一品牌策略,其商品必须是同类或类似,且档次基本一致。

2. 个别品牌策略

个别品牌策略,是指企业根据商品的不同情况而采用不同的商标。它主要适用于四种商品:第一,不同类别的商品。如美国通用汽车公司生产的不同种类的汽车,就分别使用了"卡迪莱克"、"别克"、"奥斯英比尔"、"潘蒂克"、"雪佛兰"等多个商标。第二,不同档次的商品。一般来讲,当生产经营的商品档次不同时,应分别设计商标。第三,不同品种的商品。即品种不同,使用不同的商标。第四,新商品。使用个别商标策略,可使企业的整体声誉不受个别商品声誉降低的影响,分散商标使用过程中对企业的风险威胁,有利于提高生产经营的灵活性。

3. 分类品牌策略

分类品牌策略是指企业的各类产品分别命名,一类产品使用一个牌子。有些企业虽然生产或销售同一类型的产品,但是为了区别不同质量水平的产品,往往也使用不同的品牌名称。这种策略的优点是,可以把个别产品的成败同企业的声誉分开,不至于因个别产品信誉不佳而影响其他产品,不会对企业整体形象造成不良后果。但实行这种策略,企业的广告费用开支很大。

4. 主副品牌策略

企业在考虑到要兼顾产品之间既有相对同一性又有各自独立性的情况,典型的做法是采用主副品牌策略,在企业的名称后再加上个别品牌的名称,即企业的名称就是主品牌,个别产品品牌名称就是副品牌,以企业名称表明产品出处,以品牌表明产品的特点。这种策略主要的好处是:在各种不同新产品的品牌名称前冠以企业名称,可以使新产品享受企业的信誉,而各种不同产品分别使用不同的品牌名称,又可以使各种不同的产品保持自己的特色,具有相对独立性。例如,我国海尔集团的"海尔"品牌在 2005 年就已经进入了美国《商业周刊》全球企业品牌100强排行榜，这对海尔集团而言是一笔巨大的无形资产，应该充分加以利用，为个别品牌带来支撑。于是，在我国海尔集团的冰箱根据其目标市场定位不同而分别命名了“海尔双王子”、“海尔小王子”、“海尔帅王子”等品牌冰箱，洗衣机也有“海尔小小神童”洗衣机，这种主副品牌策略给海尔集团带来的巨大效益是有目共睹的。

5. 多品牌策略

多品牌策略是指企业对同一种产品使用两个或两个以上的品牌。多品牌策略虽然会使原有品牌的销售量减少，但几个品牌加起来的总销售量却可能比原来一个品牌时要多得多。例如，宝洁公司在中国市场的洗发香波就有四个品牌：“海飞丝”、“飘柔”、“潘婷”、“沙宣”。每个品牌都有其鲜明的个性，都有自己的发展空间，如“海飞丝”的个性为去头屑；“飘柔”的个性是使头发光滑柔顺；而“潘婷”的个性是对头发的营养保健。这四个品牌在中国市场上的总占有率高达60%以上。这一策略的优点是：企业可以针对不同细分市场的需要，有针对性地开展营销活动；可以让生产优质、高档产品的企业也能生产低档产品，为企业综合利用资源创造了条件；因为各品牌之间联系松散，分散了企业品牌经营的风险。采取此策略的缺点在于，品牌较多会影响广告效果，易被遗忘。所以，这种策略需要有较强的财力做后盾，因此，一般适宜于实力雄厚的大中型企业采用。

四、品牌延伸策略

品牌延伸是指企业利用其成功品牌的声誉推出改进产品或新产品。品牌延伸通常有两种做法。

1. 横向延伸

横向延伸，就是把成功的品牌用于新开发的不同产品。例如，海尔公司先向市场推出冰箱、空调等产品，技术研发成熟后又向市场推出电视机、电脑、手机等产品，同样使用“海尔”品牌。

2. 纵向延伸

纵向延伸，就是企业先推出某一品牌，成功后，又推出新的经过改进的该品牌产品，接着，再推出更新的该品牌产品。例如，宝洁公司在中国市场上先推出“飘柔”洗发香波，然后又推出新一代“飘柔”洗发香波。

品牌延伸可以大幅度降低广告宣传等促销费用，使新产品迅速、顺利地进入市场。这一策略如运用得当，有利于企业的发展和壮大。然而，品牌延伸未必一定成功。另外，品牌延伸还可能淡化甚至损害品牌原有的形象，使得品牌的独特性被逐步遗忘。所以，企业在品牌延伸决策上应谨慎行事，要在调查研究的基础上，分析、评价品牌延伸的影响，在品牌延伸的过程中还应采取各种措施尽可能地降低对品牌的冲击。

☞ 小案例：纺织服装品牌延伸案例分析

服装企业以单一产品或品牌参与市场竞争，在达到一定的市场份额之后，再想继续扩大份额会付出越来越高的边际成本，因此，通常发展到一定阶段就会出现瓶颈期。对很多服装企业来说，通过借助原有品牌已建立起来的形象声誉，将原有品牌名称用于产品线扩张或推出新的产品类别，是企业进一步发展的捷径。

进行品牌延伸一方面可以为企业节省大量的人力、财力和时间成本；另一方面，利用原有品牌的影响力可以使得新产品更容易被市场接受，从而减小了企业新产品引入的风险。

“夹克衫之王”七匹狼在品牌延伸方面作出了积极的尝试。将原有品牌细化为红狼、绿狼、蓝狼。红狼将定位为商务系列，绿狼继续延续休闲风格，蓝狼则定位于时尚休闲的牛仔系列。此外还推出了高端设计师品牌“Septwolves”（胜沃斯），加上目前公司旗下已经在独立运作的马克华菲、与狼共舞等子品牌和控股的爱都，事实上，七匹狼对服装市场已经形成了全方位出击的态势。与阿玛尼相比，可以看出，七匹狼服装的品牌的拓展有两个特点，一是延伸幅度比较小，更多是集中在不同产品风格的差异化上，而在品牌档次上的差距并不大；二是针对不同目标市场和产品定位，七匹狼结合品牌延伸，综合运用了多品牌策略，对多品牌进行了独立运作。由于七匹狼品牌本身的定位不高，因此更为高端的品牌马克华菲、胜沃斯均采取完全独立运作的方式，以避免与七匹狼原有定位相混淆，以致产生不良影响。事实证明，七匹狼采取品牌延伸与多品牌相结合的策略是成功的。

（资料来源：孙菊剑. 纺织服装品牌延伸案例分析[EB/OL]. [2010-01-04]. http://info.textile.hc360.com/2010/01/041147136666.shtml.）

五、品牌重新定位策略

由于消费者需求和市场结构的变化，企业品牌可能丧失原有的吸引力。因此，企业有必要在一定的时期对品牌进行重新定位。品牌重新定位就是对品牌进行再次定位，旨在摆脱困境、使品牌获得新的增长与活力。品牌重新定位与原有定位有截然不同的内涵，它不是原有定位的简单重复，而是企业经过市场的磨炼之后，对自己、对市场的一次再认识，是对自己原有品牌战略的一次修改。

在对品牌进行重新定位的时候，企业需要考虑以下两个方面问题。

① 将品牌从一个细分市场转移到另一个细分市场所需要的费用，包括产品质量修改费、包装费及广告费等。

② 定位于新位置的品牌的盈利能力。盈利能力取决于细分市场上消费者人数、平均购买力、竞争者的数量和实力等。

企业需要认真考察各种对品牌进行重新定位的方案,以选择盈利能力最强的方案来实施。

第四节 包装策略

俗话说“佛要金装,人要衣装”,商品也需要包装。随着人们生活水平的提高,对精神享受的要求也日益增长,在激烈的市场竞争中,包装对于顾客选择商品的影响越来越明显。包装是商品“无声的推销员”,其作用除了保护商品之外,还有助于商品的美化和宣传,激发消费者的购买欲望,增强商品在市场上的竞争力。

一、商品包装的概念

1. 商品包装的概念

商品包装可以从静态和动态两方面去理解。从静态的角度来理解,商品包装是指商品在市场营销过程中,为保护商品质量,方便储运,促进销售,按一定技术方法包覆在商品实体上的容器、材料和各种辅助物的总称。从动态的角度来理解,商品包装是指商品在市场营销过程中,为保护商品质量,方便装卸、储运,而采取一定技术方法将产品盛装于一定的容器或包装物内的操作活动。因此,完整、准确地理解商品的概念,应是静态概念和动态概念的统一。

商品包装是商品流通和消费不可缺少的基本条件。大多数商品只有经过包装,才算完成生产过程,才能有效地保护商品不变质,不损耗,完整地进入流通领域和消费领域,实现商品的价值和使用价值。在现代市场营销中,以保护为主的传统包装观念已被突破,包装已成为重要的促销手段。英国妇女到超级市场购物,有45%是因为商品的包装精美而购买的。美国的包装市场1981年经营额就达五百亿美元,成为第三大产业。我国由于长期忽视商品包装,每年因此造成的经济损失高达百亿元。进出口商品因包装不善,每年就要减少外汇约20亿美元。随着我国日益繁荣的国内市场逐步同世界接轨以及激烈的市场竞争新形势,商品包装日益显示出巨大的营销价值,成为企业一项十分重要的工作。

2. 商品包装的作用

(1) 保护商品质量

保护商品质量完好无损,是商品包装的重要目的。商品在从生产领域向消费领域转移过程中,要经过多次运输和储存环节。在运输过程中会有震动、挤压、碰撞、雨淋等损害；在储存过程中也会遇到虫蛀、鼠咬、腐蚀等情况，必须有良好的包装，才能使商品免受其害。对于像感光器材、饮料等商品，若没有包装，其价值和使用价值便不复存在。

（2）便利商品流通

商品从出厂到收购、调运、储存和销售，需要进行装卸、搬运、清点、堆码和零售一系列的工作，若无完善的商品包装，势必增加一些工作的难度，有时甚至无法完成。将商品按一定的数量（重量）、形状、尺寸、规格、大小，选用适当的材料相互配套包装起来，既便于商品的计量与清点，又可以合理利用各种运输工具，提高运输、装卸和堆码效率，提高仓容利用率和储存效果，从而加快商品流通，提高企业的经济效益。

（3）促进商品销售

造型新颖、装潢别致的商品包装，能把商品和消费者紧密联系起来，起到促销的媒介作用。包装装潢的特殊语言，可向消费者传递商品信息，能使消费者对商品产生信任感和使用安全感。包装的文字、绘画、色彩，起着美化与介绍商品的作用，成为“无声的推销员”。通过广告的梳妆打扮，会使商品给人以美的享受，引起顾客的注意，诱发购买欲望。在商品质量大致相同的情况下，包装便成为人们购买商品时考虑的主要因素。定额包装还能方便销售，利于推广自动售货、自动服务等现代销售方式。

（4）方便消费

包装为消费者携带、保存和使用商品提供了方便。像糕点、糖块等食品，若无包装，不但会使商品受到污染，而且也难于携带。若将商品用大小不同的包装物包装起来，就会使之适合不同的消费对象。如50克装的味精适合家庭用，500克装的味精适合饭店、公共食堂用。包装上的图案、文字，既可以防止商品被假冒，又可以介绍商品的成分、性质、用途和使用方法，起到指导消费的作用。

二、包装的种类

随着我国科学技术的发展和社会生产力的提高，市场日益繁荣，商品种类不断增多，固体、液体、气体商品；块状、粉状、易燃、带毒商品；方、圆、长、短商品；大、小、轻、重商品；等等，种类繁多，十分复杂，因而决定了商品包装种类的多样化和复杂化。

1. 按商品经营的习惯分类

（1）内销商品包装

凡在国内市场上转移、周转和销售的商品的包装，称为内销商品包装。它包括工业包装和商业包装两类。工业包装的主要目的是方便商品的运输和储存，保证商品在流通过程中不受损伤或减少损耗。商业包装也称销售包装，其主要目的是便于销售和消费者使用。它根据不同消费对象的特点设计，所容纳的商品量较少。

(2) 出口商品包装

指出口商品所使用的包装。同内销商品包装比较，它在造型设计、美术装潢、语言文字、材料选择等方面，都有自己的一些特点。出口商品包装多采用集合包装的形式，考虑进口国消费者的特殊生活习惯、爱好与禁忌。

(3) 特殊商品包装

指工艺美术品、古文物、军需用品等的包装。由于这些商品的特殊性，要求商品包装在防压、抗震、抗冲击等方面具有强度更高的保护性能，保护措施更周到，安全系数更大。

2. 按商品在流通中的作用分类

(1) 外包装

外包装又称运输包装，是指商品最外层的包装，一般与运输工具直接接触，它的主要作用是保护商品，方便运输、装卸和储存。常用的外包装有箱、桶、袋、包、坛、罐、篓、笼、筐等容器。

(2) 内包装

内包装又称销售包装或小包装，一般与商品实体直接接触，除了保护商品的基本作用外，它便于顾客购买和使用，美化商品，具有较好的促销作用。

3. 按照内含商品的数量分类

(1) 单个包装

单个包装是指包装物内只含有一个商品销售单位的包装。例如，卷烟盒、牙膏盒、墨水瓶等。单个包装一般随同商品销售给顾客。

(2) 集合包装

将若干个商品销售单位置于一个包装物内的包装，称为集合包装。例如，10 盒香烟为一条，10 盒火柴为一包等。

4. 按商品的使用范围分类

(1) 专用包装

专用包装是指专为某些特殊商品而设计的包装。例如，易燃、易爆、易挥发、易污染等商品，为确保商品在流通和消费过程中的质量和安全，相应采用专门设计的专用包装。

(2) 通用包装

对一般商品都适用的包装，叫作通用包装。主要有瓦楞纸箱、普通木箱、塑料箱、塑料袋、塑料瓶、玻璃与陶瓷容器等。

5. 按商品使用的次数分类

(1) 一次用包装

商品的包装物只能用一次，不可回收复用的包装，叫作一次用包装。一次用包装材料要求的材质高，费用低。

(2) 多次用包装

多次用包装是指商品的包装物回收后经适当的加工整理,仍可复用的包装。例如,南方装水果用的竹篓,北方装粮食用的麻袋等。多次用包装物的材质要求较高,一般都耐磨耐用。

(3) 周转用包装

目前厂家采用的糕点箱、啤酒瓶等,都属于周转用包装。周转用包装是为一些特殊商品设计的,由于可长期使用,因此单位费用最低。

6. 按商品包装所采用的材料分类

按商品包装所用材料不同,商品包装可分为纸制包装、塑料包装、金属包装、木制包装、玻璃与陶瓷包装、纤维制品包装、复合材料包装、其他材料包装等。

三、包装设计

1. 包装设计的概念

包装设计是指为商品包装构成各要素而拟定制造技术的有关活动,习惯上包括包装物原材料、色泽、字形、图案等的选择和创造。商品包装一般是由三部分构成的:基本部分,即商品的直接容器;次级部分,即基本部分的保护层;外层部分,即暴露于外,顾客可直接观察到的部分。在某些商品包装物上往往还有标签,它是对商品的文字和图示的说明。包装设计就要决定上述商品包装构成各要素的制造条件。

2. 包装设计的基本原则

包装设计的基本原则是:保护商品,促进销售,降低成本。促进销售虽然是包装的重要任务,但不能只注重包装的精美,而忽视商品的内容。准确地表达商品所含的基本消费利益,提供与商品定位紧密相关的内容,才是包装设计中最重要的决策。良好的商品包装设计,就是使包装各要素有机结合,统一于商品内容中。各要素的设计要点如下。

(1) 商标和标签

商标在包装上要占据突出位置,标签要醒目,文字说明要简明、准确、易懂。

(2) 形状

商品包装的形状要有利于搬运,储存和陈列。工业包装要充分考虑运输过程的平稳和安全。方便是包装形状设计的第一要点,其次才是美观。

(3) 颜色和色调

颜色是商品包装中与销售刺激联系最紧密的要素之一,对促销效果影响较大。颜色的运用要随着社会发展而变化,要与目标市场的文化背景相吻合,色调的组成和调配应能加强商品的特征和给人的印象。

☞小案例:九阳品牌 VI 与包装设计

左图是锐高品牌包装设计公司为九阳产品设计的包装。九阳公司品牌形象更换,追求更简洁、生活化的品牌感,在包装上要体现出轻松简洁的形象;色彩是整个包装形象的主体,配合辅助图形,将各元素组合归纳起来,形成一套独特的产品形象;当产品堆码后,会形成大面积的橘红色,使包装能更具视觉冲击力和亲切感。

(资料来源:锐高品牌包装设计公司网站,http://www.viecok.com/anli.asp)

(4) 配图

一般商品包装上都配有一定的图案,以突出和美化商品,吸引人们的注意。包装上的配图,要大小适宜,位置恰当,图案清楚,突出商品定位。

(5) 材料

包装材料的好坏直接影响包装效果。因为一种好的包装材料,有时可以使处于衰退期的商品起死回生,恢复其市场生命力。因此,应选用和不断开发新型的包装材料。

商品包装设计除了基本原则外,对内外包装还有不同的要求。如对外包装设计的要求:要牢固、耐用,对商品提供可靠的安全保护;包装的体积、重量不应过大,应方便运输、装卸、保管,同时注意费用的节约。对内包装设计的要求:突出与美化商品;便于商品陈列和销售;便于顾客识别、选购、携带、使用商品;包装物与商品的质量、特点相适应;符合消费心理,社会习俗。

四、包装策略

商品包装的主要功能是保护商品和促进销售。在实现保护商品的前提下,如何发挥包装的促销作用,是企业拓展市场营销必须研究的重要课题。为了充分发挥包装的促销效果,可选用以下几种策略。

1. 类似包装策略

将企业生产经营的各种商品在包装上采用相同的图案、近似的色彩、共同的特征,使顾客见此便联想到是同一企业的商品。使用这种策略的前提条件是,商品质量大体相同。若相差悬殊,则不宜采用。

类似包装策略的优点在于：扩大企业声势，强化企业的影响，特别是在新商品初次上市之时，可以借助于企业原有的声誉迅速让消费者接受新产品；类似的包装反复出现，无疑增加了企业形象在消费者面前的曝光率，客观上起到了宣传企业商品的效果；采用类似的包装可以节省包装设计和印刷成本。

2. 差异包装策略

企业对不同的产品采用风格各异的包装，从而将不同市场定位、满足不同目标市场需求的商品区分开来。例如儿童用品包装要形象生动、色彩鲜艳，突出趣味性和知识性，以诱发儿童的好奇心和求知欲；青年用品包装要美观大方、新颖别致，突出流行性和新颖性，以满足青年人的求新求异心理；老年用品包装则要朴实厚重、安全方便，突出实用性和传统性，尽量满足老年人的求实心理和习惯心理。这种策略的优点是一个产品的失败不会波及企业的整体形象，但是增加了企业的成本。

3. 等级包装策略

对同一品种而不同档次和不同质量的商品使用不同的包装，并在装潢的风格和特点上与商品的实际价值相协调。这便是消费者选择与商品使用环境相宜的包装，可以丰富消费者的选择，例如，礼品包装、豪华包装、简易包装等。由于人们的偏好不同、收入水平不同、购买用途不同，对商品包装的质量有不同的要求。通常为了自己使用的消费者则会购买简易包装的产品，而为了把产品用来送礼的消费者可能更倾向于购买具有豪华包装的产品，因此在市场营销中，只有针对这些要求，相应设计出不同等级的包装，才能吸引众多消费者的购买兴趣。

4. 成套包装策略

企业将几种在用途上有关联的商品置于同一包装物内出售，称为成套包装。这种包装策略既便于购买者使用商品，也有利于扩大商品的销售。当新商品和老商品混合包装销售时，消费者会在潜移默化中熟悉、喜爱、接受新商品，从而很快拓展市场，有时还可以帮助企业促销滞销的产品。例如牙膏和牙刷组合包装、一组化妆品组合包装等。但是企业需要注意的是产品的搭售不要引起消费者的反感，或者损害消费者的利益。

5. 一次性包装策略

商品消费完毕后，其包装物便被废弃的包装，叫作一次性包装。一次性包装简便，造价低，便于顾客携带和使用，深受欢迎。像易拉罐饮料、快餐盒等，都是一次性包装。采用一次性包装策略，其包装材料的来源要有保证，并且易于销毁，易于处理。

6. 再用包装策略

即消费者用完商品后，留下的包装物并未作废，还可移作他用。如某些饮料瓶，喝完饮料后还可作茶杯，某些奶粉盒、饼干盒、糖果盒可以用来装文具杂物等。

这种策略增加了包装物的用途，增强对顾客的吸引力，刺激了消费者的购买欲望，扩大了商品销售，同时带有企业标志的包装物在被使用的过程中可起到广告载体的作用。

7. 附赠品包装策略

就是企业在商品包装物内附赠给购买者一定的物品。这一策略在国外比较盛行,近几年我国的一些企业也逐渐采用。赠送给消费者一定的物品虽然会增加费用支出,但却增强了商品的竞争能力,能吸引更多的消费者来购买商品,有利于扩大销售。例如儿童食品的包装中附赠玩具、连环画、卡通图片等,化妆品包装中附有美容赠券等。有些商品包装内附有奖券,中奖后可获得奖品;如果是用累积获奖的方式效果更明显。这种策略常被用来开发儿童、青少年或低收入者市场。

8. 更换包装策略

是指企业用新的包装来代替老的包装。这种策略常常在企业的销售陷入困境的时候使用,包装的更新就像产品的更新一样,能够给消费者耳目一新的感觉。在一般情况下,企业的品牌和包装要保持稳定性,但是,当出现以下三种情况的时候,企业需要更换包装。第一,产品的质量出现了问题,给消费者留下了恶劣的影响;第二,竞争者太多,原有的包装不利于打开销售局面;第三,原包装使用时间过长,使得消费者产生了陈旧感。例如,金龙鱼食用油在使用了多年的手提瓶装包装后,为了更好地降低成本,给消费者耳目一新的绿色环保主题形象,又开发出了新型的绿色袋装包装,并且在我国上海地区成功了打开了销售局面。

9. 标准化包装策略

包装标准化是指同一类商品包装的类型、容积、质量、检验以及印刷标志等实行统一规定的技术准则。实行包装标准化具有重要作用:便于生产和提高包装效率;便于对商品的识别、使用和计量;便于保证包装质量和商品安全;有利于包装的回收复用。商品包装标准化主要包括:第一,统一包装材料。目前,我国对各类主要包装材料的技术指标都逐步制定了国家标准或部颁标准(专业标准)。企业进行商品包装时,应按照这些技术标准选用包装材料,以保证用料质量和便于按标准进行检查。第二,统一造型结构。对商品包装的形状及结构制定统一的标准,有利于运输、装卸、堆码和计数,并可使千差万别的包装规范到较小范围之内,从而节约包装材料,提高包装效率和效益。第三,统一规格尺寸。它可以大大提高运输工具和仓库的利用率。第四,统一包装容量(重量)。确定包装容量必须便于商品排列和计数,并使包装物内商品的体积不能过大或过重。例如,包装箱体积一般不应超过 $0.1m^3$,一般纸箱和塑料箱所盛商品不应超过 25kg。第五,统一包装标志。包装标志是用简易的文字或图形在包装物外面制作的特定符号或说明。其主要作用是便于商品在运输保管过程中的辨认识别,正确地将商品运到指定地点和收货单位,有利于商品采取不同的防护措施,避免产生差错事故,减少货物的破损率,确保质量安全,加快商品流转。第六,统一封装捆扎。有了统一的造型、规格和容量,就可以使包装统一封装捆扎。统一封装捆扎便于机械化作业,保证商品在流转过程中不破损,不散落。

本章小结

1. 品牌是相关受众(主要是目标顾客)提及一个产品或企业时,大脑所能联想到的名称、术语、象征、记号或设计等一切信息以及由这些信息所带来的所有心理体验的总和。

2. 品牌是一个集合概念,它包括品牌名称和品牌标志。品牌名称指的是品牌中用语言称呼的部分。品牌标志是指品牌中可以识别,但难以用语言称呼的部分,通常是一种特殊的符号、设计、颜色或印字。

3. 商标是商品生产者或经营者在商品上使用的具有显著特征,并能区别商品来源的标记。商标的特征有合法性、新颖性和表现性。

4. 商标一般具有以下功能:便于消费者选购商品、表明商品的特征、装饰美化商品、宣传促销商品和维护生产经营者的利益。

5. 按照品牌运营的主要作业环节,品牌策略主要包括品牌有无策略、品牌归属策略、品牌统分策略、品牌延伸策略与品牌重新定位策略。

6. 产品包装可以从静态和动态两方面去理解。从静态的角度来理解,产品包装是指产品在市场营销过程中,为保护产品质量,方便储运,促进销售,按一定技术方法包覆在产品实体上的容器、材料和各种辅助物的总称。从动态的角度来理解,产品包装是指产品在市场营销过程中,为保护产品质量,方便装卸、储运,而采取一定技术方法将产品盛装于一定的容器或包装物内的操作活动。

7. 商品包装的作用有:保护产品质量、便利产品流通、促进产品销售和方便消费。

8. 包装设计是指为商品包装构成各要素而拟定制造技术的有关活动,习惯上包括包装物原材料、色泽、字形、图案等的选择和创造。

9. 商品包装一般是由三部分构成的:基本部分,即商品的直接容器;次级部分,即基本部分的保护层;外层部分,即暴露于外,顾客可直接观察到的部分。包装设计的基本原则是:保护商品、促进销售和降低成本。

10. 商品包装的主要策略有:类似包装策略、差异包装策略、等级包装策略、成套包装策略、一次性包装策略、再用包装策略、附赠品包装策略、更换包装策略和标准化包装策略。

本章习题

一、名词解释

1. 品牌
2. 商标

3. 品牌策略
4. 品牌延伸策略
5. 商品包装

二、单项选择题

1. 顾客购买商品的实质是购买某种(　　)。
   A. 特征　　B. 用途　　C. 功能　　D. 利益
2. 品牌资产是通过为消费者和企业提供(　　)来体现其价值。
   A. 产品　　B. 服务　　C. 附加利益　　D. 附加功能
3. 康佳电视中的"康佳"二字是(　　)。
   A. 招牌　　B. 品牌名称　　C. 品牌标志　　D. 都不是
4. 品牌资产是一种特殊的(　　)。
   A. 有形资产　　B. 无形资产　　C. 附加资产　　D. 潜在资产
5. 只要运用得当,品牌资产常常在(　　)中增值。
   A. 投资　　B. 管理　　C. 运作　　D. 利用

三、填空题

1. 一个品牌要充分表现出产品的全部内涵,必须包括6层意思(　　　)、(　　　)、(　　　)、(　　　)、(　　　)、(　　　)。
2. 商标的特征是(　　　)、(　　　)、(　　　)。
3. 品牌延伸策略包括(　　　)延伸和(　　　)延伸。
4. 包装设计的基本原则是(　　　)、(　　　)、(　　　)。
5. 差异包装策略的优点是一个产品的失败不会波及企业的整体形象,但是(　　)了企业的成本。

四、简答题

1. 品牌所表现出产品的全部内涵是什么?
2. 商标的含义是什么?它与商品的装潢、服务标记、商号、商务标语之间有什么区别?
3. 品牌与商标之间有什么区别与联系?
4. 驰名商标与一般商标之间有什么区别与联系?
5. 品牌设计的基本原则有哪些?
6. 商标的价值主要体现在哪几个方面?
7. 主要的品牌策略有哪些?它们各自有什么样的优势与劣势?
8. 商品包装的含义是什么?它有着什么样的作用?
9. 商品包装的分类方法有哪些?
10. 主要的包装策略有哪些?它们各自有什么样的优势与劣势?

本章案例

良好的品牌是企业制胜的关键——谈海尔品牌的发展战略

2008 年 9 月，首届中国名牌产品评选揭晓，包括摩托车、空调、洗衣机、彩电、电冰箱、微波炉、微型计算机、彩色胶卷、味精、衬衫在内的十大类产品共评出 57 个全国名牌，其中海尔集团公司囊括了电冰箱、洗衣机、家用空调器、微波炉、彩电 5 种家电产品的“中国名牌产品”称号。是什么原因使海尔品牌在国内家喻户晓，人人皆知，成为国内家电第一品牌以及在国际市场上享有较高知名度的一个具有丰厚内涵的品牌?

一、海尔的“名牌战略阶段”

从 1984 年到 1991 年，在 7 年的时间里，海尔只做了冰箱一个产品。通过各种促销手段和传媒渠道来打造冰箱名牌“海尔”，从而使海尔品牌的高知名度和良好的品牌形象得以不断提升。到 1991 年，海尔冰箱产量突破 30 万台，产值突破 5 亿元；全国 100 多家冰箱企业，海尔唯一产品无积压，销售无降价，企业无三角债；海尔商标在全国家电行业唯一入选“中国十大驰名商标”。张瑞敏把这 7 年叫作海尔的“名牌战略阶段”。

建立良好的品牌是一个为产品创造独特身份的过程。它不但能增加消费者对产品的记忆，使他们易于将产品相对于其他品牌的产品来定位。而且，品牌的个性和形象能令消费者对产品产生一种熟悉的感觉，从而产生可靠性好感，养成购买习惯。成功的品牌可以使企业在竞争激烈、变化迅速的市场上独领风骚。有调查显示，品牌的受注意程度跟其市场占有率是很接近的。品牌越成功，便会吸引越多人注意和购买，令市场占有率不断上升。因此强势的品牌将得到消费者忠诚的支持，他们的重复消费使企业的营业额至少能维持在一定水平上。而且，一个良好的品牌能让企业把产品的定价提高，从而得到可观的利润。例如劳斯莱斯汽车，它的品牌给人的印象是名贵、品质优良，反映使用者高尚和有地位的特质。所以即使其定价高昂，也不乏追随者。

二、海尔的“名牌延伸战略”

良好的品牌有助于企业进行跨行业扩张。因为消费者已经熟悉这个品牌，较之于新的品牌，他们会更快及更容易接受其推出的新产品。例如哈尔滨制药六厂“盖中盖”等原只是一种补钙产品，但近年来开始扩张业务，进军感冒药及其他药品市场。由于企业形象一向良好，而且产品有效，所以新产品很容易就能被消费者所接受。

品牌延伸已成为海尔为获得更大发展和更大利润而采取的手段，由于海尔品牌的高知名度和良好的品牌形象，海尔通过品牌延伸进入新领域，从而扩大企业规模，使企业获得更大利润。

在“名牌战略阶段”中，海尔先从冰箱做起，使之成为名牌，因为海尔冰箱是名牌，企业形象一向良好,它在市场上是供不应求的。所以新产品一问世,很容易就能被消费者所接受。从1992年到1995年,海尔品牌逐步延伸到电冰柜、空调等制冷家电产品。1997年,海尔又进入黑色家电领域,1999年,海尔品牌的电脑成功上市,现在海尔集团已拥有包括白色家电、黑色家电、米色家电在内的58大门类9 200多个规格品种的家电群,几乎覆盖了所有家电产品,在消费者心目中树立了海尔家电王国的形象。名牌竞争力为海尔扩大生产规模提供了保障。张瑞敏把海尔的这种多元化战略概括为"东方亮了再亮西方"。

三、海尔的"出口创牌战略"

海尔坚持以创国际名牌为导向的国际化战略,国际声誉日益提高,自1990年以来,海尔制定了"先难后易"的出口战略,先出口发达国家,创出牌子,再以高屋建瓴之势进入发展中国家市场,继而创出国际名牌。海尔按照"先难后易"的原则,先把自己的冰箱送到"师傅"那儿卖(此前,光各种认证就折腾了一年半),当时许多德国经销商要求海尔不要挂"海尔"品牌。但是,海尔却坚持要挂自己的牌子。二十几个德国经销商都不相信刚学会造冰箱没几年的中国,产品能进入德国市场。没办法,海尔就把运过去的4台冰箱跟德国冰箱放在一起,然后都把商标揭掉,让经销商认哪是海尔的,哪是德国的。结果,没发现任何问题的,大都是海尔的。一下子,德国人服气了,纷纷订货。不久,又碰上德国检测机构对市场上的冰箱进行质量检测,海尔5个项目共拿了8个加号,排在第一位。现在,据德国海关统计,他们从中国进口的冰箱,海尔占了98%。另外,在美国市场,海尔占中国出口白色家电的53%。所有产品,打的都是海尔自己的牌子。

目前,海尔获得了美国UL、德国VDE、加拿大CSA等几十项国际市场通行证与荣誉称号,在质量保证体系、产品国际认证、检测水平国际认可等方面与国际接轨,拥有了"国际护照",海尔产品在世界市场畅通无阻,"海尔造"响遍了全球。海尔把产品源源不断地销往世界各地时,也把海尔的文化理念输入海外。海尔集团分期分批地对海外经销商进行星级服务理念与服务模式培训,加强他们对海尔企业和产品的理解。张瑞敏称之为"出口创牌,而不仅仅是创汇"。

四、海尔的"品牌维护战略"

建立品牌绝对不是一朝一夕的事,企业必须持续投资时间和金钱才能获得理想效果。在建立品牌后,适当的品牌管理也非常重要,否则便会前功尽弃。企业的寿命及其一向的良好形象固然重要,但品牌也需要时常保持新鲜感才能取悦消费者。

海尔名牌战略的成功在于它非常注重提高产品的内在质量。1985年,张瑞敏刚到海尔(时称青岛电冰箱总厂)。一天,一位朋友要买一台冰箱,结果挑了很多台都有毛病,最后勉强拉走一台。朋友走后,张瑞敏派人把库房里的400多台冰箱全部检查了一遍,发现共有76台存在各种各样的缺陷。张瑞敏把职工们叫到车间,问大家怎么办?多数人提出,也不影响使用,便宜点儿处理给职工算了。当时一台冰箱的价格800多元,相当于一名职工两年的收入。张瑞敏说："我要是允许把这76台冰箱卖了，就等于允许你们明天再生产760台这样的冰箱。"他宣布，这些冰箱要全部砸掉，谁干的谁来砸，并抡起大锤亲手砸了第一锤！很多职工砸冰箱时流下了眼泪。然后，张瑞敏告诉大家：有缺陷的产品就是废品。海尔付出的努力终于得到回报，1988年，海尔获得了中国冰箱行业历史上第一枚质量金牌。1989年，冰箱市场发生"雪崩"的时候，冰箱厂纷纷降价以求生存，海尔反而作出了将价格提高10%的大胆决策，结果消息公布以后，海尔冰箱厂门前车水马龙。这出乎很多人的预料，但也充分说明海尔专心致志创名牌的战略符合了消费者的需求，在保证质量的前提下不断提升品牌。

海尔名牌战略的成功还在于它注重提高产品的知觉质量，即把产品的高质量信息通过各种途径传递给消费者，变成消费者的品牌形象。他们首先从产品特点和附加功能等方面作为宣传海尔产品质量高的依据，如ISO 9001国际质量保证体系认证，以提高宣传的可信性，使消费者容易接受对海尔的宣传。海尔每得到一种认证，特别是在拿到了进入美国、德国、日本等发达国家和地区的各种认证时，都及时告诉消费者，因为能拿到这种认证，对国内消费者肯定是一种鼓舞和支持。

（资料来源：宋沛军．良好的品牌是企业制胜的关键——谈海尔品牌的发展战略[EB/OL]．[2008-09-16]．http://www.studa.net/qiye/080904/10523930-2.html，20080904.）

案例思考题

1．海尔集团在品牌发展过程中一共采用了哪些品牌策略？这些策略对海尔经营的成功起到了什么样的作用？

2．上网查询美的电器品牌策略资料，比较海尔集团与美的电器的品牌策略有什么不同？

CHAPTER 7

第七章 价格策略

本章要点

本章主要介绍定价目标、成本、需求、市场竞争状况等对企业定价的影响，并在此基础上结合案例介绍成本导向法、需求导向法和竞争导向法这三种主要的企业定价方法，以及企业目前常用的几种定价策略。

学习目标

通过本章的学习，要求掌握：

- 影响企业定价的因素。
- 企业定价的主要方法。
- 企业定价策略的主要内容。
- 企业价格调整所带来的多方面的影响。

引入案例

让廉价机票更便宜

HIS是日本一家国际廉价机票服务旅行社的简称，开办15年来，公司靠着经营廉价机票和国际旅行社服务取得了令世人刮目相看的绩效。在日本各大旅行社正为效益下降、赤字频频所苦之际，HIS的经营业绩无疑引起了人们的广泛关注。

HIS创业者泽田秀雄的事业开始于1980年。这年泽田在东京新宿车站附近的一栋大楼里面租了一间屋子并雇用了一名职员，用自己留学归来所赚到的苦力钱再加上投资股票所得到的1 000万日元作为资本，办起了一家供应廉价机票为特色的国际旅行社。

当年，日本到海外旅游的人每年不到三四百万人，且以团体旅游为主，日本的大型旅行社经营的主要是团体旅游。HIS看准了个人旅游尚未被重视的市场空间，异军突起，打出了以接待散客尤其是青年学生为主的经营旗号，同时建立了一个比正规国际机票便宜的廉价机票销售机制。以此为特色，HIS跻身竞争激烈的日本旅游业并分得了一杯羹。由于市场定位准确，HIS的业绩蒸蒸日上，不出几年，便有了令人刮目相看的业绩。

HIS销售的机票比别人便宜，其秘密在于它巧妙地利用了日本飞机票流通渠道的空隙。

日本航空公司向旅行社发售的机票价格分为个人票和团体票两种，团体票较为便宜。廉价机票的秘密就在于买来团体机票以后再向个人散卖，故能大幅度降低机票价格，这一销售机制早已有之，只是HIS巧妙地利用了它。

日本的机票流通渠道大致有三条：一是航空公司直接向顾客出售，价格较高；二是航空公司向JTB(日本旅行社：Japan travel bureau)发售团体票；三是航空公司通过批发商向中小型旅行社发售。后两种情况，由于是批量销售，价格较为便宜，且按照规定达到一定的数量，还有奖励，也就是我们常说的“回扣”。批发商销售渠道，虽说销售对象较为固定，但有时也不会全部卖完，便再削价出售，HIS便以低价集纳这类机票，使得能以更低的票价吸引消费者。如此这般，HIS出售的机票价格只有航空公司直接卖出的五分之一到一半。

社长泽田秀雄出生于大阪，1968年高中毕业后即去原西德留学，他酷爱旅游，留学期间竟周游了50个国家。1976年回国之后，先经营贸易业，后来便搞起了廉价机票经营。他求学期间周游各国积累的旅游知识帮了他的大忙。HIS不但向顾客出售廉价的机票，还向他们提供旅游服务咨询。这样大大地吸引了旅游者特别是好奇心强的年轻人。便宜的机票价格再加上各种旅游信息服务的附加值，使HIS在日本旅游业中脱颖而出，生意日益兴隆。

HIS经营的廉价机票有许多是旅游淡季或较冷僻的航线，但由于公司在世界各地设有多处办事机构，冷僻的旅游线路经过一番巧妙的安排设计，往往带来柳暗花明的结果，特别是对于那些时间充裕却又想千方百计节约费用的年轻人来说更是具有强烈的吸引力。

HIS在取得经营成果之后，进一步扩大经营网点，1990年达到32家，增加了销售实力。按照日本航空公司的规定，每年售出500张以上的机票，其价格就可以降低30%且销售奖金也会随之增加，HIS扩大网络后，“消化”能力进一步增强，反过来又促使机票价格再次下降，形成了一个良性循环，每年营业额呈几何级数增长。1986年是33亿日元，1988年突破100亿日元，1990年增加到235日元。HIS一举成为旅游机票销售行业的一颗巨星。

（资料来源：刘昱.经典营销案例新编[M].北京：经济管理出版社，2008.）

第一节 定价因素

一、定价目标

定价目标是指企业通过制定和实施价格策略所希望达到的预期目标。企业定价的目标主要有：以维持经营为定价目标；以利润为定价目标；以提高市场占有率为定价目标；以稳定价格为定价目标。

1. 以维持经营为定价目标

企业只有在遇到生产大量过剩，竞争过度激烈，或者试图改变消费者需求等一些特殊情况下才会选择维持经营这种定价目标。在这种情况下，为了确保企业持续经营或使企业的存货能够销售出去，企业往往制定较低的价格，通过大规模的价格策略来维持企业的正常经营活动，此时与企业生存相比，利润对于企业来说次要得多。然而对于以赢利为最终目的的企业，选择这种定价策略并非是长久之计，这种定价策略只能解决企业所面临的短期目标，如果该企业不在生产经营中学习如何增加企业价值，则该企业必将最终面临破产的局面。

2. 以利润为定价目标

企业以获取最大限度的利润作为定价目标。最大限度的利润是指企业在一定时期内可能并准备实现的最大利润总额。利润目标是企业定价目标中的一个重要组成部分，实现最大利润是每个企业的最大愿望，企业在一定时期内，综合考虑市场竞争、消费需求量等因素后，以总收入减去总成本的最大差额作为基点，确定单位商品价格，以获取最大利润。

选择这一目标并不意味着制定高价，因为适当的降低价格会导致销售量的增加，从而引起收入和利润的增加，如果一个企业能够较为准确地确定需求和成本函数，则能够制定一个合适的价格来实现当期利润最大化的定价目标。

3. 以提高市场占有率为定价目标

市场占有率又称为市场份额，是指企业的销售额占整个行业销售额的百分比。市场占有率是企业经营状况和企业产品竞争力的直接反映，市场占有率的高低对企业的生存和发展具有重要的意义。

降价往往是实现市场占有率的一个重要手段，因为较低的价格更容易吸引顾客的购买，而消费者大量购买商品所产生的规模经济效应又可能导致低单位的成本。这样的良性循环必须具备以下条件：

① 该产业的市场需求价格弹性较高，以至于低价格能够吸引足够多的顾客。

② 该产业具有较高的规模经济特征，产量的增加以及经验的积累可以导致生产及销售成本的降低。此外低价格会给人一个低利润的印象，可以有效抑制现有的和潜在的竞争者。

③ 企业的宏观营销环境中，政府未对市场占有率作出政策和法律的限制。例如，美国政府制定了《反垄断法》，该法律对单个企业的市场占有率进行了限制，以防止少数企业垄断市场。

4. 以稳定价格为定价目标

稳定的价格通常是大多数企业获得一定目标收益的条件，这一目标的实质是通过本企业产品的定价来左右整个市场的价格，从而避免不必要的价格波动。运用稳定价格这一定价目标，可以使市场价格在一个较长的时期内保持相对稳定，减少企业的经营风险以及由于价格竞争导致的企业损失。企业为达到稳定价格的目的，通常情况下是由在行业中处于领导地位的企业先制定一个价格，其他企业的价格则与之保持一定的距离或者比例关系。现在已经有越来越多的企业愿意选择使用这一定价目标，特别是一些强调以非价格竞争代替价格竞争的企业。因为对于大企业来说，稳定的价格减少了对它们已拥有的市场占有率的威胁，对中小企业来说，稳定的价格可以使它们的利润得到保障。例如，在钢铁、采矿业、石油化工等行业内，稳定价格目标得到了最广泛的使用。

二、产品成本

产品的最高价格取决于市场需求，最低价格取决于产品的成本费用。从长远来看，任何产品的销售价格都必须高于成本费用，这样企业才能获利，正常经营。因此，企业制定价格时必须估算成本。

1. 成本与成本函数

企业产品的成本函数取决于产品的生产函数和投入要素的价格。生产函数表明了投入与产出之间的关系。成本函数可以分为短期生产函数和长期生产函数。短期生产函数是指在一个时期内，企业不能自由调节生产要素的投入和组合，不能选择各种可能的生产规模，因此，生产成本分为不变成本和可变成本两个部分。长期生产函数是指在一个时期内企业可以自由调节生产要素的投入和组合，可以选择适合自己的最有利的生产规模，在长期生产中，所有成本都是可以变动的成本。

2. 短期成本函数

在短期，厂商的成本有不变成本部分和可变成本部分之分，具体而言，厂商的短期成本主要有以下 7 种：总不变成本、总可变成本、总成本、平均不变成本、平均可变成本、平均总成本、边际成本。

(1) 总不变成本(TFC)，是厂商在短期内为生产一定数量的产品对不变生产要素所支付的总成本。在一定的生产规模内，产品固定投入的总量是不变的，只要不超过这个限度,无论产量是多少,固定成本都是一样的。

(2) 总可变成本(TVC),是厂商在短期内生产一定数量的产品对可变生产要素所支付的总成本。产量越大,总可变成本也越大;产量越小,总可变成本越小。

$$\mathrm{TVC} = \mathrm{TVC}(Q)$$

(3) 总成本(TC),是厂商在短期内为生产一定数量的产品对全部生产要素所支出的总成本。

$$\mathrm{TC}(Q) = \mathrm{TFC} + \mathrm{TVC}(Q)$$

(4) 平均不变成本(AFC),是厂商在短期内平均每生产一单位产品所消耗的不变成本。在产量不变时,短期不变成本是一个常数;随着产量的增加,平均不变成本随之降低。

(5) 平均可变成本(AVC),是厂商在短期内平均每生产一单位产品所消耗的可变成本。在某一产值区间内,产量增加,平均可变成本降低;超出这一产值区间,产量增加,平均可变成本随之增加。

$$\mathrm{AVC}(Q) = \frac{\mathrm{TVC}(Q)}{Q}$$

(6) 平均总成本(AC),是厂商在短期内平均每生产一单位产品所消耗的全部成本,它等于平均不变成本和平均可变成本之和。在某一产值区间内,如果产量增加,平均固定成本和平均可变成本减少,那么平均总成本也会随之减少;若超出这一产值区间,随着产量增加,平均总成本会随之增加。

$$\mathrm{AC}(Q) = \frac{\mathrm{TC}(Q)}{Q} = \mathrm{AFC}(Q) + \mathrm{AVC}(Q)$$

(7) 边际成本(MC),是厂商在短期内增加一单位产量时所增加的总成本。在短期生产过程中,在其他条件不变的前提下,随着一种可变要素投入量的连续增加,它所带来的边际产量先是递增的,当达到最大值之后再递减,这一规律称之为边际报酬递减规律。

$$\mathrm{MC}(Q) = \frac{\Delta \mathrm{TC}(Q)}{\Delta Q}$$

在短期的状况下,企业要实现利润最大化,必须使价格等于边际成本。因为边际利润等于价格减去边际成本,当价格高于边际成本时,企业增加销量所带来的边际利润是正值,从而利润增加,于是企业会不断增加销售量。但是随着销售量的增加,边际成本会增加,最后总收入小于总成本,这时,边际利润就是负值,则企业利润开始下降。因此,只有在价格等于边际成本时,企业才能获得最大利润。

另一个需要注意的是,平均可变成本曲线上最低点对应的价格,这个价格所确定的总收入虽不能弥补总成本,但是却可以弥补企业所有可变成本的支出,此时企业仍可以维持正常的企业经营,若商品销售价格低于平均可变成本,企业将无法为此正常运营,因此企业制定的价格必须等于或高于平均可变成本。

3. 长期成本函数

在长期内,厂商可以根据产量的要求调整全部的生产要素投入量,甚至进入或退出一个行业,因此,厂商所有的成本都是可变的。厂商在长期对全部要素投入量的调整意味着对企业生产规模的调整,也就是说,从长期来看,厂商总是可以在每一个产量水平上选择最优的生产规模来进行生产。

(1) 长期总成本(LTC),是指厂商在长期中在每一个产量水平上通过选择最优的生产规模所能达到的最低总成本。

$$\mathrm{LTC} = \mathrm{LTC}(Q)$$

(2) 长期平均成本(LAC),是指厂商在长期内按产量平均计算的最低总成本。

$$\mathrm{LAC}(Q) = \frac{\mathrm{LAC}(Q)}{Q}$$

(3) 长期边际成本(LMC),是指厂商在长期内增加一单位产量所引起的最低总成本的增量。

$$\mathrm{LMC}(Q) = \frac{\Delta \mathrm{LTC}(Q)}{\Delta Q}$$

在长期状况下,企业定价必须注意:

(1) 长期与短期边际成本必须等于产品价格,并且此时的边际成本必须处于递减的状态。

(2) 长期与短期平均成本必须等于产品价格,此时也必然是长期与短期成本的最低点。

三、市场需求状况

1. 需求价格弹性

需求价格弹性表示在一定时期内一种商品的需求量变动对于该商品的价格变动的反应程度。或者说,表示在一定时期内当一种商品的价格变化百分之一所引起的该商品的需求量变化的百分比。

$$需求的价格弹性系数 = -\frac{需求量变动率}{价格变动率}$$

2. 需求收入弹性

需求收入弹性表示在一定时期内消费者对某种商品的需求量的变动对于消费者收入量变动的反应程度。或者说,表示在一定时期内当消费者的收入变化百分之一时所引起的商品需求量变化的百分比。

3. 需求交叉弹性

需求交叉弹性表示在一定时期内一种商品的需求量的变动对于它的相关商品的价格变动的反应程度。或者说,表示在一定时期内当一种商品的价格变化百分之一时所引起的另一种商品的需求量变化的百分比。

小案例：美国布莱克与德克尔公司蛇形灯的定价

美国布莱克与德克尔公司设计了一种蛇形灯，几乎能够吸附在任何东西上，从而能让工人在黑暗的下水道里面修理漏水接头时腾出手来，该产品还能够像眼镜蛇一样树立起来，照亮作业人员的工作区。据调查，对于这样一个平均成本只有6美元的产品，消费者愿意支付30美元进行购买。这就是消费者需求导致的商品价格明显高于价值的一个典型例子。当然，考察需求对价格的影响通常是以供给不变作为前提条件的，当需求和供给同时发生变化时对价格产生的影响，则应该具体情况具体分析了。

（资料来源：邓镝.营销策划案例分析[M].北京：机械工业出版社，2007.）

四、市场竞争状况

根据市场竞争状况，可以把市场分为完全竞争市场、垄断竞争市场、寡头市场、完全垄断市场四种类型。下面将分别对这四个市场的企业定价问题进行分析。

1. 完全竞争市场

完全竞争市场必须具备以下4个条件：

（1）市场上有大量的买者和卖者

由于市场上有无数的买者和卖者，所以，相对于整个市场的总需求量和总供给量而言，每一个买者的需求量和每一个卖者的供给量都是微不足道的，好比是一桶水中的一滴水。任何一个买者买与不买，或买多与买少；任何一个卖者卖与不卖，或卖多与卖少，都不会对市场的价格水平产生任何的影响。因此，在这样的市场中，每一个消费者或每一个厂商对市场价格没有任何的控制力，他们每一个人都只能被动地接受既定的市场价格，他们被称为价格接受者。

（2）市场上每一个厂商提供的商品都是完全同质的

这里的商品同质指厂商之间提供的商品是完全无差别的。它不仅指商品的质量、规格、商标等完全相同，还包括购物环境、售后服务等方面的完全相同。这样一来，对于消费者而言，无法区分商品是由哪一家厂商生产的，在这种情况下，如果有一个厂商单独提价，那么，它的产品就会完全卖不出去。因此，在一般情况下，单个厂商总是可以按照既定的市场价格实现属于自己的那份相对来说很小的销售份额。厂商既不会单独提价，也不会单独降价。

（3）所有的资源具有完全的流动性

这意味着厂商进入或退出一个行业是完全自由和毫无困难的。所有资源可以在各个厂商之间和各个行业之间完全自由流动，不存在任何障碍。这样一来，任何一种资源都可以及时投向能获得最大利润的生产，并及时地从亏损的生产中退出，在这样的过程中，缺乏效率的企业将被市场淘汰,取而代之的是具有效率的企业。

(4) 信息是完全的

市场上的每一个买者和卖者都掌握与自己的经济决策有关的一切信息,这样,每一个消费者和每一个厂商都可以根据自己所掌握的完全信息,作出自己的最优经济决策,从而获得最大的经济效益。而且,由于每一个买者和卖者都知道既定的市场价格,都按照这一既定的市场价格进行交易,这也就排除了由于信息不通畅而可能导致的一个市场同时按照不同的价格进行交易的情况。

由以上分析我们可以得出:在这种完全竞争市场情况下,卖主和买主只能按照由市场供求关系决定的市场价格来买卖商品,也就是说,在完全竞争条件下,卖主和买主只能是价格的接受者,而不是价格的决定者。在完全竞争市场,卖主无须花费很多的时间和精力去做营销研究、产品开发、广告等一系列的市场宣传工作。

2. 垄断竞争市场

垄断竞争市场是指一个市场中有许多厂商生产和销售有差别的同种产品。市场上大量生产非常接近的同种产品的厂商的总和称为生产集团。

垄断竞争市场具有以下三个特点:

(1) 在生产集团中有大量的企业生产有差别的同种产品,这些产品彼此之间都是非常接近的替代品。

(2) 一个生产集团中的企业数量非常多,以至于每个厂商都认为自己的行为影响很小,不会引起竞争对手的注意和反应,因而自己也不会受到竞争对手的任何报复措施的影响。

(3) 厂商的生产规模比较小,因此,进入和退出一个生产集团比较容易。

因此,在垄断竞争市场中有许多的卖主和买主,但是各个卖主提供的产品都存在差别,如质量、花色、款式、产品服务等方面的差别,不同品牌商品的差别。这些商品虽然实质上没有任何差别,但是消费者由于受到商品包装、广告、宣传等诸多方面的影响,主观上产生不同的偏好,因此愿意花费不同的金钱去购买商品。因此,在垄断竞争市场中,卖主定价时广泛应用了消费者心理这一影响因素。

3. 寡头市场

寡头市场又称为寡头垄断市场,它是指少数几家厂商控制整个市场的产品生产和销售的一种市场组织。寡头市场是一个较为普遍的市场组织,西方国家不少行业都如此,如美国的汽车业等。

形成寡头市场的主要原因有:某些产品的生产必须在相当大的生产规模上运行才能达到最好的经济效益;行业中几家企业对生产所需的基本生产资源的供给的控制;政府的扶持和支持等。由此可见,寡头市场的成因和垄断市场十分相似,只是在程度上有所区别而已,寡头市场是比较接近垄断市场的一种市场组织。

寡头市场根据产品特征，可以分为纯粹寡头行业和差别寡头行业两类。

(1) 纯粹寡头行业，是指厂商之间生产的产品没有差别的行业。例如，钢铁、水泥等行业都属于纯粹寡头行业。

(2) 差别寡头行业，是指厂商之间生产的产品是有差别的行业。例如，汽车、冰箱等行业都属于差别寡头行业。

寡头市场中厂商的价格和产量决定是一个复杂的问题，因为，在寡头市场上，每个厂商的产量都在全行业的总产量中占有一个较大的份额，从而每个厂商的产量和价格变动都会对其他竞争对手乃至整个行业的产量和价格产生举足轻重的影响，因此，每个寡头厂商在采取某项行动之前，必须首先要推测或掌握自己这一行动对其他厂商的影响以及其他厂商可能作出的反应，然后才能在考虑到这些反应方式的前提下采取最有利的行动。

由以上分析可见，寡头市场中的厂商有能力影响和控制市场价格，各个寡头厂商之间相互依存相互影响，各个寡头厂商对其他企业的市场营销策略和定价策略都非常敏感，任何一个寡头厂商调整自己价格都会马上影响其他寡头厂商的定价决策。

4. 完全垄断市场

完全垄断市场是指整个行业中只有唯一的一个厂商的市场组织，具体说垄断市场的条件主要有以下三点：

(1) 市场上只有唯一的一个厂商生产和销售商品；

(2) 该厂商生产和销售的商品没有任何相近的替代品；

(3) 任何其他厂商进入该行业都是极为困难或不可能的。

在这样的市场环境中，排除了任何的竞争因素，独家垄断厂商控制了整个行业的生产和市场的销售，所以，垄断厂商可以控制和操纵市场的价格。

五、法律与政策限制

在市场经济的今天，政府的宏观政策力量渗透到了企业行为的方方面面。在企业定价方面的影响，表现为政府制定的一系列的经济法律、法规与政策，这些经济法律与政策在不同的方面和不同的程度上制约着企业的定价行为，因此，国家法律和政策对价格的影响也至关重要。

国家与政府部门往往从宏观角度出发，为了维护国家、社会乃至全部消费者的利益，制定了一系列的经济法规、法律与政策来约束和规范企业的定价行为。例如，中国政府为了维护消费者的利益不受到侵害，设立了专门的物价机构部门来审查企业的产品定价是否合理，特别是一些关系到国计民生的重要产品，如水、电、煤气、米、油的价格等，都纷纷设置了最高上限价格；美国的谢尔曼法案严格禁止“价格同盟”，鲁宾森-佩特曼法案规定了“价格歧视”是非法的。所以企业在制定价格策略时，也需要弄清楚该国的法律和政策限制，只有这样，才能够制定一个合理有效的定价策略。

第二节 定价方法

一、成本导向定价法

成本导向定价法是一类以成本为依据来制定价格的方法。成本导向定价法的特点是简单、容易操作。因此，在实际的工作中得到了较为广泛的运用。其主要包括成本加成定价法和目标收益定价法两种具体的方法。

1. 成本加成定价法

成本加成定价法是指按照单位成本加上一定百分比的加成来制定产品销售价格。加成的含义是指一定比率的利润，一般选用企业的目标利润率。其计算公式可以表示为

$$P = C(1 + R)$$

其中，P——商品的单价；

C——商品的单位总成本；

R——商品的加成率。

使用这种方法计算价格时，关键是确定商品的单位总成本和商品的加成率。

确定商品的单位总成本的方法很多。在以批发商和零售商为代表的商业企业中，往往以商品的进价作为单位成本，这样一来所选定的目标利润率实际上就是通常所说的毛利率，由此所产生的毛利必须能补偿企业除商品进价以外的其他经营费用。在生产型企业中，总成本的计算就较为复杂一些，主要是因为发生在单位固定成本的确定上，因为从会计角度来看，商品的单位固定成本应该等于企业的总固定成本除以产量。但是产量与销量常常不是一致的，若销量远远小于产量的话，即企业存在商品囤货积压的情况，那么企业在产量的基础上制定的价格则会偏低，它将无法弥补企业所发生的总成本而导致企业亏损。

商品的加成率一般选用商品的目标利润率来进行计算，确定商品的目标利润率一般可以先确定同行业或同类商品的平均利润率，然后根据企业的具体情况略微调整后再加以选用。

例 1 某企业生产的女装，单位成本为 100 元，其销售价格由成本加成 40%来确定，则其单位售价为：100×(1+40%)=140(元)。

例 2 某企业生产的儿童玩具，单位可变成本为 10 元，固定成本为 30 万元，预期销售量为 50 000 个，若制造商所期望的目标利润率为 20%，则加成后的儿童玩具价格是多少？

$$\begin{aligned}\text{单位成本} &= \text{单位可变成本} + \text{固定成本} \div \text{销售量}\\ &= 10 + 300\,000 \div 50\,000\\ &= 16(\text{元})\end{aligned}$$

$$\begin{aligned}产品价格 &= 单位成本 \times (1 + 加成率) \\ &= 16 \times (1 + 20\%) \\ &= 19.2(元)\end{aligned}$$

这种以成本加成定价法被广泛使用，之所以被普遍使用的主要原因是：

(1) 成本的不确定性一般比需求少。

(2) 只要同一行业的所有企业都采用这种定价方法，它们的价格将趋于相同，价格竞争的变数也较少一些。

(3) 人们觉得成本加成定价法对买卖双方都比较公平，尤其是买方需求强烈时，卖方没有利用这一有利条件谋求额外的利益，而是仍然能够较为公平地进行交易。

2. 目标利润定价法

目标利润定价法又叫作盈亏平衡定价法。目标利润定价法是指根据估计的总销售收入和估计的产量来制定价格的一种方法。目标定价法主要是使用损益平衡图来进行分析。损益平衡图上描述了在不同销售水平上预期的总成本和总收入。

例 3 案例 2，某制造商的投资额为 100 万元，预期销售量为 50 000 个，单位成本为 16 元，投资收益率为 20%，即 20 万元，目标价格为多少？

$$\begin{aligned}目标价格 &= 单位成本 + 目标收益 \times 资本投资额 \div 销售量 \\ &= 16 + 0.2 \times 1\,000\,000 \div 50\,000 \\ &= 20(元)\end{aligned}$$

该例题中，若制造商的成本和预期销售量都十分正确，则可以实现 20%的投资收益率，但是如果销量达不到 50 000 个，那么就应该运用损益平衡图来进行分析。

如图 7-1 所示，固定成本为 30 万元，固定成本加上可变成本便是图中的总成本曲线，该曲线与销售量有关。总收入曲线为一条起于原点的直线，直线斜率表示单位价格为 20 元。总收入曲线和总成本曲线在 3 万元处相交，该点就是损益平衡点，此时的销售量就是盈亏平衡量，计算公式为

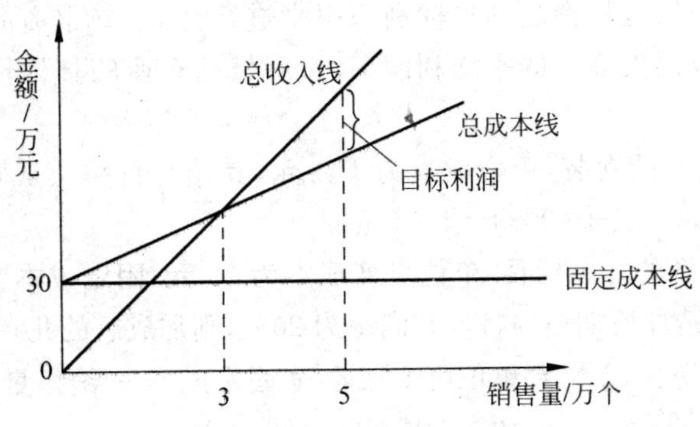

图 7-1 损益平衡图

$$盈亏平衡产量 = \frac{固定成本}{价格 - 可变成本} = \frac{300\,000}{20 - 10} = 30\,000(个)$$

从以上分析可以看出，目标利润定价法存在一个严重的缺陷，即企业以估计出的销售量求出应制定的价格，但往往忽略的价格恰恰是影响销售量的一个重要因素。本例题中，制造商要实现5万个的销售量，20元/个的价格可能偏高或偏低，即忽略了需求函数中不同价格下企业可销售出的数量这一问题，这个问题就是目标利润定价法没有考虑进去的因素，也是运用该定价方法的缺陷所在。

二、需求导向定价法

需求导向定价法是指根据市场需求状况和消费者对产品的感觉差异来确定价格的定价方法。该定价法的特点是企业的定价随消费者需求的变化而变化，与成本因素关系不大，这一方法非常符合现代市场营销观念中以消费者需求为中心的营销理念。

需求导向定价法主要包括认知价值定价法、反向定价法。

1. 认知价值定价法

认知价值定价法是根据消费者对企业所提供的商品价值的主观评价来制定价格的方法。即企业所提供的商品在消费者心目中值多少钱。如果企业对商品的定价高于消费者对商品的评价，企业将面临商品滞销的风险；如果企业对商品的定价低于消费者对商品的评价，就有可能引起消费者大量购买的情形，但是同时企业也失去了获得更多利润的机会。因此，企业往往希望商品的定价与消费者心目中期望的价格尽量吻合，以最大限度地获得消费者剩余，以达到企业利润最大化的目标。

认知价格定价法的关键有两点：如何准确测定消费者感受价值的程度和如何利用营销策略来影响消费者的感受价值。根据上述两点就要求企业必须对商品进行广泛的市场调研，充分了解市场上消费者的需求偏好，根据其所销售的商品的质量、性能、用途、品牌、服务等多方面因素来判定消费者对商品的认知价值程度。

假设市场上有甲、乙、丙三家销售同种商品的企业，现在要求消费者对这三家企业的商品分别进行评比，有以下三种方法可供使用。

(1) 直接价格评比法。直接价格评比法要求消费者对三家企业的商品确定能代表其价值的价格。例如，他们可以将甲、乙、丙三家企业的商品分别定价为2.55元、2元和1.52元。

(2) 直接认知价值评比法。直接认知价值评比法要求消费者根据他们对三个企业生产的商品价值的认知，将100分在三者之间进行分配，假设分配结果分别为42、33、25，且甲、乙、丙三种商品在市场上的平均价格为2元，则可以得到三个反映其认知价值的价格2.55元、2元、1.52元。

(3) 诊断法。诊断法要求消费者就三种商品的属性，如商品的耐用性、商品的可靠性、商品交货的可靠性、服务质量四个方面进行评分。每种属性有 100 分，将这 100 分分配给三个企业，四种属性。如表 7-1 所示，每个企业的评分乘以重要性权数。

表 7-1 诊 断 法

重要性权数	特 征	产 品		
		甲	乙	丙
25	产品耐用性	40	40	20
30	产品可靠性	33	33	33
30	产品可靠性	50	25	25
15	服务质量	45	35	20
100	认知价值	41.65	32.64	24.9
	均衡价格	2.55	2.00	1.52

2. 反向定价法

反向定价法是指企业依据消费能够接受的最终销售价格，计算自己从事经营的成本和利润后，逆向推算出商品的批发价和零售价。这种定价方法不以实际成本为主要依据，而是以市场需求为定价出发点，力求使价格为消费者所接受。分销渠道中的批发商和零售商多采用这种定价方法。

反向定价法的特点是：价格能反映市场需求状况；有利于加强与中间商之间的良好关系，保证中间商的正常利润，使产品迅速向市场渗透；根据市场供求情况及时调整，定价比较简单灵活。这种定价方法特别适用于需求价格弹性大、品种多、产品更新快、市场竞争激烈的商品。

三、竞争导向定价法

竞争导向定价法是以市场上竞争对手的同类产品价格作为主要依据的定价方法。企业定价时，主要考虑竞争对手的产品价格。如果竞争对手的价格变了，即使产品成本与需求量没有发生变化，也要随之改变产品价格；如果竞争对手的价格没有发生变化，即使本企业产品成本或需求发生了变化，也不应该改变价格。竞争导向定价要以提高产品的市场占有率为目的，制定有利于企业获胜的竞争价格。在具体运用中，竞争导向定价法常用的方法有两种，即随行就市定价法和投标定价法。

1. 随行就市定价法

随行就市定价法是企业根据同行业平均价格或者同行业中实力最强竞争者的产品价格制定本企业产品价格的定价方法。

在以下三种情况下常常采用这种定价方法。

(1) 难以估算成本；

(2) 企业打算与同行和平相处；

(3) 如果另行定价，很难了解购买者和竞争者对本企业的价格的反应程度。

因此，无论市场结构是完全竞争的市场，还是寡头竞争的市场，随行就市定价都是同质产品市场的惯用定价方法。

在完全竞争市场上，销售同类产品的各个企业在定价时实际上没有太多的选择空间，只能按照行业的现行价格来定价。若某企业把价格定得高于市场价格，产品就卖不出去；反之，如果把价格定得低于市场价格，就会遭到降价竞销的情形。

在寡头市场上，企业也倾向于和竞争对手定价相同。因为在寡头市场中，只有少数几家大公司，购买者对市场行情非常敏感，如果各大公司价格稍有差异，消费者就会转向价格较低的企业，因此，当商品的需求富有弹性时，一个寡头企业不能通过提价而获利；当商品的需求缺乏弹性时，一个寡头企业也不能通过降价而获利。

随行就市定价具有以下三个优点：

(1) 在成本接近、产品差异较小、交易条件基本相同的情况下，采用随行就市的定价方法可以保证各个企业获得平均利润。

(2) 各企业价格保持一致，有利于与同行竞争者和平相处，避免价格战和竞争者之间的报复，也有利于在和谐稳定的气氛中促进整个行业的稳定发展。

(3) 在竞争激烈、市场供求复杂的市场状况下，单个的企业不易于了解消费者和竞争者对价格变化的反应程度，采用随行就市定价方法既可以节约企业的经费，又避免了因价格波动而带来的风险，是企业认为的一种较为稳妥的定价方法。

2. 投标定价法

投标定价法是指企业以竞争者可能报价为基础，兼顾本身应有的利润所确定的价格。这种方法在建筑包工、大型机械设备购买和安装、社会集团大批量购买时常常使用。

投标定价法的实施过程是采购方在报刊上刊登广告或发出函件，说明拟采购商品的数量、品种、价格、规格和交货日期等具体要求，邀请供应商在规定的期限内投标，并在规定的日期内开标，选择报价最低、最有利的供应商成交，相互签订采购合同。若某供货商想做这笔生意，就应在规定的期限内填写标单，在上面注明可供应商品的名称、品种、规格、价格、数量、交货日期等，密封送给招标人，这个过程就是投标。

按照投标定价法制定的价格是根据对竞争者的报价进行估计制定的，而不是按照供货企业自己的成本费用或市场需求来制定的，供货企业的目的在于赢得合同，所以他的报价应该低于竞争对手的报价。但是企业也不会把自己的价格定得低于该企业的边际成本，以避免该企业的经营状况恶化，但是若企业报价远远高于自己的边际成本，虽然利润会增加，但却减少了签订合同的机会，所以投标定价法的定价是兼顾多方面因素而制定的价格。

第三节　定价策略

定价策略是指企业根据市场中不同变化因素对商品价格的影响程度采用不同的定价方法,制定出适合市场变化的商品价格,进而实现目标的企业营销策略。

一、新产品定价策略

新产品定价有以下两种策略:

1. 撇脂定价

撇脂定价是指在产品生命周期的最初阶段,把产品的价格定得很高,以获取最大利润,这好比从鲜奶中撇取奶油一样。企业之所以能这样做,是因为有些购买者主观认为某些商品具有很高的价值。从市场营销实践中,具有以下4种特点的企业适合采用撇脂定价法。

(1) 市场有足够的购买者,他们的需求缺乏弹性,即使把价格定得很高,市场需求也不会大量减少。

(2) 高价使需求减少一些,因而产量减少一些,单位成本增加一些,但这不会抵消高价所带来的收益。

(3) 高价情况下,仍然独家经营,别无竞争者。例如,有专利保护的产品。

(4) 某种产品的价格定得很高,使人们产生这种产品是高档产品的印象。

撇脂定价策略的优点有:

(1) 企业能迅速实现预期赢利目标,掌握市场竞争和新产品开发的主动权;

(2) 短期内能获得高额利润,掌握调价的自主权;

(3) 有利于树立名牌产品的形象。

撇脂定价策略的缺点有:

(1) 高价所带来的高利润必然会引起更多竞争者的加入;

(2) 市场推广速度较慢,不利于获得最大的市场占有率。

为了克服上述两大缺点,企业往往会采用大量投入广告和在适当的时机降价的方法来扩大市场份额,限制竞争者的进入。

☞ 小案例:Intel 公司 CPU 产品的定价

Intel 公司销售 CPU 芯片时,在充分考虑消费者对产品的了解程度上,采取了相应的定价策略。每当 Intel 公司开发出一种新的芯片时,总是先定一个很高的价格,为这种新的高科技产品制定一个较高的价格很容易吸引专业电脑用户和商业用户细分市场。随着时间的推移，当消费者对CPU产品制造成本情况开始了解时，同时有竞争者推出类似的芯片时，Intel公司便会大幅降低CPU芯片的价格，以吸引一般的家庭电脑用户的购买。通过这种方法，Intel公司推出新的CPU产品时获取了高额的利润。

（资料来源：张梦霞.市场营销学[M].北京：北京邮电大学出版社，2007.）

☞小案例：雷诺兹圆珠笔的撇脂定价策略

圆珠笔的原始设计早在1888年就已经问世，但是迟迟未能形成生产规模，因此并不为人所知。1945年，精明的雷诺兹看准了这一产品拥有巨大的市场潜力，便组织人员昼夜攻关，只用了一个月便拿出了改进产品，赶在了其他竞争对手的前面。之后，雷诺兹带着仅有的一支圆珠笔样品来到纽约一家著名的金贝尔百货公司，向公司主管们展示并介绍了自己所生产的圆珠笔的不凡之处："它既能在水中写字，又可以在高海拔地区写字。"这是一般墨水钢笔所无法做到的。雷诺兹精心策划的展示果然打动了这些老板，他们当即向雷诺兹订货2 500支。当时这种圆珠笔的生产成本只有0.8美元，但是雷诺兹却将售价定在了12.5美元，超过成本10倍多。他认为，只有这个价格才能让人觉得圆珠笔的与众不同，有利于扩大圆珠笔的销售。雷诺兹还抓住当时第二次世界大战刚刚结束，世人对美国投放的两颗威力无比的原子弹普遍有种神秘感的心理，别出心裁地把这种圆珠笔称为"原子笔"。1945年10月29日，当金贝尔公司首次出售这种奇妙的"原子笔"时，竟然出现了5 000人抢购的壮观场面，公司不得不请来50名警察维持秩序。随后，美国各地商店向雷诺兹索要"原子笔"的订单像雪片一样飞来。短短6个月内，雷诺兹为生产圆珠笔投入的2.6万美元资本，竟然取得了155万美元的税后利润。等到几百家企业杀入这一市场并削价竞争时，雷诺兹已经赚得钵满盆满，全身而退，另谋新的发展天地去了。

（资料来源：刑群麟.玫瑰面包营销学：妙趣横生的开店妙计[M].北京：立信会计出版社，2010.）

2. 渗透定价

渗透定价是指企业将其创新产品的价格定得相对较低，以吸引大量顾客，提高市场占有率的一种定价方法。在市场营销实践中，具有以下三种特点的企业适合采用渗透定价法。

（1）市场需求显得对价格极为敏感，因此低价会刺激市场需求迅速增长。

（2）企业的生产成本和经营费用会随着生产经营经验的增加而下降。

（3）低价不会引起实际和潜在的竞争。

渗透定价法的优点是:

(1) 能迅速打开市场,提高企业产品的市场占有率。

(2) 低价薄利不会导致竞争者的加入。

渗透定价法的缺点是:

(1) 低价利薄,投资回收期较长。

(2) 不利于企业形象的树立。

(3) 有可能导致反倾销的报复。

☞小案例:日本公司进入美国市场的价格渗透策略

日本人进入海外市场时总是采用市场渗透策略,即将产品价格定得比竞争者还低,以吸引潜在的顾客。当时,他们甚至甘心接受早期发生的亏损,因为他们把这种亏损视为一种长期投资。市场渗透策略的主要目的是扩大市场占有率,忽视眼前的利润。通过刻意制定低廉的价格所建立起来的市场占有率,使企业能够长期处于市场领导地位。由于日本产品海外的售价比在日本境内还要低,因而日本公司常常被竞争者指控为"倾销"产品。日本产品的低价策略对于消费者而言,则是用较少的花费获得更多的价值,这对于日本人进一步推广其产品是有利的。而产品的大量销售又会带来规模效应,从而降低了生产成本。一旦产品被市场所接受,那么企业便可以适当提高价格,获得更大的经济利益。

(资料来源:邓镝.营销策划案例分析[M].北京:机械工业出版社,2007.)

二、折扣与折让定价策略

许多企业对于交易中购买方提前付款、大批量采购、淡季购买等一系列行为都给予了一定比例的价格回报。其形式主要有以下5种。

1. 功能折扣

功能折扣又叫作贸易折扣,是指生产者向愿意执行一定的职能(如销售、储存等)的贸易渠道成员提供的折扣。由于渠道中的各个成员所执行的职能不同,其所给予的折扣也不一样。例如,某企业的报价为"50元,折扣40%及10%",这表示给零售商的价格是50×40%=20元,给批发商的价格再折扣10%,即20－20×10%=18(元)。

2. 数量折扣

数量折扣是给予那些购买数量较多的客户的一种价格减让。数量折扣有一次性购买数量折扣和一定时期内累计购买数量的折扣。例如,有的商家规定"购买100单位以下时,每单位10元,购买100单位以上时,每单位9元"。数量折扣应面向所有的客户,折扣的幅度不能超过因销量增加而增加的收益。

3. 现金折扣

现金折扣是企业为鼓励买方提前付款,依据买者付款时间的早晚所给予的一定比例的价格折扣。例如,销售合同上注明“2/10,信用净期 30”,表示买方应在 30 日内付清所有货款,如在 10 日内付清,可以折扣 2%。这类折扣必须向所有符合条件的客户提供。现金折扣已经成为许多行业的惯例,主要是为了提高销售商的现金流量,减少收回欠款的成本,避免坏账的出现。

4. 季节折扣

季节折扣是指企业给予那些购买过季商品或服务的客户的一种折扣方式,这种方式使企业的生产和销售在一年四季都保持相对的稳定,使企业各种资源在各个时期都能够得到很好的利用。例如,滑雪橇制造商在春夏季节给零售商以季节折扣,以鼓励零售商提前订货;再如许多旅馆、航空公司在营业淡季会给顾客提供季节折扣价格等。

5. 价格折让

价格折让可以理解为一种变相的价格减让。例如,以旧换新折让是在消费者购买某种新产品的同时交回旧产品而给予的一种减价。在耐用品、汽车等产品的销售中经常有这种以旧换新的折让。但是目前许多企业由于竞争压力而过度滥用这种方法,使价格折让法失去了商品本身对消费者的吸引力。

影响上述五种折扣和折让策略的主要因素如下:

(1) 竞争对手以及联合竞争的实力。市场中同行业竞争对手的实力强弱会威胁到折扣与折让定价的效果。一旦企业间竞相折价,那么必然会造成要么两败俱伤,要么被迫退出竞争市场的结果。

(2) 折扣与折让的成本均衡性。销售中的折价并不是简单的遵循单位价格随订购数量的上升而下降的这一规律。对生产厂商来说也会存在例外的情况,如订单量过大,就很难看出连续订购的必然性,企业扩大再生产后,一旦下一年订单减少,投资将很难收回。

(3) 市场总体价格水平下降。由于折扣与折让策略有较为稳定的长期性,所以当消费者利用折扣或折让超过需求进行购买后再将超过需求的部分商品转卖给第三方时,就会扰乱市场秩序,导致市场的总体价格水平下降,给采用折扣或折让策略的企业带来损失。

☞ 小案例:美佳西服店的折扣定价策略

日本东京银座的美佳西服店为了销售商品采用了一种折扣销售的方法,颇为成功。具体方法是这样:先发放一则公告,介绍某商品品质性能等一般状况,再宣布打折扣的销售天数以及具体日期,最后说明打折方法:第一天打九折,第二天打八折,第三、第四天打七折,第五、第六天打六折,以此类推,到第十五、十六天时该商品打一折,这种销售方法的结果是：第一、第二天顾客不多，来者多半是探听虚实和看热闹的，第三、第四天人渐渐多起来了，第五、第六天打六折时，顾客像洪水一般涌向柜台争先购买，以后连日商店天天爆满，还没有到商品打一折的时候，商品早已销售一空，出现缺货的状况。这一则成功的折扣定价策略，妙在准确地抓住了顾客购买心理，有效地运用了折扣售货的方法进行销售。人们当时希望买到质量又好又便宜的货品，最好能买到一折或两折的价格出售的货品，但是谁又能保证到你想买的时候还有货呢？于是出现了头两天顾客犹豫，中间几天疯狂抢购，最后几天买不到货者惋惜的情景。

（资料来源：实战中的想象力：价格还有哪些玩法[J/OL]. 2009(4). http://www.qikan.com.cn/Article/shji/shji200904/shji20090412.html.）

三、地区定价策略

1. FOB 原产地定价

FOB 是 free on board 的缩写，是指在某一运输工具上交货的条件（又称为离岸价格）。企业将产品装运到买方指定的某一交通工具上，此前的一切风险和费用由企业承担，此后的一切风险和费用由买方承担。运用这种定价方法，距离较远的顾客承担更多的费用，产品价格较高，可能会寻求距离较近的供应商。尽管如此，这种定价方法仍然是目前普遍采用的一种方法。

2. 统一交货定价

这种定价方式和 FOB 定价方法正好相反。统一交货定价就是企业对于卖给不同地区顾客的某种产品，都按照相同的出厂价格加相同的运费（按照平均运费计算）定价。即对全国不同地区的顾客，无论远近都实行统一价格，因此这种定价又叫作邮资定价。

3. 分区定价

这种定价方法介于 FOB 定价方法和统一交货定价之间。所谓分区定价，就是企业把全国（或某些地区）分为若干价格区，对于卖给不同价格区的顾客的某种产品，分别制定不同的地区价格。

企业采用这种定价方法有一定的弊端。

(1) 在同一价格区间，有些顾客距离企业较近，有些顾客距离企业较远，前者就不太划算。

(2) 处在两个相邻价格区间界线两边的顾客，虽然他们相距不远，但是要按照高低不同的两种价格来购买同一种商品。

4. 基点定价

基点定价是指企业选定某些城市作为基点，然后按照一定的厂价加上从基点城市到顾客所在地的运费来定价，而不管货是从哪个城市开始起运的。有些企业为了提高灵活性,选定了许多城市作为基点,按照离顾客最近的基点城市来计算运费。

四、心理定价策略

1. 尾数定价

尾数定价是指企业在定价时故意保留尾数,给消费者一种价格低廉的心理感觉的定价方法。尾数定价主要应用于消费者价格敏感性较高的日用消费品的定价中。例如,某商品定价 9.9 元,而不是 10 元,让消费者认为前者的价格比后者的价格便宜了一个档次。

☞小案例:尾数定价

心理学家的研究表明,价格尾数的微小差别,能够明显影响消费者的购买行为。一般认为 5 元以下的商品,末位数为 9 最为受欢迎;5 元以上 100 元以下的商品末位数为 95 效果最佳;百元以上的商品,末位数为 98、99 最为畅销。尾数定价法给消费者一种经过精确计算的、最低价格的心理感觉;有时也会给消费者一种是原价打了折扣,商品便宜的感觉;同时,顾客在等候找零钱的期间,也可能会发现和选购其他商品。例如,某品牌的 54inch 彩电的标价是 998 元,给人以便宜的感觉,认为只要几百元钱就可以购买一台彩电,其实它比 1 000 元只少了 2 元钱。尾数定价策略还给人一种定价精确、值得信赖的感觉。尾数定价法在欧美以及我国常以奇数为尾数,如 0.99、9.95 元等,这主要是因为消费者对奇数有好感,容易产生一种价格低廉、价格向下的概念。另外由于"8"与"发"谐音,因此在定价中 8 的采样率也是很高的。

(资料来源:刘昱.经典营销案例新编[M].北京:经济管理出版社,2008.)

2. 整数定价

和尾数定价法正好相反,整数定价法就是不保留价格零头,采用合零凑整的一种定价方法。例如,把价格定为 100 元,而不是 99.9 元。这种定价方法给消费者感觉在价格上上升了一个档次,迎合了具有高消费心理的消费者的需要,使他们感到消费这种商品与其地位、身份相吻合,从而立刻作出了购买的决定。

3. 声望定价

声望定价是一种利于企业或商品的知名度,给商品制定一个较高的价格的定价方法。在消费者看来,价格是反映商品质量的一个重要指标,特别是知名企业的商品若以较低的价格进行销售,可能会引起消费者的怀疑,认为是伪劣假冒商品,从而影响消费者的购买。因此高价与独特的品质、完善的服务质量与知名品牌之间的相互结合,有利于加强产品的吸引力,扩大产品的销量。

☞ 小案例:声望定价

微软公司的Windows98(中文版)进入中国市场时,一开始就定价为1 998元人民币,这是一种典型的声望定价。另外由于正式场合的西装、礼服、领带等商品的服务对象主要为企业总裁、律师、外交官等消费者,则大多生产该类商品的企业都采用声望定价。该商品的高价格代表了这类职业人群的身份和地位。

金利来领带一上市就以优质、高价定位市场,对有质量问题的金利来领带它们绝不上市销售,更不会降价处理。这样一来,就给消费者传递了这样的一个信息,即金利来领带绝对不会降价或有质量问题,低价销售的金利来也绝非是真正的金利来产品,有可能是冒牌货,从而极好地维护了金利来的形象和市场地位。

(资料来源:邓镝.营销策划案例分析[M].北京:机械工业出版社,2007.)

☞ 小案例:劳斯莱斯汽车的价格策略

在当今世界汽车行业里面,名牌产品为数众多。美国的通用、福特,日本的凌志,法国的雪铁龙,德国的奔驰、宝马等,都是消费者心仪的名牌。而这些名牌中的名牌,当属劳斯莱斯。据说该车的许多部件都是手工制造的,精益求精。其完美的质量,令世人瞩目,而其昂贵的价格,也令人咂舌,某些车的价位已经接近40万美元,高出其他品牌汽车价位几倍甚至几十倍。劳斯莱斯汽车是订货供应,福特汽车1916年生产了50多万辆,到1982年产量达到了400多万辆,但劳斯莱斯平均年产量才60多辆,从1904年到1963年60年间总共产量只有4万辆。不仅如此,它的限量还表现在售卖上,劳斯莱斯总共有三个系列,它的"银灵"以蓝、黑两色为主调,只卖给国家元首、政府高官和有爵位者;"银羽"为中性颜色,卖给绅士名流;"银影"为灰白色,卖给一般的富豪。劳斯莱斯汽车的售卖,选择权在公司。公司先要对顾客资格进行审查,之后才决定其可以订购何种系列的车。由于供应量太少,就连美国前总统艾森豪威尔想拥有一辆劳斯莱斯轿车都未能如愿,这更使劳斯莱斯身价倍增。

(资料来源:刑群麟.玫瑰面包营销学:妙趣横生的开店妙计[M].北京:立信会计出版社,2010.)

4. 招徕定价

招徕定价是指零售商利用部分顾客追求廉价的心理,特意将几种商品的价格定得较低来吸引顾客购买。例如,某些商店随机推出降价商品,每天有一种或两种商品作为特价商品出售,以此来吸引顾客经常来购买廉价的商品,在选择购买廉价商品的同时也购买了其他正常价格的商品。

5. 运费免收定价

随着市场竞争的加剧,一些生产企业为了扩大销售范围,增加市场竞争力,提出了免收运费的定价。例如，销售图书的当当网站经常会推出免邮费的购书方式，这样扩大了当当网站的图书销售量。尽管扩大的销售量可能弥补由于支付运费而带来的损失，但是实施这一定价方法仍然需要以企业的经济实力作为坚实的后盾，特别是当运费占销售价格的比重比较大时。但是也有不少企业在开拓国际市场时，经常采用这种定价方式，因为此类企业仅将出口销售带来的利润看作一种额外的收益。

6. 吉利定价

吉利定价是根据消费者的宗教信仰或者文化习俗或者消费者的某种心理，有意将价格定为一些吉利的数字，以吸引消费者购买的一种方式。例如，在中国 8、6、9 都是常用的定价数字。例如 888、999、168 这样数字组合有一定的吉利意义，故而很多商家以这些数字组合作为定价。

五、差别定价策略

差别定价策略是指企业以不同的价格向不同的消费者销售相同或类似的产品。这些产品有时候是完全相同的，有时候产品的生产成本有可能存在一定的差异，但是它却远远小于价格的差别。

差别定价策略通常包括下面三种形式。

1. 对不同顾客实行差别定价

购买力强的消费者对价格往往不敏感，相对于低收入群体而言，他们在购买同一商品时愿意支付高的价格。许多企业既希望以较高的价格将产品卖给高收入群体，又不希望因为价格太高而失去低收入消费者市场。为了更大限度地获取消费者剩余，企业往往针对不同购买力的消费群体制定不同的价格。例如，学生往往是购买力较弱的群体，中国的许多航空公司在向学生出售机票时可以在原价的基础上打六折。

但是在大多数情况下，企业很难从消费者口中得知他们真正的支付能力。因此，一些企业也通过提供商品回扣的方式来实施差别定价策略来解决这一问题。例如，柯达公司的一个回扣方案是只要消费者邮寄回一张表格，附上购买三卷胶卷的证明，就能收到 1.5 美元的回扣。柯达公司之所以不直接将每一个胶卷降价 50 美分，是因为只有那些对价格敏感的消费者才会不嫌麻烦邮寄东西，并要求回扣。无形之中，不同购买力的消费群体被他们自己区分开，差别定价策略也得以顺利实施。

☞ 小案例：美国航空公司的价格策略

把差别定价策略运用得最为经典的是美国的航空公司。当面对激烈的市场竞争时，其他航空公司都在降低机票价格的时候，美国航空公司没有简单地这样做，而是首先将市场细分为私人旅游乘机和商务乘机。私人旅游乘机对价格比较敏感，而因公事乘机的乘客对安全快捷以及服务更感兴趣。降价可以极大地增加私人旅游乘机的乘客量，但对商务乘机乘客量的影响并不是很大，对他们降价只会白白损失公司利润。该航空公司通过分析还认识到，私人旅游乘机由于其较强的计划性，往往提前1～3个月就可以订票了，而商务乘机的乘客由于业务的突发性和偶然性，往往提前订票的时间较短，通常是1～2周。于是美国航空公司只对提前超过两周订票的票价进行打折，而短期订票价格维持不变，从而最大限度地获取了利润。

（资料来源：邓镝. 营销策划案例分析[M]. 北京：机械工业出版社，2007.）

2. 根据产品形式不同实行差别定价

即使是非常富有的消费者，也不希望看到他们支付了更高的价格，得到的却是完全相同的产品和服务，但是产品差异却可以为差别定价提供一个很好的理由。一些企业生产的产品差异性是天然存在的，尽管他们耗费企业相同的成本。例如，足球场或是话剧院，任何一个座位对生产者而言成本都是相同的，但是对观众来说不同的座位带来了不同的观看效果，因此我们可以看到足球场和剧院对不同的座位制定了不同的票价。再如一些出版商会对同一本小说出版两个不同的版本，一个是精装本，一个是平装本。前者的价格往往远远高出后者的价格，但是一本小说一经写出并制版之后，成本是基本确定的。这时，厂商就根据产品的形式不同实行差别定价策略。

3. 根据销售时间的不同实行差别定价

差别定价还经常用于削减高峰期需求，维持供求平衡。许多产品由于不能储存，使得很多服务性企业生产的产品会出现在一定时期内产品供不应求，但在其他时期内又会供大于求的情况。例如，我国的铁路部门往往在节假日期间非常拥挤，但是平常时间很多线路的载运能力又不足的情况。针对这种情况，就会出现我们说的根据销售时间不同而实行差别定价。

☞ 小案例：法林联合公司的“自动降价商店”

美国波士顿的“法林联合公司”开设了一种“自动降价商店”。这家商店承诺，如果一件衣服在货架上陈列了13天还未售出，就自动降价20%，再过6天仍未售出，再降价50%，再过6天，降价75%，如果到第25天还无人问津，就将衣服从货架上取下来送到慈善机构，这家商店的商品大多数属于中档商品，种类齐全，物美价廉，加上美国人生活节奏快，所以往往不等商品降到最低价格就已经被一抢而空了。这种定价方法从表面上看是商店蒙受了巨大的损失，但是结果却是获得了丰厚的回报，其原因是，商家向顾客显示了对自己商品的信心，同时给顾客以责任感。

（资料来源：邓镝. 营销策划案例分析[M]. 北京：机械工业出版社，2007.）

企业采取差别定价必须具备以下条件：

(1) 市场必须是可以细分的，而且各个市场部分需表现出不同的需求程度；

(2) 以较低价格购买某种产品的顾客不可能以较高价格把这种产品倒卖给其他人；

(3) 竞争者不可能在企业以较高价格销售产品的市场上以低价竞销；

(4) 细分市场和控制市场的成本费用不得超过因实行价格歧视而得到的额外收入；

(5) 价格歧视不会引起顾客的反感和放弃购买，进而影响销售；

(6) 采取的价格歧视形式不能违法。

六、产品组合定价策略

企业往往经营的不只是一种产品而是一个产品组合，在这个产品组合中，可能会有若干条生产线，每条生产线内又可能包含了若干个产品项目。所以在实践中，一个企业面临的往往是同时对产品组合中的多个产品定价，而不只是对单一的产品定价。产品组合定价显然比单一产品定价要复杂一些，因为一个产品组合内的各种产品无论在需求上还是在成本上，往往会有一些相互的联系，对其中的某一个或是某一类产品定价都可能影响到其他产品的需求以及价格，以至于最终影响到企业的总体利润。所以，一个好的产品组合定价策略应该是从企业全局出发去考虑，根据产品之间的关联性为组合中的产品确定合适的价格，以实现企业经营的总体目标。

企业产品组合定价策略的类型主要有产品线定价、分部定价和捆绑定价三种。

1. 产品线定价

产品线定价是指企业对属于同一产品线的某一大类产品进行定价，同一产品线中的各个产品之间都有较为紧密的联系，它们都以类似的方式发挥产品的基本功能，它们之间往往有一定的相互替代性。

在进行产品线定价时往往有两种情况：

第一种情况是同一产品线中的各个产品有大致相同的目标市场，这样它们之间的价格就应当有较大的关联性。企业往往先根据目标市场的购买力和消费者的需求以及竞争者的定价来制定出一个基准价格，然后再在这一基准价格的基础上根据产品的成本、特征等多方面的因素来决定它们的定价。例如，宝洁公司在中国市场的洗发水生产线上，有"飘柔"、"潘婷"、"海飞丝"等多个品牌，宝洁公司仍然将这些产品的价格都定得比较接近，而不会将某一品牌的价格定得比其他品牌的价格低得多，以保证宝洁产品高品质的企业形象。

第二种情况是相同生产线中的各项产品有不同的目标市场，这时各个产品间价格的关联性是相对比较弱的，企业只要针对不同目标市场的情况以及产品成本的情况对相应的产品进行定价，而不用过多考虑各个产品之间的价格差异。但是如果企业将购买力作为划分不同目标市场的基准，那么不同产品的价格差距就必须与目标市场的差距相互吻合了。例如，森达集团的皮鞋生产线同时提供“森达”和“好人缘”两个不同的品牌，它们分别代表了高档和中档两个不同的等级，使用“森达”品牌的皮鞋价格一般在300元以上，而使用“好人缘”品牌的皮鞋价格一般在100～200元之间，这两类皮鞋的价格差距就反映了不同目标市场的不同特征。

2. 分部定价

分部定价是企业往往将原本以整体形式销售的产品分拆出来出售，并对不同的产品组合进行单独定价的方式。这些分开来的产品在功能上往往具有一定的互补性。例如，吉利公司在销售剃须刀时将刀片和刀架分开来定价。

分部定价方式被企业广泛使用，因为如果企业以整体的形式销售一件产品时，在通常情况下，只能制定一个价格，若这个价格定得过低，虽然能吸引到更多的消费者，但是影响了企业的利润；若这个价格定得过高，购买者数量减少，也影响了企业的利润。因此企业通过实行分部定价，将消费者长期使用、购买率较低的那部分产品制定一个较低的价格，以吸引更多的消费者购买；将长期使用的，购买率较高的那部分产品制定一个较高的价格，以通过这部分产品获得更多的市场利润。

3. 捆绑定价

与分部定价相反，捆绑定价是将一些原本并没有太多关联的产品组合作为一个整体，按照一个统一的价格进行销售。合适的捆绑定价方法同样也能增加企业的销售额和销售利润。例如，在很多饭店，许多顾客来进餐时除了消费饭菜以外还要消费酒水，因此，许多饭店把酒水的价格定得很高，而食品的价格定得相对较低来吸引顾客，食品收入可以用来弥补食品成本和饭店的其他成本，而酒水的消费则能给酒店带来额外的利润。

第四节　价格调整

企业制定的价格并不是永恒不变的，因为企业处在一个不断变化的环境之中，为了企业的生存与发展，企业会适时地根据情况进行价格调整。

1. 降价策略

企业降价主要有以下三个原因：

(1) 企业的生产能力过剩，因而需要扩大销售，但是企业又不能通过产品改进或加强销售工作等来扩大销售，在这种情况下，企业就开始实行降价策略。

(2) 在强大的竞争者的压力之下，企业的市场占有率逐步下降。

(3) 企业的成本费用比竞争者低，企业试图通过降价来掌握市场或提高市场占有率，从而扩大生产和销售量，降低成本费用，在这种情况下企业也往往采用降价策略。

小案例：格兰仕的降价策略

在微波炉市场上，格兰仕素来有"价格杀手"、"价格屠夫"的称号。通过多次降价，格兰仕不断抢占竞争对手的市场。格兰仕的绝对低价不仅令消费者趋之若鹜，同时又对竞争对手产生了强大的威慑力，最终成就了它在世界微波炉市场上的霸主地位。

1996年8月，格兰仕为了扩大自己的市场占有率，率先在全国宣布大幅度降价，降价幅度达到45%。当时，一些国外品牌在华经销商以及国内竞争对手没有意识到这是格兰仕抢先一步争夺市场份额的狠招，反而错误并自负地认为格兰仕降价销售是在清理积压商品。等他们醒悟过来的时候，格兰仕已经远远地冲在了前面，与他们拉开了距离，使那些国内外品牌再也无力追赶。通过降价，当月格兰仕创造了超过50%的市场占有率的骄人业绩，全年的市场占有率达到了35%。1997年春节之后，格兰仕的促销手段更是一招狠过一招，且花样翻新，层出不穷。在北京、上海这两座中国最大、最有影响力的城市，格兰仕实施了"买一送一"的营销策略，即买一台微波炉送一台价值380元的电饭煲。这项活动取得的成效之大甚至超出了格兰仕人的期望。以北京为例，在活动的5天有效期内，格兰仕共售出15 000台微波炉，由于大大超出格兰仕的预期，以至于赠品远远不够派送，格兰仕只得登报启事：日后一定补送赠品以答谢新老顾客的厚爱。当6月份微波炉进入销售淡季时，格兰仕反而加大了促销力度，首先在众多媒体上造势，宣布开展将"买一赠一"升级为"买一赠三"的活动，赠品包括微波炉专业饭煲、电风扇和电饭锅，同时将这一活动扩展到了全国20多个大中城市。通过降价销售，格兰仕获得了长足的发展。2000年，格兰仕总共生产微波炉1 200万台，占全国市场的近70%份额、全球市场的35%份额，稳居全球第一名。

（资料来源：格兰仕的降价策略[EB/OL].[2010-10-16]. http://wenku.baidu.com/view/1ed85b11f18583d0496459ea.html.）

2. 提价策略

企业选择使用提价策略主要有以下原因：

（1）由于通货膨胀，物价上涨的原因，导致企业的成本费用增加，因此企业不得不选择提高产品价格的方式来应对通货膨胀。

（2）企业产品的供不应求。在这种情况下，企业必须采用提价策略。提价的方式有取消价格打折、在产品大类中增加价格较高的产品，或者直接提高产品的价格。

（3）企业出于对市场竞争策略的考虑，在激烈的竞争中谋求差异化优势，而采取提价的策略。

小案例：鲍洛奇的“中国炒面”

20世纪40年代初期，鲍洛奇经营的重庆公司的产品——中国炒面终于问世，并堂而皇之地走进了美国各个超级市场。鲍洛奇在广告宣传上为中国炒面增添了一层神秘的东方色彩，再加上富有刺激性的意大利味，使爱好新奇的美国人完全被征服了。而在定价策略上，鲍洛奇经过一番思考和探索，果断制定了提价促销的经营策略，将中国炒面的价格提高了许多。他手下负责价格的职员充满惊讶地对鲍洛奇说：“你疯了？这样会一袋也卖不出去的。”鲍洛奇却充满自信地回答：“等我的好消息吧！”随后，改进了设计包装和商标的中国炒面，便以同类产品中的最高价格推向了市场。产品提价之前，鲍洛奇已经做了大量的广告宣传，让消费者认为吃中国炒面是家庭地位的某种象征，是三餐之外的最佳营养食品。提价后的中国炒面包装新颖，品质优良，又一次迎来了销售高潮。由于定价超过成本很多，重庆公司获得了高额的利润。时隔不久，鲍洛奇又传出中国炒面要再一次提价的消息，消费者的投机心理占了上风，人们纷纷购买加以储存，中国炒面几乎脱销。

（资料来源：任铁军.将“价格大战”进行到底[EB/OL].[2002-12-05].http://www.emkt.com.cn/article/88/8886.htm.）

3. 顾客对价格调整的可能性反应

企业提价或降价的行为，都会影响到市场中的购买者，顾客对企业的变动有以下反应。

(1) 顾客对企业降价的可能反应

① 这种产品过时了，将会被新产品所替代；

② 这种产品存在某些缺点，销售不畅；

③ 企业财务存在困难，企业难以维持经营；

④ 这种产品的质量下降了。

(2) 顾客对价格提升的可能反应

① 这种产品非常畅销，如果不赶快买就买不到了；

② 这种产品物超所值；

③ 厂商想尽快获取更多的利润。

4. 企业对竞争者价格变动的反应

在市场竞争中，如果竞争者率先调整了产品价格，那么企业应该在采取行动之前考虑竞争者为什么调价，才能根据具体情况采取必要的措施。具体有以下做法：

(1) 维持原价。如果企业认为自己的市场份额不会因为竞争对手的调价而失去太多，而且以后能够恢复，则该企业可以采用维持原价的策略。

(2) 在维持原价的基础上，同时采取一些非价格竞争手段，以提高顾客对本企业产品价值的理解。例如,提高产品质量、改善销售服务等。

(3) 跟随竞争者降价。如果认为不降价会丧失较多的市场份额,将来企业会面临倒闭,则可以采用跟随降价的策略。

(4) 提价同时提高产品质量,树立本企业产品的高品质形象,以此增强企业在市场中的竞争力。

本章小结

1. 定价目标:以维持经营为定价目标、以利润为定价目标、以提高市场占有率为定价目标、以稳定价格为定价目标。

2. 厂商的短期成本主要包括总不变成本、总可变成本、总成本、平均不变成本、平均可变成本、平均总成本、边际成本。

3. 厂商的长期成本主要包括长期总成本(LTC)、长期平均成本(LAC)和长期边际成本(LMC)。

4. 企业定价方法:成本导向定价法、需求导向定价法和竞争导向定价法。

5. 新产品定价策略:撇脂定价和渗透定价法。

6. 折扣与折让定价策略包括功能折扣、数量折扣、现金折扣、季节折扣、价格折让。

7. 地区定价策略包括 FOB 原产地定价、统一交货定价、分区定价。

8. 心理定价策略包括尾数定价、整数定价、声望定价、招徕定价、运费免收定价、吉利定价。

9. 企业产品组合定价策略的类型主要有产品线定价、分部定价和捆绑定价三种。

本章习题

一、名词解释

1. 定价目标
2. 需求价格弹性
3. 需求交叉弹性
4. 成本导向定价法
5. 渗透定价

二、单项选择题

1. 理解价值定价法的关键是(　　)。

A. 定适当的目标利润　　B. 准确了解竞争者的价格

C. 计算产品的单位成本　　D. 找到比较准确的理解价值

2. 以下属于需求导向定价法的有（　　）。

A. 成本加成定价法　　B. 理解价值定价法

C. 随行就市定价法　　D. 追随定价法

3. 某企业欲运用需求价格弹性理论，通过降低产品价格提高其销售量，一般情况下，这种策略对下列（　　）类产品效果明显。

A. 产品需求缺乏弹性　　B. 产品需求富有弹性

C. 生活必需品　　D. 名牌产品

4. 在企业的几种定价目标中，有一种只能作为企业的短期目标，这就是（　　）。

A. 度过困难目标　　B. 市场占有率目标

C. 利润最大化目标　　D. 稳定价格目标

5. 在赊销的情况下，卖方为了鼓励买房提前付款，按原价给予一定的折扣，这就是（　　）。

A. 业务折扣　　B. 现金折扣　　C. 季节折扣　　D. 数量折扣

三、填空题

1. 企业定价的目标有：（　　　　）、（　　　　）、（　　　　）、（　　　　）。

2. 根据市场竞争状况，可以把市场分为（　　　　）、（　　　　）、（　　　　）、（　　　　）这 4 种类型。

3. 撇脂定价是指在产品生命周期的最初阶段，把产品的价格定得很（　　　　），以获取最大利润。

4. （　　　　）是给消费者一种价格低廉的心里感觉的定价方法。

5. 同一产品线中的每个产品之间都有较为紧密的联系，他们之间往往有一定的相互（　　　　）。

四、简答题

1. 企业在定价时应该考虑哪些因素？怎样对这些因素进行分析？

2. 需求交叉弹性的含义是什么？

3. 价格折扣主要有哪几种类型？

4. 当企业竞争者价格发生变动时，该企业会对调价作出怎样的反应？

本章案例

雅阁汽车：一步到位的价格策略

广州本田汽车有限公司是在原广州标致废墟上建立起来的，成立于 1998 年 7 月 1

日，注册资本为11.6亿元人民币，由广州汽车集团和本田工业技研株式会社各出资50%建设而成。建厂初期广州本田引进本田雅阁最新2.0升级系列轿车，生产目标为年产5万辆以上，起步阶段为年产3万辆。生产车型为雅阁2.3VTi-E豪华型轿车、2.3VTi-L普通型轿车和2.0EXi环保型轿车。1999年3月26日，第一辆广州本田雅阁轿车下线，同年11月通过国家对广州本田雅阁轿车40%国产化的严格验收。2000年2月28日，广州轿车项目通过年产3万辆的项目竣工验收。2004年年初广州本田已经达到了年产汽车24万辆的产能规模。目前，广州本田生产和销售的车型有4款：雅阁、奥德赛、三厢飞度和两厢飞度。

对于中国市场来说，广州本田雅阁的价格策略也显得高人一筹，在产品长期供不应求的情况下施放“价格炸弹”反映了厂家的长远眼光。

2002年被人们称作中国汽车年，在这一年里，中国汽车实现了一个历史性的飞跃——6 465亿元的销售收入和431亿元的利润总额(同比增长分别达到30.8%和60.94%)，使汽车产业首次超过电子产业成为拉动我国工业增长的第一动力。国家计委产业司2003年1月公布的数字表明，2002年全国汽车产销量超过300万辆，其中轿车产量为109万辆，销量为112.6万辆。中国汽车业的暴利早已成了汽车行业内公开的秘密。尤其是中高档车，利润率高得惊人。根据德国一家行业内权威统计机构公布的数字，2002年中国主流整车制造商的效益好得惊人，平均利润超过22%，部分公司甚至达到了30%。

2002年1月1日起，轿车关税大幅度降低，排量在3.0升以下的轿车整车进口关税从70%降低到43.8%，3.0升以上的从80%降到50.7%。关税下调后，进口车的价格由于种种原因并没有下降到预想的价格区间，广州本田门胁轰二总经理似乎早有预测。他说：“关税从70%降低到43.8%，最终降至25%，这是一个过程。虽然也有部分人因考虑到进口车将要变得便宜而暂时推迟购车计划，但由于政府实际上决定了进口车的数量，短时间内进口车并不会增加许多。”广州本田宣布了一个令所有人都感到吃惊的决定：2002年广州本田的所有产品价格将不会下调。

1998年广州本田成立，就确定了将第六代雅阁引进中国生产，1999年3月26日，第六代新雅阁在广州本田下线，当年就销售了1万辆。雅阁推出的当年，市场炒车成风，最高时加价达6万元以上，成为当年最畅销的中、高档车。继2000年成为全国第一家年产销中高档轿车超3万辆的企业后，2001年广州本田产销超过5万辆，比计划提前了4年。2002年，广州本田产销量为59 000辆，销售收入137.32亿元人民币，利税50亿元。2002年3月1日，第10万辆广州本田雅阁下线，标志着广州本田完全跻身国内中、高档汽车名牌企业行列。

雅阁刚上市时国产化率是40%，经过几年经营国产化率上升到60%，2003年北美版新雅阁上市时提升到了70%，降低了进口件成本；建厂时广州本田的生产规模是3万辆，

2001 年达到 5 万辆生产规模。到了 2002 年，提升为 11 万辆，规模带来了平均成本的降低，同年完成 12 万辆产能改造。

2003 年，北美版新雅阁（第七代雅阁）的上市终结了中国中档轿车市场相安无事高价惜售的默契，它的定价几乎给当年所有国产新车的定价建立了新标准，使我国车市的价格也呈现出整体下挫的趋势。随之而来的是持续至今的价格不断向下碾压与市场持续井喷。

广州本田借推出换代车型之机，全面升级车辆配置，同时大幅压低价格。2003 年 1 月，广州本田新雅阁下线，在下线仪式上广州本田公布新雅阁的定价，并且宣布 2003 年广州本田将不降价。其全新公布的价格体系让整个汽车界为之震动：排量为 2.4 升的新雅阁轿车售价仅为 25.98 万元（含运费），而在此前，供不应求的排量为 2.3 升老款雅阁轿车的售价也要 29.8 万元，还不包含运费。这意味着广州本田实际上把雅阁的价格压低了 4 万多元，而且新雅阁的发动机、变速箱和车身等都经过全新设计，整车可操作性、舒适性、安全性等方面都有所提高。其总经理门胁轰二的解释是："一方面，广州本田致力于提高国产化率来降低成本，有可能考虑将这部分利润返还给消费者；另一方面，这也是中国汽车业与国际接轨的必然要求。"业内人士认为，这正是广州本田在新的竞争形势下调整赢利模式的结果。

雅阁 2.3 原来售价 29.8 万元仍供不应求，新雅阁价格下调 4 万元，而排量、功率、扭力、科技含量均有增加，性价比提升应在 5 万元左右。广州本田新雅阁的售价与旧款相比相差比较大，旧雅阁 2.3VT1-E（豪华型）售价 30.30 万元，相差近 4 万元，算上新雅阁的内饰、发动机和底盘等新技术升级的价值，差价估计在 6 万元。旧雅阁 2.0 的售价为 26.25 万元，比新雅阁也高两三千元。广州本田此次新雅阁的低价格是在旧雅阁依然十分畅销的前提下作出的。尽管事先业内已经预期广州本田新雅阁定价将大幅降低，但新雅阁的定价还是引起了"地震"。

广州本田新雅阁此次定价将成为国内中高档轿车的价格风向标，即将下线的上海别克君威 2.0 和 2.5、一汽轿车 M6 自在此列，市场热销的帕萨特、风神蓝鸟、宝来、福美来也将难逃干系。在雅阁降价前的 2002 年 12 月，第一辆索纳塔下线，有消息说风神阳光 6 月入局，东风公司与 PSA 的标致 307 也有可能下线。新雅阁的定价，无疑将是他们的一个难以回避的参照系。降价后 2.4 升新雅阁已接近了 1.8T 帕萨特的售价。上海通用 2 月 10 日上市的别克君威，就是盯准了新雅阁价格，先推 3.0，而将 2.0 和 2.5 虚席以待。1 月 21 日，备受市场关注，甚至被不少媒体视为 2003 年中高档最值得期待的一汽 2.3 升 M6 下线，一汽轿车 M6 项目有关人士透露"豪华版价格将在 25 万～30 万元之间，不会超过 30 万元"，而之前，业内一致认为 M6 的价格将在 30 万元左右。4 月，2.3 升技术型马自达 6 接受预订，售价 23.98 万元。

新雅阁一步到位的定价影响了整个中高档轿车市场的价位，广州本田的这种定价策略一直贯穿到之后下线的飞度车型营销之中，广州本田车型的价格体系也因此成为整个国内汽车行业价格体系的标杆，促使国产中高档轿车价格向“价值”回归，推动了我国轿车逐渐向国际市场看齐。广州本田生产的几款车型几年来在市场上也一直是供不应求，2003 年广州本田更以 11.7 万辆的销售使其增长超过 100%，成为增幅最大的轿车生产商。销售最火爆时，一辆雅阁的加价曾高达 4 万元。这一年，我国轿车的产量也首次突破 200 万辆，达到 201.89 万辆，同比增长 83.25%。

（资料来源：上海财经大学市场营销课程教学案例，http://course.shufe.edu.cn/course/marketing.）

案例思考题

1. 请分析雅阁价格调整的市场背景？
2. 根据本案例，分析雅阁价格调整的原因？
3. 从本案例中，可以看出竞争对手针对雅阁的价格调整作出了哪些反应？

第八章 分销策略

本章要点

本章主要阐述分销渠道的概念、职能和类型，系统介绍中间商的概念、中间商的选择条件、中间商的激励以及中间商的类型。教学重点是分销渠道的概念和类型以及中间商的类型和选择依据。教学难点是企业如何制定分销渠道策略。

学习目标

- 了解分销渠道的概念、职能与类型。
- 掌握分销渠道中间商的类型及选择条件。
- 掌握影响分销渠道选择的主要因素。

引入案例

美的公司的销售渠道策略

创业于1968年的美的集团，旗下拥有三家上市公司、四大产业集团以及美的、小天鹅等十余个品牌，拥有中国最大最完整的空调产业链、微波炉产业链、洗衣机产业链、冰箱产业链和洗碗机产业链，小家电产品群和厨房家电产品群。截止到2010年8月，美的集团整体销售收入已突破800亿元人民币。在2010年中国最有价值品牌排行榜上，美的以497.86亿元的品牌价值位居第六位，排在前五位的分别是海尔、联想、第一汽车、五粮液、国美，在中国传统家电集团企业，美的仅仅落后海尔。近几年随着美的高速扩张，传统销售渠道模式所导致的渠道资源浪费、营销管理浪费、品牌管理混乱等问题越发凸显，美的集团高层自然也看到了这些渠道上的问题和混乱，并着手自上而下的渠道营销整合。这么一个庞大的集团企业，拥有多元化的产品线，那么它的营销渠道体系又是如何规划设置的呢？

从2005年到2010年间，查阅关于美的渠道调整的相关资料来看，我们可以发现美的基本上是沿着如下三个层面在递进美的渠道的变革规划：

第一层面：2005—2006年单一事业部的渠道变革试点阶段

美的是参考格力"区域股份制销售公司"+"专卖店渠道体系"模式来进行调整的。调整首先是从占美的营业额60%以上的制冷家电集团中的空调业务开始的。不过与格力不同的是，美的在采取这种模式时做了两个方面的变异：一是在与经销商合作建立区域股份销售公司时，在合资公司中，美的占有20%的股份，但其中10%转让给合资公司中美的管理层，由美的派出管理人员对合资公司进行管理运营，另10%的股份美的将逐步转让退出。二是在推广美的"4S店"、"千店工程"时，仍然坚持与国美、苏宁等全国性连锁大卖场的合作关系。

第二层面：2006—2009年二级集团的渠道整合变革推广

在这个阶段，有三个方面的变革：

一是从第一阶段的空调产品事业部延伸到空调和洗衣机产品事业部的渠道整合，如在第一阶段，美的空调事业部渠道变革成功后，从2006年9月到2009年，美的制冷集团完成渠道全面改制，在全国建立60家营销分公司，将冰箱、洗衣机业务整合到该60家营销分公司，并成立中国营销总部作为销售公司的总部管理机构。这些营销分公司由美的空调经销商与美的分公司管理团队合资成立，美的制冷集团不投资，也不占股，这些合资销售分公司与总部是市场关系。

二是从制冷集团的渠道变革模式移植到小家电集团。从2007年年底起，美的小家电先后在河南和汕头与当地主要代理商组建合资销售公司，开始在小家电集团中大规模推广合资销售公司前的试点。

三是叫停混乱无序、重复建设的各产品事业部专卖店渠道建设。自2005年至2007年，美的各级机构在全国各地组建的专卖店近2 000家，但大多重复建设，赢利能力低下，并未发挥出专卖店应有的销售能力。美的在2007年叫停各产品事业部的专卖店建设，经过整顿调整后，改为由二级集团统一规划调控的美的品牌联合旗舰店建设。如制冷集团就将空调、冰箱、洗衣机三个事业部的系列产品成套整合进渠道专卖店，既整合利用了渠道资源，也提高了经销商的积极性，同时，多品类经销也解决了销售受季节影响的问题。

第三层面：2010年以"大美的品牌"为核心驱动的变革方向

"大美的品牌"是相对于美的枝繁叶茂的子产品品牌而言的，美的总裁方洪波曾提出了"产品事业部+区域事业部"的模式。这种模式本质上是增加了市场前端以区域为单位的横向管理模块，在营销上由原来各自为战的产品营销纵队整合成功能、结构、建制齐全的美的营销集团军。但要做到这一点,首先就是要将原来下放到各产品事业部的产品营销、人员管理等部分重叠性权限重新收回到总部,以此建立总部强大的后台指挥中枢,并围绕"大美的品牌"指导前线的营销工作。事实上,这个层面是最难做到的,一方面改变现有的组织结构意味着对各方利益格局的调整,挑战和风险都很大。另一方面,要改变此前单兵作战的事业部制,需要的是美的要有强大的后台战略指挥和前端市场管理能力,否则,没有这点做保障,还不如保持让各个产品事业部在市场上各自为战的状态。

(资料来源:"千亿"美的:从各自为战到抱团出击的精益渠道战略规划[EB/OL]. http://blog.sina.com.cn/s/blog_69cb07e10100n3gj.html.)

第一节 分销渠道概述

随着市场竞争的日益激烈,谁能率先将产品转移到消费市场、消费者手中,谁就抢占了利润的制高点,而这些都离不开分销渠道的帮助,因为分销渠道是衔接生产者与消费者的纽带。市场营销的真谛是以顾客能接受的价格,在适当的时间和地点,以适当的方式将产品提供给目标市场,从而满足顾客需求,最终实现企业的市场营销目标。那么,如何实现这一目标呢,这就是分销渠道要研究并解决的问题。

一、分销渠道的概念

分销渠道又称销售渠道。关于分销渠道的定义,有多种描述,按照美国著名营销大师菲利普·科特勒教授的解释是,分销渠道是某种货物或劳务从生产者向消费者移动时,取得这种货物或劳务所有权的所有企业和个人;美国市场营销学会则认为,分销渠道是所有企业内部和外部的代理商和经销商的组织机构,通过这些组织,商品(产品或劳务)才得以上市行销。

上述几种定义虽然表达各异,但其本质是一致的,即分销渠道是指产品或服务从生产领域向消费领域转移时所经过的路径或通道。包括产品供、产、销过程中的相关企业和个人,如供应商、生产商、中间商以及最终消费者。

从分销渠道的概念,我们了解到供应商或生产者是分销渠道的起点,最终消费者是分销渠道的终点,而分销渠道则是连接供应商或生产者和消费者之间的桥梁和纽带。

二、分销渠道的职能

分销渠道的基本职能是把商品从生产者转移到消费者手里,是产品、服务和消费者之间的连接纽带。它具备下列重要功能。

1. 收集和传播信息

分销渠道成员可以收集和传播营销环境中有关顾客、竞争对手和其他参与者的营销信息，以便了解市场的动向和消费者的实际状况。

2. 交易谈判功能

分销渠道成员与供应商进行有效的沟通，为客户提供订货服务，最大限度地降低库存，减少营销成本，尽力达成最终协议。

3. 促销功能

分销渠道成员发送和传播所提供产品的材料，通过各种途径将有关产品和服务的信息传递给消费者，以促进产品的销售。

4. 辅助配合功能

分销渠道的辅助配合功能是使所供应的物品符合购买者需要，包括分类、分等、装配、包装等活动。

5. 物流功能

分销渠道的物流功能是通过商品运输、装卸、包装、仓储等活动来解决生产与消费在时间和空间上分离的问题。

6. 融资、分担风险功能

分销渠道成员获得并分配资金，以承担渠道各个层次所需的费用。此外，在商品从生产者向消费者转移的过程中，往往会发生资金周转不足、自然灾害等风险。一旦发生风险，就可能使企业的经营活动遇到困难。由于分销渠道的介入，企业的风险被多个主体分担。

三、分销渠道的类型

1. 按照是否有中间商介入来分

按照生产者与消费者之间有无中间商的介入，将分销渠道分为直接分销渠道和间接分销渠道。

（1）直接分销渠道

如图 8-1 所示，直接分销渠道又称为直销渠道，是指生产者直接把产品销售给消费者，没有任何中间环节，简称直销，也叫零级渠道。直接分销渠道可以采取许多不同的形式，常见的有上门推销、邮购、电话营销、电视直销、网络直销等。新技术及网络的出现促进了消费品直销的发展，如DELL 公司、安利公司等。

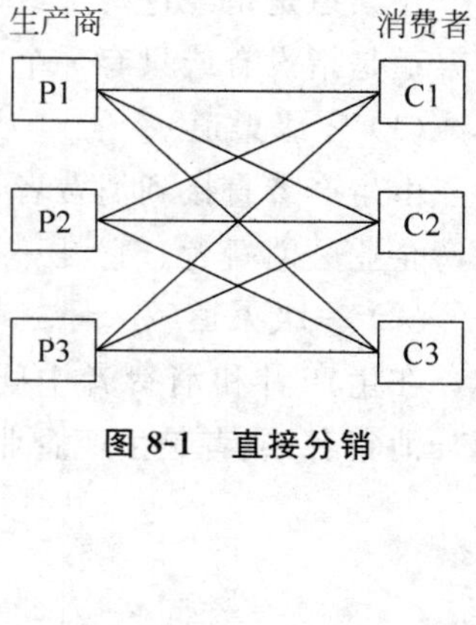

图 8-1 直接分销

小案例：安利公司的人员直销

1959年，狄维士与温安洛在密歇根州大急流市自家的地下室创立了安利公司，为安利事业奠定了基石。

传统的零售商业为有店铺销售。1959年狄维士与温安洛创立安利公司时，他们只有一项名叫乐新的产品和一个独特的“直销计划”——通过独立的直销员把商品卖到顾客手中，而不经由传统的中间环节和零售店销售。

安利公司采用人员直销的方式经营，由公司发展一个层级的直销员，并通过直销员直接将产品销售给消费者，缩短了传统销售过程，对改进传统商品流通渠道、活跃市场具有良好作用。安利直销员主动了解顾客的需要，为他们介绍合适的产品，同时进行示范和讲解，并将产品送到顾客家中，提供亲切、快捷、方便的服务。安利公司通过直销来销售产品，降低了产品在流通领域的耗费，厂家把节省下来的资金用于研究新科技、开发新产品或提高产品质量；通过直销员主动接触顾客，相对一般企业推销来说，减少了商业气，多了人情味，更有利于产品的销售。同时厂家还能及时收到消费者对商品的反馈意见，从而对产品作出改进。

（资料来源：安利公司的人员直销[EB/OL]. http://wenku.baidu.com/view/c6928cc24028915f804dc2ad.html.）

(2) 间接分销渠道

如图8-2所示，间接分销渠道是指生产者通过中间商环节把产品传送到消费者手中的渠道。间接分销渠道是消费品分销的主要类型，工业品中有许多产品诸如化妆品等采用间接分销类型。

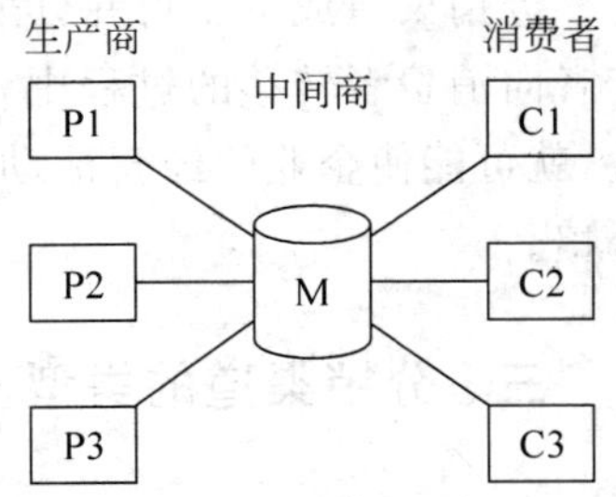

图8-2　间接分销

2. 按照中间环节层次的多少来分

分销渠道按照在生产者和消费者之间的中间环节层次的多少可以分为长渠道和短渠道。

长渠道是指经过两个或两个以上的中间环节把产品销售给最终消费者的分销渠道。短渠道是指没有或只有一个中间环节的分销渠道。如图8-3所示：

(1) 零级渠道

由生产者直接到消费者，中间不经过任何中间环节，也就是上述的直接分销渠道，即生产企业—消费者。它是一种最简便、最短小的渠道。

(2) 一级渠道

在生产者和消费者中间有一个中间环节，这种模式有三种形式：生产企业—零售商—消费者，或者是生产企业—批发商—消费者，或者是生产企业—代理商—消费者。

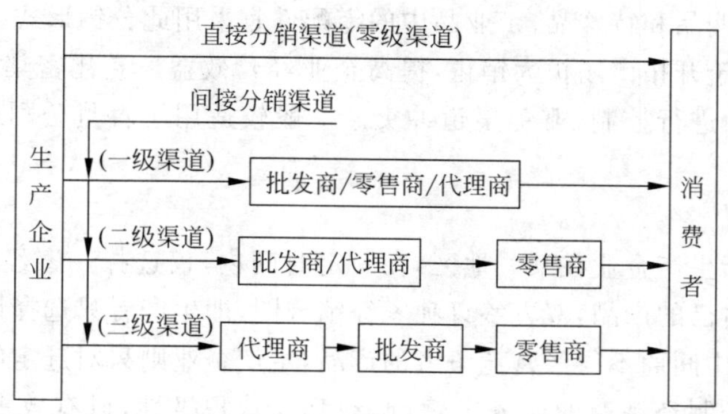

图 8-3　分销渠道的模式

（3）二级渠道

在生产者和消费者中间有两个中间环节。在消费品市场,通常是一个批发商和一个零售商；在产业市场,则有可能是销售代理商和批发商。即生产企业—批发商—零售商—消费者,或者是生产企业—代理商—零售商—消费者。

（4）三级渠道

在生产者和消费者中间有三个中间环节。一般是批发商、代理商和零售商。生产企业—代理商—批发商—零售商—消费者。

可见,零级渠道最短,三级渠道最长。

3. 按照同一层次中间商多少来分

按照在生产者和消费者之间同一层次使用中间商数目的多少,可将分销渠道分为宽渠道和窄渠道。宽渠道是指生产者使用的同类中间商多,产品在市场上的分销面广。如一般的日常用品,如食品、牙刷、牙膏、洗发水等,由多家批发商经销,他们又转卖给更多的零售商,这些零售商能够大量接触消费者,从而大批量地销售产品。窄渠道是指生产者使用的同类中间商少,分销渠道窄。窄渠道使生产企业容易控制分销,但市场分销面受到限制。一般适用于专业性比较强的产品,或者贵重耐用消费品,如汽车、大型医疗仪器、机械设备等。

宽渠道和窄渠道的分类相对比较宽泛,根据分销渠道宽窄的不同,企业的分销渠道可以分为三种模式。

（1）密集分销

密集分销是指生产企业尽可能通过多的中间商来销售自己的产品,以构成覆盖面广的分销网络。例如,消费品中的日用品和工业品中的标准化产品,如一般原材料、小工具、标准件等多采取密集分销,以提供便利性。

（2）选择分销

选择分销是指生产企业只通过少数几个合适的中间商来销售自己的产品。一般来说，消费品中的选购品和特殊品，工业品中的零配件宜采用此分销形式。它比独家分销市场覆盖面广，有利于开拓市场扩大销售，提高企业经营效益。它比密集分销节省费用，也比较容易对中间商进行控制，避免渠道冲突。一般较适用于百货公司、购物中心等大型卖场。

(3) 独家分销

独家分销是指生产企业在某一地区，在一定时间内，仅选择一家经验丰富、信誉卓越的中间商来销售自己的产品，双方签订独家经销合同，即生产者只选择该中间商独家经销其产品，同时规定中间商不得经营竞争者的产品，生产企业则只对选定的经销商供货。独家分销比较便于控制经销商的业务经营，调动其经营积极性，以有效占领市场。一般来说，此分销形式适用于消费品中的家用电器，工业品中的专用机械设备以及专卖店等。

第二节 中 间 商

一、中间商概述

1. 中间商的概念

中间商是指在生产者与消费者之间，参与商品交易业务，促进买卖行为发生和实现的组织和个人。简言之，中间商是生产者向消费者销售产品时的中介环节。中间商具有推销、咨询、融资、促销、分担风险、服务等功能。

2. 中间商的选择条件

中间商的选择是否得当，直接关系到企业的营销效果。选择中间商要广泛搜集有关中间商的市场范围、综合服务能力等方面的信息，确定审核和比较的标准，一般情况下，选择中间商必须考虑如图 8-4 所示条件。

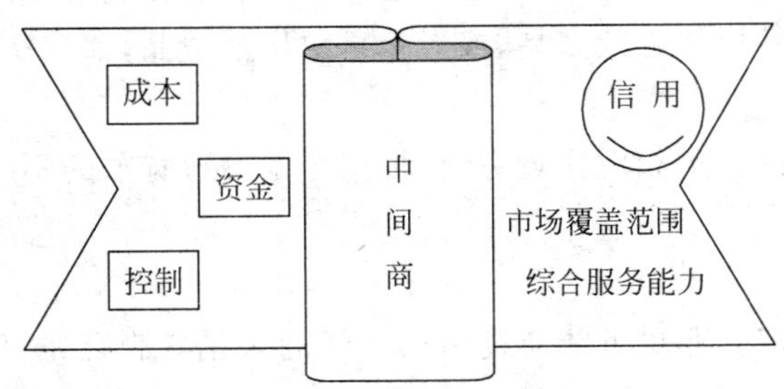

图 8-4 中间商的选择条件

(1) 成本

中间商的选择首先考虑的是成本问题。分销渠道成本是企业建立、发展与维持渠道所需要的费用。生产企业一般选择能承担一部分广告宣传费用和促销活动费用的中间商，以减少企业的负担，减少销售费用。

（2）资金

企业一般应优先选择资金力量雄厚、财务状况良好的中间商。因为资金状况好的中间商不仅能及时付款，而且还能给予有困难的生产商一些帮助，从而有利于促进产品销售。

（3）控制

在企业的经营活动中，选择的中间商不同，控制力也不同。为了使企业了解分销渠道的状况，及时掌握市场变化，企业应加强分销渠道的控制力。

（4）市场覆盖范围

一般来说，分销渠道市场覆盖率高、覆盖面广的中间商，其产品推广与市场开拓能力也更强。因此，企业应选择市场覆盖面大的中间商。

（5）信用

在企业营销实践中，企业应优先选择产品销售状况良好，回款能力强的中间商，以避免企业因资金周转问题陷入困境。

（6）综合服务能力

企业应优先选择市场开拓能力、营销管理能力、售后服务能力等方面表现较好的中间商。

☞ 小案例：九阳公司是如何选择经销商

九阳公司设立于1993年下半年，起步资金仅有数千元。1994年12月推出产品豆浆机后，市场连年大幅度扩大，公司现已发展成全国最大的家用豆浆机生产厂家，市场遍及除西藏、贵州、甘肃、新疆以外的大部分省市。

通过160多个地级市场的建设，九阳形成了一套寻找和管理经销商的思路。

九阳公司根据自身情况和产品特点采用了地区总经销制。以地级城市为单位，在确定目标市场后，选择一家经销商作为该地独家总经销。为达到立足长远做市场、做品牌、共同发展的目标，九阳公司对选择总经销商提出了较严格的要求：

（1）总经销商要具有对公司和产品的认同感，具有负责的态度，具有敬业精神。负责的态度是指经销商要对产品负责、对品牌负责、对市场负责，这是经销商完成销售工作的保障。唯有如此，经销商才能尽心尽力地推广产品，努力将市场做好，也才能不断提高企业网点的质量，提高企业品牌和市场美誉度。

(2) 总经销商要具备经营和市场开拓能力，具有较强的批发零售能力。这涉及经销商是否具备一定的业务联系面，分销通路是否顺畅，人员素质高低及促销能力的强弱。企业选择总经销商，就是要利用其开拓市场、扩散产品的能力。总经销商的市场营销能力直接决定着产品在该地市场能够在多大范围和程度上实现其价值，进而影响到企业的生产规模和生产速度。在一种新产品进入一个新市场时，如果经销商不具备经营及开拓的能力以打开市场空间，仅靠企业一方的努力是不足以取得成功的。同时，总经销商作为企业产品流通中的一个重要环节，不仅要能够实现一部分终端销售，掌握第一手的市场消费资料，更重要的是要具有经销产品的辐射力和批发能力，拓宽产品流通的出路。

(3) 总经销商要具备一定的实力。实力是销售网点正常运营，实现企业营销模式的保证，但是要求实力并不是一味地求强求大。九阳公司在如何评价经销商实力上，采用一种辨证的标准，即只要符合九阳公司的需要，能够保证公司产品的正常经营即可，并不要求资金最多。适合的就是最好的，双方可以共同发展壮大。适用性原则扩大了选择的余地。

(4) 总经销商现有经营范围与公司一致，有较好的经营场所。如经营家电、厨房设备的经销商，顾客购买意向集中，易于带动公司产品的销售。由于经销商直接面对顾客，经销商的形象往往代表着企业的形象和产品的形象，对顾客心理产生影响，所以对经销商的经营场所亦不能忽视。

（资料来源：汤定娜，万后芬. 中国企业营销案例[M]. 北京：高等教育出版社，2001.）

3. 中间商的激励

中间商有各自的目标，有决定自己经营行为的权利和能力，有自己独立的利益。生产企业需要给予中间商激励，激发中间商的潜力，在互利互惠中提高经销业绩，以保证营销目标的顺利实现。对中间商的激励形式多种多样。

(1) 返利

返利是指厂家根据一定评价标准，对达到标准的中间商进行奖励的激励制度。

制定返利政策时，首先要考虑好返利的标准，要分清品种、数量、等级以及返利额度；其次是注意返利的形式，是现金返利还是货物返利还是二者结合；最后是根据产品特性以及产品流通周期安排返利的时间，是实行月返、季返还是年返。

(2) 补贴

补贴是指厂家针对中间商在经营活动中所付出的努力，给予奖励性的各种专项补贴，如广告补贴、运输补贴、商品陈列补贴、新品推广补贴、促销补贴、渠道建设投入补贴等。如汽车生产商每年对6S店的投资给予一定的补贴，成为对6S店的一个重要的激励政策。

☞小案例：汽车6S店

汽车4S店是一种将销售、零配件供应、售后服务、信息反馈融为一体的“四位一体”的汽车特许经营模式，包括整车销售(sale)、零配件(sparepart)、售后服务(service)、信息反馈等(survey)。它拥有统一的外观形象，统一的标识，统一的管理标准，只经营单一品牌的特点。它是一种个性突出的有形市场，具有渠道一致性和统一的文化理念，4S店在提升汽车品牌、汽车生产企业形象上的优势是显而易见的。而6S店突破传统，在汽车4S店销售模式的基础上增加了2个S，还包括个性化售车(selfhold)、集拍(sale by amount。集体竞拍，购车者越多价格越便宜)。6S店的兴起，得益于网络的发达。是一种利用互联网发展起来的销售模式，整车销售、零配件、售后、信息反馈与普通4S店完全一样，所不同的是个性化售车和集拍。

(资料来源：汽车6S店[EB/OL]. http://www.baidu.com/view/980463.htm.)

(3) 关系激励

厂家通过建立经常性的磋商或沟通机制和开展经常性的情感沟通活动与中间商及时地进行信息交流和沟通，让中间商参与到渠道计划工作中来，共同制定渠道发展规划，明确各自在渠道发展的责权利关系，同时进行经常性的感情交流，发展长久的紧密关系，能够对中间商起良好的激励作用。如格力空调建立的股份制销售公司就是经销商参与渠道规划工作的一个重要的交流平台，公司定期召开会议，如定期的高级和中级领导层的会谈，征求经销商们对格力空调渠道建设的意见和建议，共同商讨渠道发展大计，起到了良好的沟通和激励的作用。此外，厂家可以开展多种非正式活动，加强感情的交流，进一步强化合作关系。这类活动包括定期的走访、节日联谊活动、年末的答谢活动，以及店庆祝福活动等，通过这些活动能使中间商获得较强的关系需要的满足。

(4) 未来发展激励

厂家要与中间商充分沟通企业的发展战略、市场开拓等方面的远景目标，使中间商充分理解和认同厂家的事业目标，对事业发展有信心，有热情，有自豪感，共同开发新的市场机会，提升产品的品牌形象和提高产品的市场总体竞争实力。

☞小案例：神州数码推渠道激励计划 掘金UCS服务器市场

为了最大程度地调动合作伙伴的积极性和主动性，神州数码最新推出“YOU-CS计划——UCS金银岛寻宝之旅”，神州数码施行了详细的渠道奖励计划，覆盖了整个UCS产品C系列的合作伙伴，对合作伙伴进行台阶式奖励，通过提货金额的不同，分层次地把丰厚的奖品奖励给优秀的合作伙伴。

据了解，在该计划中，提货金额达到2.5万元以上，每1 000元可兑换1个积分，累积到80个积分可兑换5克金币，累积到300积分便可获得20克金条的大奖。新的激励计划是增加销售思科UCS产品C系列的好机会，进一步将思科UCS服务器深入推广到中国的市场，并在推动产品销售的同时使合作伙伴获得丰厚的回报。

神州数码网络业务本部总经理王俊峰说：UCS潜力巨大，神州数码会积极地利用丰富的渠道资源，将UCS带给更多的代理商，并携手代理商，向广大的最终用户提供集网络，存储、计算、虚拟化为一体的UCS产品，实现渠道和客户价值的全面提升。本次推出的“YOU-CS计划——UCS金银岛寻宝之旅”渠道激励计划也正是出于此番考虑，不仅吸引和招募更多合作伙伴，更将有力地推动神州数码以及与更多渠道合作伙伴的长期共赢合作。

（资料来源：神州数码推渠道激励计划 掘金UCS服务器市场[EB/OL].[2011-02-12]. http://msn.chinabyte.com/524297/755167566166.shtml.）

4. 中间商的类型

（1）经销商和代理商

按照在商品流通过程中是否拥有商品所有权，中间商可以分为经销商和代理商两大类。

① 经销商，是指从事商品业务，在商品买卖过程中拥有商品所有权的中间商，其利润主要来源于商品的购销差价并独立承担商品的销售风险和利益。

② 代理商，指不拥有所销售产品的所有权，只是接受生产者委托，为生产企业寻找用户及销售产品的中间机构，其利润主要来源于被代理企业的佣金，商品的销售风险和利益一般由被代理企业承担。

（2）批发商和零售商

中间商按其在流通过程中所起的作用以及是否与消费者直接接触，可以分为批发商和零售商。

① 批发商，是指从生产企业那里购买商品，然后转售给其他批发商、零售商和用户的中间商。批发商是商品流通领域中一个重要环节，它是连接生产企业和商品零售企业的枢纽，是沟通产需的重要桥梁，对企业改善经营管理及提高经济效益、满足市场需求、稳定市场具有重要作用。

② 零售商，是指将商品直接销售给最终消费者的中间商。零售商是联系生产企业、批发商与消费者的桥梁，在分销途径中具有重要作用。零售商主要解决卖什么、怎么卖、卖给谁的问题。

二、零售商

零售商的类型多种多样，新组织形式层出不穷。我们把它们分为三种类型，即店铺零售、无店铺零售、零售组织。

1. 店铺零售

店铺零售是有固定的商品陈列和销售场所供消费者购买产品的一种零售方式。店铺零售有以下几种具体方式。

(1) 百货商店

百货商店以经营优质、名牌、高档商品为主，所经营的商品范围广、种类多、品种全。百货商店客流量较大，资金雄厚，人才齐全，较重视企业形象，注重购物环境的营造和商品陈列。百货商店的售货方式一般为传统的柜台销售。近年来，百货商店面临着超级市场、连锁商店、折扣商店、仓储商店等商店的挑战。

(2) 专业商店

专业商店是指专门经营某一类或某几类商品的商店，专业性强。如母婴店、文具店等。

(3) 超级市场

超级市场一般规模较大，经营产品范围广而深，种类多，品种全，以主、副食及家庭日用商品为主，因薄利多销，商品周转快，实行敞开式售货、顾客自我服务和一次性集中结算的售货方式。

(4) 便利店

便利店一般规模较小，设在居民区附近，营业时间长，经营的品种以周转快的方便商品为主，如日用品、方便品、应急品等。便利店还能提供优质服务，如饮料、食品、日用杂品、报纸杂志、快递服务等。商品品种有限，价格较高，但因方便，仍受消费者欢迎。

(5) 折扣商店

折扣商店指以低价、薄利多销的方式销售商品的商店。最大的三家普通折扣商店连锁公司是沃尔玛公司，Kmart 公司和 Target 公司(Dayton Hudson 的一个分公司)。折扣商店一般设在租金便宜但交通繁忙的地段，经营商品品种齐全，多为知名度高的品牌，设施投入少，以降低费用，实行自助式售货，提供服务很少。

(6) 仓储商店

仓储商店是一种以大批量、低成本、低销售和薄利多销方式经营的连锁式零售企业。仓储商店运用各种可能的手段降低经营成本，如选址在低租金地区，仓储式货架陈设产品，产品以大包装形式供货和销售，不做一般性商业广告，建筑物装修简单，货仓面积很大，仓店合一，通常采取会员制销售来锁定顾客。

2. 无店铺零售

无店铺零售是不通过店铺销售，而是生产企业借助现代通信技术或大众媒介，直接将商品销售给消费者的一种零售方式。

(1) 上门推销

上门推销是企业销售人员直接上门，向消费者销售产品的零售方式。越来越多的消费品市场选择这种销售方式，如银行、保险、证券等，又如化妆品市场，如安利、雅芳公司就是这种销售方式的典范。

（2）直复营销

直复营销包括电话营销、直接广播营销、电视营销及电子购物等。其特点是利用电话、电视、网络等作为沟通工具，向顾客传递商品信息，顾客通过电话、网络直接订货，卖方送货上门，整个交易过程简单、迅速、方便。直复营销使卖方能有效地专注于高度个性化的小型市场，节省消费者的购物时间，引导他们进入新的生活时尚。例如，Internet 的飞速发展，使得网络技术应用呈现指数化增长，可最大程度地降低渠道中的营销费用，Dell 公司成为网上销售的典范。

（3）自动售货

利用自动售货机销售商品，不受时间、空间的限制，能节省人力，实现方便快捷交易。第二次世界大战以来，自动售货已被大量运用在多种商品上，如香烟、糖果、报纸、饮料、化妆品等。

（4）购物服务组织

购物服务组织是专为学校、医院、政府机构等大单位特定用户提供服务的无商店零售机构。零售商凭购物证给该组织成员一定的价格折扣。

3. 零售组织

（1）公司连锁商店

公司连锁商店是指经销同类商品，实行统一管理、统一经营方式的两个或两个以上的零售商店。连锁组织内各成员统一管理，实行标准化管理制度，统一商店名称，统一商店形象，统一定价、促销、营销方式、广告宣传、销售服务等。由于连锁商店一般规模比较大，所以采购能力较强，可以降低经销成本，加之经营灵活、分布广泛，因而有广阔的市场。一般说来，在百货商店、综合商店、食品商店、药店等行业采用较多。

（2）自愿加盟连锁店

自愿加盟连锁店是指由某家信誉较高的商店发起，众多零售商参加的零售组织，主要目的是提高购买能力和加强对市场的影响力。它们一般统一进行采购和买卖。自愿连锁商店的所有成员企业享有独立的所有权和经营权，成员企业通过相互协商自愿联合，共享联合经营所带来的成本优势和管理优势。

（3）特许经营组织

特许经营组织是由特许人以合同方式，授予被特许人在规定区域内的经销权或营业权的零售组织。特许人可以是生产企业、批发商，也可以是服务性组织，他们一般都有自己的核心竞争优势，正是这种优势形成了特许权的核心。麦当劳、肯德基就是典型的特许经营组织。

第三节 分销渠道策略

一、影响分销渠道设计的主要因素

一个企业在选择使用何种销售渠道之前，必须对影响渠道选择的各种因素进行认真分析，然后才能作出决策。影响企业选择销售渠道的因素主要有以下6个方面。

1. 产品因素

影响渠道长度的产品因素有产品的物理特征、产品的技术特征和产品的市场特征。具体体现如下。

(1) 产品的物理特征

① 产品的自然属性。例如，有些产品易损、易变质或易腐、储存条件要求高、产品有效期短等，如活鲜品、危险品、化学用品等，应采用较短的分销渠道，尽快送到消费者手中，以减少产品在渠道中滞留的时间。

② 产品的体积与重量等。产品的体积大小和重量轻重直接影响运输和储存等费用。过重的或体积大的产品，应尽可能选择最短的分销途径。相反，体积小而重量轻的产品，则可考虑采取间接销售。

(2) 产品的技术特征

① 产品的技术性。产品在使用过程中所需的技术服务越多、要求越高，应采取较短的分销渠道，尽量减少中间环节，保证向客户提供及时良好的技术服务。例如，家电产品，通常由公司本身或授权独家专卖特许销售和维修。

② 产品的标准性与专用性。如果产品标准化程度高、通用性强，需要使用长而宽的分销渠道。对于非标准化的专用品或定制品，需要供需双方面议价格、品质、式样等，并直接签订合同，宜采用直销渠道。

(3) 产品的市场特征

① 产品生命周期。在产品导入期，为了尽快把新产品投入市场，打开并拓广销路，生产企业一般重视组织自己的推销队伍，直接与消费者或用户见面，推介新产品和收集用户意见。当然，如果能取得中间商的良好合作，也可以考虑用间接销售方式。在产品的成长阶段，销售量快速增长，渠道的选择和管理上，要尽可能提高市场覆盖率，多增加销售渠道。在产品的成熟阶段，产品已经被人们所熟知，销售时不再需要专业知识和营销努力，购买者会转向低成本的渠道购买，生产企业可以扩大中间商的数量。在产品的衰退阶段，产品销售处常常选择折扣店渠道，尽量降低渠道成本，回收资金。

② 产品种类和规格。产品需求面会影响到分销渠道的选择，如日用百货品要通过批

发商销售,而蔬菜类产品直接由零售商经销。有些产品品种规格少、销售量大,可经批发商销售;有些产品规格多、销售量小,可由专业商店销售或企业直接与用户签订购销合同。

③ 产品时尚性。款式、颜色时代感很强且变化较快的流行性商品,尽量采用短渠道分销可以缩短流通时间,从而加快进入市场的速度。比如,属于时尚性很强的手机、玩具、服装等。

④ 产品价格。一般来说,产品单价越高,越应注意减少流通环节,否则会造成售价的提高,影响销路,这样对生产企业和消费者都不利。较为昂贵的耐用品,就不宜经较多的中间商转手;产品单价较低,市场面广的商品则通常采用多环节的间接销售渠道。

⑤ 产品的替代性。产品替代性程度高,容易被其他产品替代,中间商对产品的重视程度差,中间商渠道就不够稳固。则需要控制性强的渠道,如直销渠道。不可替代的产品可以依赖中间商渠道。

2. 市场因素

市场状况也是影响分销渠道的一项重要因素,因为分销渠道存在的意义在于满足市场需要,因此要对市场进行不同侧面的研究。

(1) 目标市场的大小。如果产品销售的市场范围大,批量也大,则宜采取宽而长的分销渠道,反之,渠道则短些。

(2) 市场潜力。如果目前市场规模小但发展潜力大,则分销体系应有扩展延伸的余地;相反,如果潜力不大,则应有缩小转移的准备。

(3) 市场竞争性。对同类产品企业可以采用与竞争者相同的分销渠道与之抗衡,也可开辟新渠道推销产品。主要应依据竞争需要,分析对手实力,灵活选择流通渠道,或针锋相对,或避其锋芒。

(4) 市场状况。市场繁荣时,生产者可采用长而宽的流通渠道以扩大市场;反之,则应以最经济的方式销售产品。

(5) 目标顾客的集中程度。如果顾客分散,宜采用长而宽的渠道;反之,宜用短而窄的渠道。

小案例:非常可乐的渠道运作方式

在北京看到非常可乐的机会要比见到可口可乐的机会少很多,但在幅员辽阔的西部和农村,则恰恰相反。可口可乐在渠道上的优势,就是厂家直接控制的系统销售配送体系,但在十几里地也不见零售点的西部及农村,这就成了可口可乐的短板;而通过掌控经销商实现终端布局的大流通控制,却是非常可乐的强项。一贯打本土品牌的娃哈哈非常善于激励和控制经销商。尽管可口可乐也曾造势要下乡，但巨额的渠道成本让其慢下了步伐。因此，一城一乡，"二霸"找到了各自所长。

（资料来源：刘丽霞. 新编市场营销学[M]. 北京：北京大学出版社，2010.）

3. 消费者因素

渠道的直接服务对象是消费者，因此对消费者的研究是制定分销渠道的基础。

(1) 消费者数量

无论是消费品市场，还是工业品市场，消费者数量的多少是企业决定是否采用中间商的一个因素。消费者数量多，企业可以考虑使用中间商。相反，消费者数量较少，可以考虑直接销售。

(2) 消费者集中程度

若顾客集中于某一区域，则可考虑设点直接销售，而市场范围大且分散的商品宜采取长而宽的渠道。消费品市场一般很分散，而许多工业品市场则比较集中，这就是为什么工业品常常进行直接销售的原因之一。

(3) 消费者购买行为

对于消费者购买行为的分析可以从购买时间、购买地点、购买方式三方面进行。

① 购买时间。消费者对产品的购买有时间性和周期性。为了更好地为消费者提供便利，一些零售商为消费者提供一天 24 小时服务，以满足不同购买时间、购买商品的消费者的需求。许多产品销售有淡季和旺季之分，旺季供不应求，淡季供过于求。生产者常常希望淡季保持生产，希望渠道成员能够在淡季保持一定的存货。因此，是否保持存货，成为生产商挑选渠道成员的一个标准。

② 购买地点。消费者喜欢在什么类型的销售点购物及购物点的位置决定了购物地点。

③ 购买方式。对于购买方式多变的消费者，需要多增加销售渠道和渠道成员，增加销售机会；对于购买方式较为固定的消费者，则更多地考虑渠道的关系维系。

4. 企业自身因素

渠道的长度要受到生产企业在规模、财务能力、控制愿望、管理专长和顾客知识等方面的影响。大型公司由于实力雄厚、财务健全并且拥有工商管理专长和丰富的顾客知识，因此有能力和意愿对渠道进行设置、管理和控制，倾向于采用直接渠道。而小公司由于实力有限，财务薄弱，缺乏商业管理专门知识和对顾客的深入了解，不得不借助中间商的力量，常常采用长渠道。

具体说来，企业应从以下三方面考虑如何使渠道设计与自身特点相协调。

(1) 企业实力与声誉。企业实力主要包括人力、物力、财力，如果企业实力强可建立自己的分销网络，实行直接销售；反之，应选择中间商推销产品。

(2) 企业管理能力。如果企业管理能力强，又有丰富的营销经验，可选择直接销售渠道；反之，应采用中间商。

(3) 企业控制渠道的能力。企业为了有效地控制分销渠道，多半选择短渠道；反之，如果企业不希望控制渠道，则可选择长渠道。

5. 中间商因素

分销渠道设计的关键是选择合适的中间商。影响分销渠道设计的中间商因素如下：

(1) 中间商的能力和服务。每个中间商在促销、顾客接触、配送商品、金融信用等方面的能力不同，如果中间商可以提供较多的高质量服务，企业可选择较长、较宽的渠道。如果中间商无法提供所需要的服务，企业只能够使用较短、较窄的渠道。

(2) 中间商的可获得性。能否获得适宜的中间商会影响分销渠道设计，如果没有适合的中间商，企业常常要被迫选择直销方式。

(3) 中间商成本。中间商成本包括由中间商的服务效率决定的经营成本以及与中间商合作的谈判、矛盾协调等交易成本。如果中间商成本过高，将影响分销渠道的选择。

6. 环境因素

环境因素是影响分销渠道选择的外部因素。社会、政治、经济、法律、文化等对企业的分销渠道选择有较大的制约作用，如经济衰退时，生产者要求以最快、最经济的方法把产品推向市场，这就意味着要利用较短的渠道，减少流通环节，以降低商品价格，提高竞争力。

小案例：通胀加剧供零矛盾激化　家乐福树敌沃尔玛变恶人

国内零售巨头家乐福，与康师傅因渠道费未谈妥的“断供”风波尚未止，日前又传出“重压”中粮集团旗下的福临门食用油企业。原本是在国内流通渠道中保持较好形象的沃尔玛，在合并“好又多”之后，加入过分压榨供应商的行列，“不仅要求供应商给最低供货价，还要求拿到最高返利点。”

近年来渠道越来越集中，零售商凭着渠道优势逼迫供应商签订不公平交易条款增多，国内生产企业和供应商的生存环境越来越差。而一旦供应商和厂家合理利润无法保证，最终受伤害的将是消费者和中国消费市场。有学者认为，通胀导致的成本压力增大是导致这轮供应商与零售商矛盾激化的主要原因之一。另一个原因则是零售渠道垄断。专家认为出现这种情况的根本原因是零售商对渠道的垄断加剧，一旦出现成本压力，零售商就凭借自己的渠道垄断特权将损失转嫁给了供应商。郎咸平就曾怒斥以家乐福为代表的外国零售连锁，利用自己雄厚的资本，改写中国零售游戏规则，对中国幼稚的民族工业造成了很大的损伤。

（资料来源：通胀加剧供零矛盾激化　家乐福树敌沃尔玛变恶人[J/OL]. 南方日报，[2011-01-17]. http://www.chinadaily.com.cn/hqcj/xfly/2011-01-17/content_1587889.html.）

二、分销渠道策略

生产企业在明确影响分销渠道设计的因素之后，需要制定一系列分销渠道策略：分销渠道长度策略和分销渠道宽度策略。

1. 分销渠道长度策略

分销渠道长度是以渠道中间环节的数量来衡量的，产品或服务从生产领域传递到消费领域的过程中，每经过一个中间商就形成了一个渠道层次。对生产企业而言，随着渠道层次的增加，渠道控制难度也会相应增加。因此，每个生产企业都要根据本身产品特点以及产品在商品流通过程中的特征制定适宜的分销渠道长度策略。

2. 分销渠道宽度策略

渠道中每个层次上使用的中间商数目的多少决定了渠道宽度。企业在制定渠道宽度决策时面临三种选择：密集分销、独家分销和选择性分销。

(1) 密集分销

密集分销是指在分销产品的过程中，生产企业在同一渠道层次上使用尽可能多的批发商、零售商为其推销产品，使渠道尽可能加宽。这一策略的关键在于扩大市场覆盖或加快进入一个新市场的速度，使众多的消费者能够随时随地买到企业产品。密集分销较适用于价格低、购买频率高、购买数量少的日用消费品、工业品中的标准件、通用小工具等产品。密集分销是最宽的一种渠道模式，其市场覆盖面较广，但中间商的经营积极性却较难调动，对价格、销货等也比较难以控制。

(2) 选择性分销

选择性分销是指在产品分销过程中，生产企业在某一地区仅使用几个经过精挑细选的中间商经销其产品。选择性分销模式适用于许多商品，特别是消费品中的选购品、特殊品和工业品中的零部件。这些商品的消费者往往比较注重品牌。这种分销模式有利于稳固企业的市场竞争地位，维护企业产品在该地区良好的信誉。但在选择分销商时，一定要制定出合适的标准，以便选出分销能力强而且信誉好的中间商。

(3) 独家分销

独家分销是指企业在目标市场上或一定地区内只选择一家中间商经营其产品。它是最窄的一种渠道模式，通常双方经过协商、签订独家经销合同，规定双方的权利和义务，在货源、价格、独家经营等方面各有约束。生产和经营名牌、高档消费品和技术性强、价格较高的工业品的企业多采用这一分销模式。这种模式能提高中间商的积极性和推销效率，做好售后服务工作；易于控制产品的零售价格；促销工作易于获得独家经销商的合作。但这种方式市场覆盖面相对较窄，生产企业如果不能合理地运用，将会面临较大的风险。

在设计渠道宽度时，应注意以下两点：

① 如果企业刚进入某一市场，对市场缺乏一定的了解时，万不可过早地采用独家分销模式。可以选用几家较有经验的当地分销商进行分销，待企业有了一定经验，或对该地市场有了一定的了解后，方可考虑独家分销模式。

② 在选择渠道模式时，企业要充分考虑到不同顾客行为的差异性，因地制宜。

本章小结

1. 分销渠道是指产品或服务从生产领域向消费领域转移时所经过的路径或通道。包括产品产、供、销过程中的相关企业和个人，例如生产商、供应商、中间商以及最终消费者。

2. 分销渠道的基本职能是：收集和传播信息、交易谈判、促销、辅助配合、物流以及融资、分担风险。

3. 按照生产者与消费者之间有无中间商的介入，将分销渠道分为直接分销渠道和间接分销渠道。

4. 分销渠道按照在生产者和消费者之间的中间环节层次的多少可以分为长渠道和短渠道。

5. 按照在生产者和消费者之间同一层次使用中间商数目的多少，可将分销渠道分为宽渠道和窄渠道。

6. 中间商是指在生产者与消费者之间，参与商品交易业务，促进买卖行为发生和实现的组织和个人。

7. 中间商的选择条件：成本、资金、控制、覆盖的市场范围、信用、综合服务能力。

8. 中间商的激励形式：返利、补贴、关系激励、未来发展激励。

9. 按照在商品流通过程中是否拥有商品所有权，中间商可以分为经销商和代理商两大类。

10. 中间商按其在流通过程中所起的作用以及是否与消费者直接接触，可以分为批发商和零售商。

11. 零售商的类型多种多样，新组织形式层出不穷。把它们分为三种类型：店铺零售、无店铺零售、零售组织。

12. 店铺零售有以下几种具体方式：百货商店、专业商店、超级市场、便利店、折扣商店、仓储商店。

13. 无店铺零售是不通过店铺销售，而是生产企业借助现代通信技术或大众媒介，直接将商品销售给消费者的一种零售方式。

14. 无店铺零售形式有：上门推销、直复营销、自动售货、购物服务组织。

15. 零售组织：公司连锁商店、自愿加盟连锁店、特许经营组织。

16. 影响分销渠道设计的主要因素：产品因素、市场因素、消费者因素、企业自身因素、中间商因素、环境因素。

17. 分销渠道宽度策略：密集分销、选择性分销和独家分销。

本章习题

一、名词解释

1. 分销渠道
2. 中间商
3. 返利
4. 补贴
5. 店铺零售

二、单项选择题

1. 短渠道的好处是(　　)。
   A. 产品上市速度快　　B. 节省流通费用
   C. 市场信息反馈快　　D. 产品市场渗透能力强
   E. 有利于杜绝假冒伪劣
2. 经纪人和代理商属于(　　)。
   A. 零售商　　B. 批发商　　C. 供应商　　D. 公众
3. 当生产量大且超过企业自销能力许可时，其渠道策略应为(　　)。
   A. 专营渠道　　B. 直接渠道　　C. 间接渠道　　D. 垂直渠道
4. 中间商处在(　　)。
   A. 生产者与生产者之间　　B. 消费者与消费者之间
   C. 生产者与消费者之间　　D. 批发商与零售商之间
5. 我们通常所说的一个企业经营着多少产品品类，指的就是产品组合的(　　)。
   A. 宽度　　B. 深度　　C. 长度　　D. 相关性

三、填空题

1. 按照生产者与消费者之间有无中间商的介入，将分销渠道分为(　　　　)、(　　　　)。

2. 按照在商品流通过程中是否拥有商品所有权，中间商可以分为(　　　　)、(　　　　)两大类。

3. 中间商按其在流通过程中所起的作用以及是否与消费者直接接触，可以分为(　　　　)、(　　　　)。

4.(　　　　　)是不通过店铺销售,而是生产企业借助现代通信技术或大众传媒,直接将商品销售给消费者的一种零售方式。

5. 渠道的直接服务对象是(　　　　　),所以对消费者的研究是制定分销渠道的基础。

四、简答题

1. 什么是分销渠道?分销渠道有哪些功能?
2. 企业选择中间商的主要标准有哪些?
3. 影响分销渠道设计的因素是什么?
4. 经销商与代理商、批发商与零售商的主要区别是什么?

本章案例

戴尔直销

IT 企业中的戴尔公司以其高成长业绩为世人所称道。戴尔公司目前已成为全球最大的计算机直销商。该企业所供应的客户包括商业、工业、政府教育机构和广大的个人消费者。2010 年推动公司业绩增长的主要因素包括企业 IT 开支的稳定增长、IT 服务的增长以及新兴市场的需求增长。戴尔 2010 年总营销达到 600 亿美元,运营利润大约为 40 亿美元,均较 2009 年有所增长。

戴尔企业发展成功的最大奥秘就是在产品销售上坚持直销。该公司的创始人迈克尔·戴尔曾不止一次地宣称他的"黄金三原则"——坚持直销、摒弃库存、与客户结盟。

戴尔公司在十几年的发展过程中形成了一整套企业直销的销售制度与做法,即戴尔与客户有直接的联系渠道,由客户直接向戴尔发订单,在订单中详细列出产品所需的配置,然后由企业"按单生产"。戴尔在他的《戴尔直销》一书中明确指出:"在非直销模式中,有两支销售队伍,即生产企业给经销商,经销商再给顾客。而在直销模式中,我们只需要一支销售队伍,他们完全面向顾客。"那么,戴尔公司是如何面向顾客的呢?

戴尔公司坚持直销,是因为通过直线销售模式,顾客不仅可以直接与戴尔公司互动,可以买到具有很好价格性能比的电脑,更重要的是顾客可以得到戴尔公司最新技术和最完善的服务,收到很好的投资回报。因为,顾客花费同等价格可以买到更快速的机器,或只要花费稍高一点的价格,就可以买到更高速度的机器,而且,最新技术总是具有更高的可靠性、稳定性和更多的性能。要实现这一点,戴尔公司力求做到最完善的服务。公司为顾客提供全国范围的保修服务和跟踪服务,目前戴尔公司是全球少数几个能够提供现场服务的供应商之一。

戴尔公司在直销上的另一特点,就是建立电话服务网络。公司仅在中国就有 94 个免费电话，每个月的电话费用就有 10 万美元。在厦门，戴尔有一个 CTI 系统（电脑电话集成系统），它可以对打入的电话进行整理，并检查等候时间，以确保尽可能快地给顾客回答而且公司要确保有足够的工程师来接听顾客服务电话，一般技术上的问题，公司可以在 30 分钟内通过电话解决；如果是顾客硬件上的问题，一周之内保证解决；对销售的笔记本电脑，公司有国际服务承诺，顾客只要在当地拨打免费电话，就会有当地的工程师解决问题。现在，戴尔实现了这一目标的 90%。

戴尔公司在 1994 年将直销模式发展到互联网上，而且业绩突飞猛进，再次处于业内领先地位。今天，戴尔运营着全球最大规模的互联网商务网站。该网站销售额占公司总收益的 40%～50%。戴尔服务器运作的 www. dell. com 网址包括 80 个国家的站点，目前每季度有超过 4 000 万人浏览。客户可以评估多种配置，即时获取报价，得到技术支持，订购一个或多个系统。在 21 世纪，戴尔公司的网上销售重点转向亚洲，公司在互联网销售产品的基础上，整合从零部件供应商到最终用户的整个供应链，抛弃传统的经营模式，实行零库存。在 PC 行业，最大的隐形杀手就是库存成本。戴尔可以比其他竞争对手快得多的速度将最新的技术提供给用户，这大大降低了库存成本，增加了企业利润。

直销与分销的一个重要区别，就是库存问题。传统分销渠道代理是存储货物的渠道，厂商的库存职能是由分销商来完成或至少分销商承担了绝大部分。但在直销渠道中，不存在厂商和分销商的合作，库存则是一个不可避免的问题。戴尔坚持直销，其模式还包括“摒弃库存”，那么戴尔是怎样保证实现“零库存”的呢？戴尔总裁的表述是“以信息代替库存”。企业与供应商协调的重点就是精确迅速的信息。戴尔不断地寻求减少库存，并进一步缩短生产线与顾客家门口的时空距离。

戴尔实行的按单生产，保证企业实现了“零库存”的目标。零库存不仅意味着减少资金占用的优势，还使企业最大限度地减少了作为 PC 行业的巨大降价风险。直销的精髓在于速度，优势体现在库存成本。特别是计算机产品更新迅速，价格变动频繁，使得库存成本高低成为一个至关重要的因素。戴尔的“以信息代替库存”在具体做法上，是用户货款与供应商货款中间的时间差，即在未来的 15 天内，别人（顾客）已经帮戴尔把钱付了。而这中间的利润至少是戴尔公司自有资金的存款利率。当然，要做到这一点，要求厂商与供应商、顾客之间的供应链衔接要科学合理，甚至非常完美，还要有抗市场冲击和非市场因素干扰的能力。

戴尔公司非常注重与供应商的结盟。戴尔与众不同的一个做法是把“随订随组”的作业效率纳入供应体系之中，这使它比其他电脑供应商更有效率。这种做法使戴尔的直销运营模式更切合实际，因为公司更清楚地掌握实际销售量，这是戴尔能够以 7 天存货保证供应的基础。戴尔目前的计划是为供应商提供每小时更新的资料，这在其他企业是不可想象的。戴尔与供应商在原料进货之间的连接是其成功的关键。这是因为，一是购买者与供应商之间的价值可以共享；二是无论是哪一种新产品，能否快速地流通到市场上都关系到市场份额的大小，甚至企业的生死。戴尔产品的需求量是由顾客直接确定的，如果顾客有需求，而企业没有原材料生产，直销岂不是一句空话。所以，戴尔公司强调与供货商之间的结盟，这种连接越紧密有效，对公司的反应能力越有好处。目前，戴尔主要是通过网络技术与供应商之间保持完善的沟通，而且十分有效。

最后，需要指出的是，戴尔也有其经销商，或者说也利用渠道。但戴尔的经销商主要是服务的提供者，而不是销售产品。戴尔要求与其配合的经销商只做服务和增值工作，他们希望通过更专业的队伍来补充企业在市场覆盖面和服务能力上的缺陷。因此，戴尔公司并不要求与经销商保持密切的联系，或与其结盟。

（资料来源：北京大学出版发行的电子书《市场营销学 60 例》.）

案例思考题

1. 戴尔直销的主要特点是什么？
2. 网络经济时代直销对企业经营的影响是什么？

CHAPTER 9

第九章 促销策略

本章要点

本章主要阐述促销及促销组合的概念，广告的含义、类型和作用，广告的决策与广告效果的评价，人员推销的特点、推销人员及其管理、人员推销的程序和方法，公共关系的概念和特征，公共关系的原则、公共关系实施的步骤、公共关系活动的主要方式，销售促进的概念与类型，销售促进的决策。教学重点是公共关系的概念和特征，公共关系的原则、公共关系实施的步骤、公共关系活动的主要方式，销售促进的概念与类型，销售促进的决策。教学难点是促销及促销组合的概念。

学习目标

通过本章学习要求学生掌握：

- 掌握促销及促销组合的概念。
- 理解广告的含义、类型和作用，广告的决策与广告效果的评价。
- 了解人员推销的特点、人员推销的程序和方法。
- 了解公共关系的概念、特征、原则、步骤与公共关系活动的主要方式。
- 掌握销售促进的概念与类型，销售促进的决策。

引入案例

如何做最优秀的促销人员？

一个周日的上午，小何来到电器店，他是电器店的经理。没过多久，陆续有一些顾客进来看看。这时，一个新进来的女性顾客引起了小何的注意。这是一位20多岁的女性，她一会儿看看彩电,一会儿看看洗衣机,对营业员小姐的介绍却无动于衷,营业员小姐干脆不跟着她,让她一个人看看再说。当姑娘走到冰箱陈列处时,一直站在一旁观察的小何主动迎了上去……

小何:小姐您好,请问您是想买一台冰箱吗?

姑娘:是啊!

小何:小姐一定是为了结婚而准备嫁妆的,对吗?

姑娘:啊……你怎么知道?

小何:呵呵,我看见小姐您先是看了9分钟的电视机,又看了7分钟的洗衣机,现在又来看冰箱,说明小姐此次想一起购买齐备所有的家用电器,除了结婚备嫁妆,一般人是不会一下子买几大件电器的,只是……

姑娘:只是什么?

小何:只是您不知道买什么牌子好……

姑娘:嗯,是的。

小何:而且,除此之外,你还担心产品的质量,同时,你最好想得到一个很优惠的价格对吗?

姑娘:对啊!对啊……

小何:呵呵,我告诉您,如果你确实是结婚办嫁妆,我觉得彩电呢要买××牌的,因为现在它的价格比较便宜,质量也很过硬,而且更主要的,它的平面直角款式,代表了未来的流行时尚,我相信你买回去,你的小姐妹们一定会羡慕你的选择……

姑娘:呵呵!谢谢!那冰箱,买什么牌子好呢?

小何:冰箱的牌子相对彩电要多,但这里现在只有×冰箱,从质量上看,应该没什么问题,价格也要比×××的便宜好多,只是它的压缩机运转的声音比较响,时间长了可能会令你受不了……

姑娘:那我怎么办呢?

小何:呵呵,没关系,下午就会有一种最新款式的冰箱进来,同样容量它的价格却要便宜200元,同时,它最大的优点是耗电量相当得小,一个月才8~9元钱的电费。相信小姐一定会喜欢……

姑娘:真的吗?是什么牌子啊,能不能告诉我?

小何:是M牌的,不过,目前这里除了这家店下午会有,其他地方是买不到的。

姑娘:那我下午来买吧!我本来也是想先来看看的……

小何:好啊,下午来,我们专门派车帮你送到家里去,帮助你全部调试好……

姑娘:谢谢,你们这里的服务真好啊!

小何:谢谢姑娘的夸奖,假如这几大件产品全部在这里买的话,我保证会给你一个全县最优惠的价格。

姑娘：那谢谢了！我当然想一次买齐算了。

小何：那好，我先帮你去挑选洗衣机去……

（资料来源：兰兰．一个销售人员的渠道开拓秘诀[EB/OL]．[2006-10-28]．http://www.ne.ef360.com/Articles005/2006-10-28/16343.html．）

促销策略是企业营销组合策略的重要组成部分，其根本任务就是塑造并控制产品和企业在公众中的形象，设计并传播产品及产品给目标顾客带来的利益等方面的信息，推动产品或服务的销售。在商品经济高度发达的社会，由于行业、企业、产品的快速发展和消费需求的多样化、复杂化和周期的日益缩短，使生产者与消费者之间存在以下两个方面的问题：一方面，生产经营者需要对市场需求进行调查预测；另一方面，顾客也从生产经营者那里得到满足自身需求的产品和劳务信息。因此，促销作为连接生产者与消费者的途径就成为必需，促销策略成为企业营销决策的重要内容。

第一节　促销与促销组合

一、促销的概念

促销，即促进销售（promotion）一词，来自拉丁语，原意是前进。在市场营销过程中，促销是指通过广告、人员推销、公共关系、销售促进等方式传播商品或服务信息，帮助消费者了解该商品或服务，并促使消费者产生好感，最后作出购买行为的整个活动。这一概念包含以下几层含义。

1. 促销的实质

促销的实质是沟通信息。通过信息沟通，生产经营者向消费者传递了商品及服务的存在、性能和特征等信息，消费者则向生产经营者传递了商品及服务，如购前、购中和购后使用等一系列信息。通过信息沟通，有助于消费者或用户产生购买行为，有助于生产经营者调整产品结构，以便更好地满足消费者的要求。

现代市场营销要求生产经营者与其顾客、供应商、金融机构、政府和社会公众进行广泛、迅速和连续的信息沟通活动。在信息沟通活动中，生产经营者最为关注的是企业与消费者之间进行的说服性沟通活动。

2. 促销的目的

促销活动是一种信息沟通活动，但信息沟通的根本目的是吸引消费者对生产者及其产品和服务产生兴趣，激起消费者的购买欲望，促成顾客的购买行为，实现产品和服务的销售。同时，促销活动不但要推动商品的销售，而且要扩大企业及其产品的影响，传播企业文化。此外，还要通过促销联络感情，协调人际关系。

3. 促销的方式

促销的方式主要有广告、人员推销、公共关系、销售促进等方式。

二、促销的作用

促销是企业整体市场营销活动的组成部分，具有不可忽视的作用。不同的促销手段，在产品销售的不同阶段，起着不同的作用。

1. 提供信息情报

在产品正式进入市场之前，企业必须把有关的产品信息情报传递到目标顾客那里。对消费者或用户来讲，信息情报的作用是引起他们的注意；对中间商来讲，则是为他们采购适销对路的商品提供条件，调动他们经营的积极性。显然，这是销售成功的前提条件。促销本质是生产者、中间商和消费者之间的信息流动。

2. 激起消费者的购买欲望，扩大产品需求

企业不论采取什么促销方式，都应力求唤起顾客的购买欲望，引发顾客的购买行为。现代促销活动不仅仅是诱导和激发需求，更重要的是创造需求，促进消费，从而使市场需求朝着有利于企业产品销售的方向发展。当需求处于无需求状态时，可开发需求；当需求处于低需求时，可以扩大需求；当需求衰退时，促销活动又可以吸引更多的新用户，保持一定的销售势头。

3. 突出产品特点

在同类产品竞争比较激烈的情况下，许多产品只存在很细微的差别，普通消费者往往很难察觉。这时，企业可以采取促销活动，突出宣传自己产品有别于其他竞争产品的独到之处，使消费者认识到本企业新产品会给消费者带来独特的利益，促使消费者偏爱本企业产品，从而扩大企业竞争优势。

4. 树立企业形象

企业形象是公众对企业的整体印象和评价，良好的企业形象是企业重要的无形资产。由于企业形象实现是企业各方面活动的所有外在表现等一系列客观状况的反应，因而具有客观性。但企业形象同时具有很鲜明的主观性特征。因此，促销活动，特别是广告、公共关系等形式对于塑造良好的企业形象，从而推动产品销售具有非常积极的作用。

企业要使促销策略发挥作用，不仅要通过人员推销、广告、公共关系、销售促进等促销方式的配合，而且要使促销组合及其他营销策略相互配合，形成一个整体销售战略。

三、促销组合

促销组合就是把广告、人员推销、公共关系和销售促进等促销形式，有目的、有计划地配合起来使用，形成一个整体策略。促销组合策略的内容主要有促销策略类型、促销组合结构和特点、影响促销组合制定的因素、分配促销预算和人力等。

1. 促销策略的类型

促销策略就是促销组合运用的策略，可分为推动策略和拉引策略两类。

(1) 推动策略

推动策略就是以企业的人员推销为主，辅之以折扣等销售促进手段，对中间商进行促销，使之产生购买欲望，并利用它们的力量将产品或服务推销至最终消费者，如图 9-1 所示。

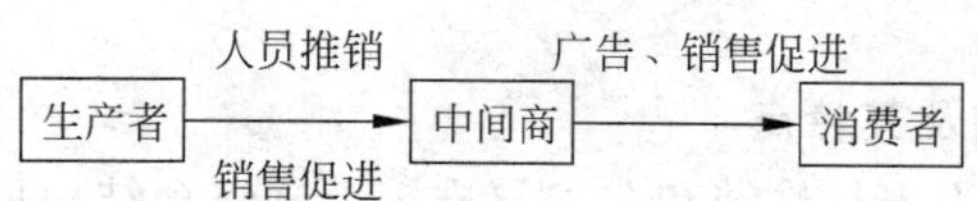

图 9-1 推动策略示意图

运用推动策略的具体方法有：

① 访问推销，即由推销人员带样品或产品目录走访顾客，征求意见，了解需求，收集各种信息。

② 演示推销，即通过对产品功能、性质、特点的演示以及使用效果的示范表演等，把产品给消费者带来的利益和好处充分展示在消费者面前，达到指导消费、刺激购买的目的。

③ 服务推销，即通过搞好售前、售中、售后服务促进产品销售。

④ 网点推销，即在目标市场设立销售网点，等待顾客登门选购。

推动策略多用于企业和中间商对市场前后看法一致时。

(2) 拉引策略

拉引策略是企业首先通过广告等促销手段对最终消费者发动促销攻势，使其对商品产生强烈的购买欲望，然后反过来"拉引"中间商纷纷要求经销该产品的促销策略。如图 9-2 所示。

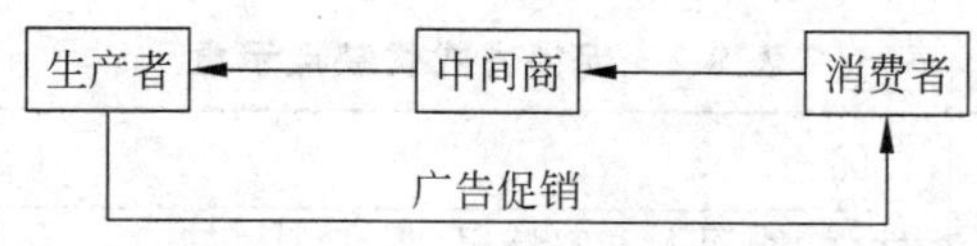

图 9-2 拉引策略示意图

企业在推出某些新的产品或服务时，中间商出于种种顾虑，往往不愿意经销，在这种情况下，企业多采用拉引策略。

拉引策略的具体方法有：

① 广告信函销售，即通过广告、信函、订货单等向目标市场的消费者及时传递信息，介绍产品及说明订货方法，并征询意见，以扩大销售。

② 代销、试销,即为了接触目标市场的中间商害怕担风险的顾虑,提高其独立销售产品的积极性,由生产者委托其代销或试销本企业的新产品,以促进产品尽快进入目标市场。

③ 信誉促销,即通过扩大产品和企业的知名度和美誉度,树立良好的企业和产品形象,使顾客产生信任感。这是拉引策略最为有效的形式。名牌产品、高质量的服务有着极大的吸引力,起到加倍的正效应。

④ 特邀销售,即组织专业性或综合性的产品展销会、订货会、邀请目标市场的单位代表及个人前来选购。

2. 促销组合的结构及其特点

促销组合结构可分为人员推销和非人员推销。其组合结构见表 9-1。

表 9-1 促销组合结构示意

<table>
<tr><td rowspan="5">促销组合</td><td rowspan="2">人员推销</td><td>推销员</td></tr>
<tr><td>销售代理机构</td></tr>
<tr><td rowspan="3">非人员推销</td><td>广告</td></tr>
<tr><td>公共关系</td></tr>
<tr><td>销售促进</td></tr>
</table>

人员推销是企业的推销员或其他销售代理机构直接和顾客联系进行推销活动。

广告是以广告主的名义利用大众传播媒体向顾客传递有关商品或者劳务信息的活动。

公共关系是指企业在经营活动中,妥善处理企业与内外公众的关系,以树立企业在公众心目中的良好形象。

销售促进,也就是营业推广,是指利用折扣、展览、有奖销售、邮寄样品、寄送商品目录等形式,促使顾客尽快采取购买行为的促销活动。

以上四种促销方式各有其优缺点。见表 9-2。

表 9-2 促销方式优缺点示意

销售方式	优 点	缺 点
人员推销	方法直接、针对性强、能深入了解情况、促成立即购买	人员编制大、费用高
广告	宣传面广、形象生动、节省人力	难以促成立即交易
公共关系	影响面广、能增进公众的信任和了解,费用相对较低	涉及面广、见效慢、难度大
销售促进	激发购买兴趣,具有一定吸引力	受一定条件限制,可能引起顾客的种种顾虑

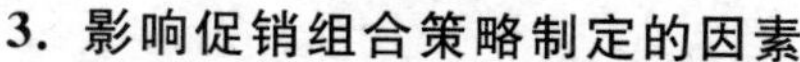

3. 影响促销组合策略制定的因素

制定促销组合策略,即选择什么促销形式及这些形式如何配合使用,要受到诸多因素的影响。

(1) 产品性质

就产品而言,不同的产品由于购买者和购买需求不一样,所采取的促销方式也不一样,见图 9-3。

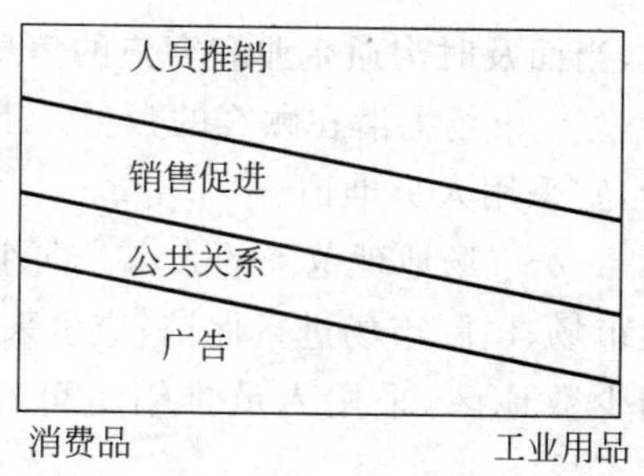

图 9-3 不同产品的促销方式

(2) 产品价格

产品价格不同,促销组合也有所不同,见表 9-3。

表 9-3 不同价格产品的促销组合

产品类别	使用广告	使用人员推销
低价消费品	多	少
高价消费品	多	多
低价工业品	一般	多
高价工业品	少	多

(3) 产品生命周期

产品在生命周期的不同阶段,促销目标不同,要相应地选择不同的促销组合,制定不同的销售策略。见表 9-4。

表 9-4 产品生命周期不同阶段的促销形式

产品生命周期	促销目标	促销方式	
		工业品	消费品
投入期	认识了解产品	人员推销为主、广告为辅	广告为主、人员推销为辅
成长期	兴趣、偏爱	人员推销	广告
成熟期	同上	同上	广告为主、销售促进为辅
衰退期	信任、购买	人员推销及销售促进	人员推销及销售促进

(4) 促销费用

促销费用的多少直接影响促销的效果。企业在选择促销组合时,要根据企业的外部环境和内在条件综合考虑促销目标,在可能的预算情况下估计必要的促销费用,然后综合分析比较各种促销手段的成本和效果,以尽可能低的预算费用取得尽可能高的促销效益。

(5) 市场情况

不同的市场情况直接影响着促销策略的选择。

① 市场类型。不同的市场类型采用不同的促销组合。消费品市场买主多且分散,更适宜于广告宣传介绍产品。生产者市场用户相对集中且购买量大,更适宜于人员推销为

主,当面及时沟通企业和客户的信息,节省促销费用。

② 市场上潜在顾客的数量。市场上潜在顾客多,宜采用广告宣传;市场上潜在顾客少,宜采用人员推销。

③ 市场地理范围的大小。向小的区域性市场进行促销,应采用人员推销;但在全国性市场、国际市场进行促销,应多采用广告和文字宣传。如果一家公司的消费者集中在全国少数地区,采用人员推销是可行的;如果消费者分散在全国各地,人员推销就不适宜了。

第二节 广告策略

一、广告及其作用

1. 广告的概念

广告,就是广而告知。广告的含义有广义和狭义之分。广义的广告是指借用一切传播媒体向公众传播信息的活动。它包括商业广告和非商业广告两大类。非商业广告是为了达到某种宣传目的而做的广告,如政治的、法律的、文化的广泛宣传以及通知、公告、启事等,它不是以赢利为目的。狭义的广告仅指商业广告,它是以赢利为目的,以广告主的名义,采用一定的媒体,以支付费用的方式向目标市场传播产品或企业信息的有说服力的信息传播活动。市场营销学研究的是狭义的广告。该定义包括以下几个要点。

(1) 广告是一种非人际传播

广告并不是个人与个人之间的信息传播,而是一种通过大众媒体传播信息的非人际传播。

(2) 广告是付费传播

由于广告传播要借助于大众传播媒体,而传播媒体作为信息的"运输工具"是要支付费用的。

(3) 广告有明确的广告主

广告主是广告的发布者。广告主对其发出信息的真假要负法律责任。

(4) 广告的对象是有针对性的

广告的对象就是企业打算开发的目标顾客。

(5) 广告是说服的艺术

广告把信息传播给潜在顾客的同时,希望潜在顾客能够接受广告信息,并按照广告主的意愿去行动。所以广告要利用其特定的表现艺术和技巧,吸引顾客,潜移默化地影响顾客,在不知不觉中使顾客心悦诚服,进而改变其心理,影响其行动。

2. 广告活动的基本要素

广告是一种动态活动过程,它不是独立地指某一种信息。广告活动的构成要具备以下六个方面的基本要素:

① 广告主,即广告的发布者。

② 信息,指广告的内容。它包括企业信息、商品信息、服务信息和观念信息。

③ 广告中介,指代理广告主进行广告策划、设计和媒体选择的中间机构,如广告策划公司。

④ 广告媒体,指表现广告内容的媒介物,如报纸、电视、广播、杂志等,它是广告传播的物质技术条件。

⑤ 广告对象,即广告信息的接收者,只有当预期中的广告对象能够接触到媒体传递的信息时,才能形成完整的信息沟通。

⑥ 广告费,即广告主向广告中介或广告媒体所有者支付的费用。

3. 广告的类型

商业广告通常可以分为三种类型。

(1) 以宣传商品为目的的广告

① 指导式广告。指导式广告以教育性或知识性的图像或文字向消费者介绍商品的性能、特点、用途、价格等情况,促使消费者对商品产生初步需求,而不是劝导购买。

② 劝导式广告。即以说服为目标的广告。通过产品间的比较,突出本企业产品的特点和优点,使消费者体验到产品的差别优势和购买之后所获得的好处,使消费者对产品的品牌加深印象,刺激选择性需求。

③ 提示式广告。即刺激消费者重复购买,强化习惯性消费的广告。主要适用于一些消费者比较熟悉,已有使用习惯和购买习惯的日常用品。

(2) 以建立商誉为目的的广告

此类广告不直接介绍商品和宣传商品的优点,而是宣传企业的一贯宗旨和信誉、企业的历史与成就。其目的是加强企业自身的形象,增强消费者对企业的信心,沟通企业与消费者的关系,为长期的销售目标服务。如IBM公司的宣传广告"IBM就是服务",郑州亚细亚商场向消费者打出的广告"回报无尽日,真情难相忘"。

(3) 以建立观念为目的的广告

此类广告不直接介绍商品,也不直接宣传企业的信誉,而是通过宣传,建立或改变一种消费观念,以强化消费者对一个企业、一种新产品在其心目中的形象。这种观念的建立客观上有利于广告主。如"吸烟有害健康"。

4. 广告的作用

(1) 引起注意,激发欲望

这是广告最基本的作用。一个成功的广告就在于能够说服消费者,企业的产品能较好地满足顾客的需要。

（2）指导消费，扩大销售

成功的广告活动可以针对不同对象，着重介绍各种商品知识，指导消费者作出正确的判断和选择，增进消费者对企业及产品的认识和了解，诱发消费者的购买欲望，促使购买行动的发生。

（3）改变消费者的态度

广告的作用之一就是要改变消费者对某种商品或服务的态度。广告就是要针对消费者的不同心理，用商品和服务给予顾客所带来的利益来说服他们转变态度，变不喜欢为喜欢，甚至偏爱企业的商品或服务。

（4）树立声誉，利于竞争

企业通过广告把自己产品的性能、特点、质量、适用范围及企业经营方针公之于众，接受消费者的评判，扩大产品的知名度和美誉度。同时，通过同行的广告，也可以了解其他企业及其产品的情况，从中找出自己的优势和劣势，促使企业不断创新，努力在竞争中取胜。

二、广告决策

广告决策是企业在总体促销战略指导下，对企业的广告活动进行的一系列的规划与控制。强有力的广告决策是企业在消费者心目中树立良好的企业和产品形象，提高企业的知名度，进而扩大产品市场占有率的有效途径。广告决策主要包括广告目标确定、广告媒体决策、广告信息决策及广告预算决策。

1. 广告目标确定

广告目标是企业借助广告活动所要达到的目的。为了制定恰当的广告目标，必须围绕广告的中心任务收集、分析企业内部和外部的各种资料。企业制定广告目标所需的内部资料可见表9-5。

表 9-5 企业制定广告目标所需的内部资料

企业的市场状况	销售量状况	有关广告的统计
产品普及率的统计	最近销售量统计	不同商品广告量的统计
品牌市场份额统计	以前销售量统计	不同地区广告量的统计
产品知名度统计	未来销售量统计	不同杂志广告量的统计
竞争产品知名度统计	不同地区销售量	不同报纸广告量的统计
购买动机统计	不同渠道销售量	电视广告量的统计
	竞争企业销售量	广播广告量的统计
	不同月份销售量	印刷品广告量的统计

企业制定广告目标所需的外部资料大体有以下几个方面：市场经济动态、企业发展动态、消费需求动态、需求预测分析、竞争者实施的广告战略分析等。

广告目标概括起来有以下几个方面：

(1) 以告知为目标的广告

以告知为目标的广告主要是向市场介绍推向市场的新产品，它比较详细地介绍产品的主要性能、用途、结构、样式、产品的使用方法等。目的在于使顾客了解新产品，提高产品的认知度，唤起顾客的初步需求。

(2) 以增加销售量为目标的广告

以此为目标的广告除了对商品进行详细的介绍外，一般还附有图示，说明价格、信贷条件、购买地点，有时还有广告附表。顾客通过阅读这样的广告，即可决定是否购买。

(3) 以提示为目标的广告

当产品进入成熟期之后，市场对产品已非常熟悉，没有必要像投入期那样详细地介绍产品，只需要提示人们商品销售的地点、向顾客提供新的附加利益。因此，配合销售促进促销，企业应采取以提示为主的广告目标。

(4) 以建立需求偏好为目标的广告

这一广告目标是使人们不仅知道企业产品的名称，更要使他们了解并记住企业及其产品的特色及为顾客提供的竞争产品所不具备的差别利益，以形成顾客对企业产品的偏好。

2. 广告媒体决策

广告媒体是广告与广告对象之间信息沟通的载体和媒介物，主要有以下几类：

印刷媒体：如报纸、杂志、电话号码簿、商品目录、挂历、日历、画册等。

电子媒体：如广播、电视、电影、霓虹灯、电子显示屏等。

邮寄媒体：如函件、订购单等。

店堂媒体：常称为POP媒体，即以商店营业现场为布置广告的媒介，如橱窗、柜台、模特儿、悬挂旗帜等。

户外媒体：如路牌、招贴、灯箱、气球、充气物等。

交通工具媒体：如火车、汽车、轮船等交通工具的内外表面等。

除此之外，包装袋、火柴盒、样本等都是广告媒体。

随着计算机通信网络的使用及普及，电子邮件广告等电脑媒体不断出现。

每一类媒体都有一定的优点和局限性，表9-6列举了主要广告媒体的特性。

企业在选择媒体类型时，需考虑以下因素。

① 目标沟通对象的媒介习惯。例如，生产经营玩具的企业，在把儿童作为目标沟通对象的情况下，绝不会在杂志上作广告，而只能在电视或电台作广告。

表 9-6 各类主要媒体的特性

媒体	优　点	缺　点
报纸	发行量大、覆盖面广、读者层较稳定；及时、灵活、成本低、易被接受和信任	持续时间短，形象表达效果差
杂志	广告对象明确，针对性强；持续时间长，便于保存查阅；印刷效果好，视觉集中	灵活性差，传播速度慢，接触对象不够广泛
广播	传播迅速，传播空间大，范围广，制作成本较低	受条件限制，形象性差，听众印象不深，选择性差
电视	形象生动，吸引力强；信息传播迅速，范围较广；表现手法多样，富有感染力	针对性较差，成本高，时间短不易记忆

② 信息类型。例如，广告信息中含有大量的技术资料，需要在专业杂志上作广告；如果是宣传明天的销售活动，必须在电台、电视或报纸上作广告。

③ 产品特性。不同的媒体在展示、解释、可信度与颜色等各方面分别有不同的说服能力。例如，照相机之类的产品最好通过电视媒体作活生生的广告说明；服装类产品，最好在有色彩的媒介上作广告。

④ 媒体成本。不同媒体所需成本也是选择广告媒体的依据，电视媒体价高，而报纸相对便宜。不过最重要的不是绝对成本数字的差异，而是目标沟通对象的人数构成与媒体成本之间的相对关系。如果用每千人成本计算，可能会表明在电视上作广告比在报纸上作广告更便宜。

3. 广告信息决策

广告信息决策的中心问题是制定有效的广告信息。最理想的广告信息应能引起顾客的注意，唤起顾客的兴趣，激起顾客欲望，形成顾客的购买行为。有效的信息是广告成功的关键。

(1) 广告主题

在广告活动中，企业必须了解对预期的沟通对象说些什么，才能产生预期的认识、情感和行为反应。这就说到广告构思问题，即广告主题。一般说来，广告主题形式有以下几类。

① 理性主题。理性主题是直接向目标顾客或公众诉说某种行为的理性利益，或商品能产生的满足顾客需求的功能利益，以促使目标沟通对象作出既定的行为反应。通常，这类广告主题适用于生产资料购买者，或者较理性的顾客。

② 情感主题。情感主题是试图向目标沟通对象诉说某种否定或肯定的情感因素，以激起人们对某种产品的购买欲望。这类广告主题，一般适用于大多数生活用品或感情购买动机较强的顾客。

③ 道德主题。道德主题是为使目标沟通对象从道义上分辨什么是正确的或适宜的，

进而规范其行为。这种广告主题通常用于规劝人们支持某种高度一致的社会活动，如“植树造林，绿化祖国”，对消费品较少采用。

(2) 广告表达

将广告主题用感情化、性格化、合乎逻辑的表达形式表现出来，这种表达形式即为广告表达。

广告表达涉及表达结构、表达格式与广告发送者。

表达结构包括以下三个方面的问题：

① 广告可以向接收者提供一个明确的结论，用以诱导目标沟通对象作出预期的选择，也可以留待接收者自己去归纳总结。在某些情况下，提出一个过分明确的结论会限制人们对这一产品的接受。

② 论证方式。在产品的广告传播上，是一味赞誉某一产品，还是赞誉的同时提及它的某些缺点，这对广告的说服效果有一定影响。这是两种不同的论证方式，即单项论证和双向论证。采用哪种论证方式使言行更具说服力，取决于广告接收者对产品的既有态度、知识水平和受教育程度。单项论证在接受者对产品已有喜爱倾向时，能发挥很好的效果；双向论证对持有否定态度或具有一定知识水平的接受者更有效。

③ 表达次序。广告传递是首先从最强有力的论点开始，还是留待最后才提出。在单项论证时，首先提出最强有力的论点可以即刻吸引目标顾客注意并引起兴趣，尤其是报纸广告和杂志广告，由于顾客有选择地阅读，所以必须先用强烈的论点来引起他们的兴趣。在采用双向论证时，表达次序还会涉及先提出正面论点还是先提出反面论点的问题。如果广告接收者对产品已持有反对态度，则从反面论点作为开始较好，因为这样可使广告接收者解除疑虑，进而接受广告的正面影响。

有说服力的广告要求为广告信息设计具有吸引力的表达格式，即选择最有效的信息符号来表达信息内容和信息结构。广告的表达格式通常受到媒体的制约：一是媒体自身特点的限制，即媒体所能提供的信息内容，如有的只能用“文字”传播，有的则只能用“声音”传播。广告媒体自身特点对广告表达格式的限制，要求在选择与媒体相对应的信息符号的同时，注意表达格式因素的个性化、艺术化，从而增强广告的审美价值和性格特征，增大广告的效果。二是广告表达格式还要受到广告利用的媒体的时间与空间的制约。例如，报纸、杂志的版面限制，广播、电视的时间限制。广告媒体对广告表达的时间与空间的制约，要求处在特定的时空条件下的广告表达格式应当是巨大、醒目、集中、概括、简练、单纯的，从而形成强烈而又迅速的广告心理冲击力和召唤力。

广告说服力还受到广告发送者的影响。广告发送者的可信性越强，信息就越有说服力。

4. 广告预算决策

广告预算决策，就是确立在广告活动中应花费多少资金。具体讲即企业根据营销目标和广告目标,经过详细周密的策划,规划出一定时间内(通常为一年)开展广告促销活动的费用。

广告费用由两部分组成,一是直接为开展广告活动而付出的费用。如广告调查费用、广告设计制作费用和广告媒介使用费用等。其中广告媒介费用要占80%左右。二是间接广告费用,包括企业广告人员的工资、办公费用、管理费等。

企业确定广告预算的主要方法有以下五种。

(1) 量力而行法

企业确定广告预算的依据是其所能拿出的资金数额。即在其他市场营销活动都优先分配给经费之后,尚有剩余者再供广告之用。企业根据其财力情况来决定广告开支多少并没有错,但应看到,广告是企业的一种重要促销手段,企业作广告的根本目的在于促进销售。因此,企业作广告预算时不仅要考虑财力情况,考虑企业能拿多少钱用于广告开支,而且要考虑企业需花多少广告费用才能完成销售指标。

(2) 销售额比率法

今天的企业大多采用销售比率法决定广告预算。这个方法是以广告预算作为 A,销售额作为 S,广告费对销售额比率作为 a,以此列出公式:

$$A = SXa$$

其中 X 是指广告以外的本企业混合销售变数。

这种决定广告预算的方法简单明了,在这里销售额比率 a,是用于过去广告费 A 的销售额 S 的定数比率,一般来说,根据各企业或某一企业特殊条件,定数比率的标准也不一样。

(3) 计算盈亏估算法

这个方法是为了对企业的有关重要新产品作长期广告预算而使用的方法,是在包括全部产品生命周期的长期计划期限内,计算该产品的盈亏,最终达到所规定的利益水平,并且发挥期望销售额效果的长期广告费预算的决定方法。

(4) 竞争对手广告费对抗法

竞争对手广告费对抗法是为了决定各种产品、各种商标广告预算的一种现实的经验方法,即把该产品的广告费用提高到能对抗竞争对手产品的广告费水平的方法。该法对抗性强,风险性大,极易引发广告大战。

(5) 广告目标法

它是企业管理中目标管理论盛行时提出来的。这种方法就是先确定销售目标和广告目标,然后决定为了达到目标所必需的广告活动的规模和范围,据此估算出广告费用预算。采用这种方法的前提是必须清楚地知道各种媒介广告所能产生的效果,显然,这是很困难的。

三、广告效果评价

广告效果是指广告活动的结果,表明广告接受者的反应情况。由于广告接受者的反应是各方面的，有经济的，也有社会的；有直接的，也有间接的；有近期的，也有远期的，因此广告效果可分为多种类型。

1. 广告本身的效果和销售效果

广告本身效果是以广告的收视、收听率、产品的知名度、记忆度等间接促销因素为根据来评判。主要包括广告接受者人数的多少、影响的程度、记忆的程度等。广告效果的评定一般是在广告行为的进行过程中通过调查的方法来测定。

销售效果是以广告对商品促销情况的好坏来直接断定广告效果，是广告效果评价的最主要内容。其评定指标主要有：

广告费增率 = 销售增加率 / 广告费增加率 ×100％

广告费销率 = 广告费 / 销售量 ×100％

每元广告费效果 =（广告后平均销售额 − 广告前平均销售额）/ 广告费用 ×100％

2. 即效性广告效果和迟效性广告效果

即效性广告效果是指广告发布后在短期内所产生的影响。如提示性广告、节假日销售广告、物价优惠广告等，其特点是时间性强，消费者反应迅速，购买频率高。

迟效性广告效果是指广告在短期内对商品促销没有明显的作用，但其影响深远，潜移默化，深入人心，其效果是在较长时间内逐步显露出来的。一般来说，广告在发布后，能立即引起消费者购买行为的是较少的，多数是属于迟效性的。

☞ 小案例：警惕滥用广告促销的风险

广告促销也可能存在各种风险，这必须引起商品经营者的注意。

1. 网络炒作营销存在巨大商誉风险

根据易观国际互动营销研究结果显示，近期，名为“网络推手”的互联网营销组织逐渐浮出市场，为广告主提供互联网营销策划及执行，这种基于“炒作”性质的营销，存在很大的风险与隐患，包括对广告主品牌损害的风险、对媒体/平台公信力损害的风险以及政策监管的风险。如若放任其发展，可能将对互联网环境造成巨大破坏。

2. 广告主的商业风险

“炒作”性质的营销，短时间可催化舆论关注并从中引导，为广告主带来短期价值。但是营销过程中已形成的舆论无法受广告主及“推手”控制，舆论很容易失控，并引发一系列问题，这些问题可能给广告主带来公关危机。同样，传统广告给受众以“广告”概念，受众知情其导向性；而“炒作”广告，尤其是论坛炒作广告，给受众的是“网友”概念，受众不知其导向性，且容易将其认可为“基于不存在利害关系的可信任口碑源”，因此，一旦舆论失控、广告主身份暴露，“炒作”营销将给广告主品牌造成损害，得不偿失。

3. 平台及媒体的公信力风险

“网络推手”的互联网营销，以利益为导向，以网民身份，进行舆论的引导、事件的放大。舆论的引导者受利益的唯一驱使，在论坛之中尤甚，且部分网络营销组织称为“口碑营销”，易观国际研究认为，此类营销行为并非“口碑营销”。

“口碑营销”基于消费者真实体验。其生存与发展在于口碑源的可信。原有的论坛环境，是基于用户间的不相识、不存在利害关系而形成的开放的、可信的舆论环境，如利益导向的信息传播者（舆论制造者）在论坛之中遍布，信息的真实性与可信性都将受到质疑，平台及媒体的公信力将受到质疑。论坛信息将不再满足用户需求，论坛将不再满足用户需求，流量也必将因此流失。

（资料来源：警惕滥用广告促销的风险[EB/OL]. [2010-10-12]. http://www.lidodo.com/news_infodetail_dfafefc7-50bf-4189-805b-5568837f233c.html.）

第三节　人员推销策略

一、人员推销的特点

1. 人员推销具有较大的灵活性

推销员能与顾客保持直接的联系，在不同的环境下，可根据不同潜在用户的需求和购买动机，有针对性地进行推销；可以立即获得顾客的反应，并据此适时调整自己的推销方法；能直接解答顾客的疑问，使买主产生信任感。

2. 可以促成买卖双方形成良好的关系

因为人员推销采取的是双向沟通方式，交谈中伴随着情感的交流，就可能建立友谊，形成融洽的关系。

3. 具有可选择性

在每次推销之前，可以选择有较大购买可能的顾客进行推销，并可首先对未来顾客作一番调查研究，有针对性地拟定具体推销方案、方法和策略等。这是广告所不能达到的，广告往往包括许多非可能顾客在内。

4. 人员推销具有完整性

推销人员的工作是从寻找可能顾客开始，到约见、洽谈、异议处理，最后达成交易并提供良好服务。除此之外，还可了解顾客使用产品之后的反应和要求等。广告则无此完整性。

人员推销的不足之处是：推销费用高，在市场广阔，而买主又较分散的状态下，不宜采用此方法。

二、推销人员及其管理

推销人员是指直接从事商品推销的人员，主要指推销员和营业人员。

1. 推销人员的素质

(1) 政治素质

推销员应具备良好的政治素质。要有强烈的爱国主义、集体主义意识，应有强烈的事业心和高度的责任感，树立良好的职业道德，遵纪守法，执行政策，注意维护国家利益、企业利益以及消费者权益。

(2) 业务素质

在激烈的市场竞争中，推销员要有效开展推销活动，还必须具备较强的业务素质。要掌握企业的历史及其在同行中的地位；企业的经营方针、营销策略及其发展目标；要熟知商品知识和市场情况及有关的业务技能。

(3) 文化素质

一个优秀的推销员，不仅要有良好的业务素质和技能，而且还要有丰富的文化素质。应了解文学、历史、哲学、美学、社会学、经济学等广泛的社会文化知识，不断丰富自己，提高自己，方能养成良好的个性，成为推销的行家里手。

(4) 法律素质

在业务活动中，推销员是企业的代表，其个人行为后果最终是由企业来负责的，特别是涉及合同的签订与执行，收款付款等方面，推销员难免和顾客发生一定的纠纷，这就要求推销员要有较强的法制观念、坚实的法律知识和灵活运用法律的能力，依法办事，合法合理地进行业务活动，并利用法律来保护自己的权益。

(5) 生理和心理素质

推销员经常出差在外，旅途劳累，饮食无规律，并且面对各种各样的顾客，市场环境不断变化，随时都会遇到新问题和新困难。因此推销员要具有良好的身体素质和稳定健康的心理素质。

2. 推销人员的选拔和培训

(1) 推销人员的选拔

企业推销工作质量好坏的关键是有没有一支高素质的推销队伍，因此，按照推销人员的素质标准严格选拔好的推销员，是一项具有战略意义的工作。选拔推销人员的方法有他人推荐、本人申请、单位提拔、公开择优等。

(2) 推销人员的培训

经选择确定的推销人员在担任实际推销工作之前，必须进行培训。培训的内容包括企业、产品、顾客、竞争和市场方面的知识训练；有关经济法律、财务知识、推销人员的任务和责任训练；推销人员心理素质、身体素质、仪表礼节技能的训练等。

在国外，特别是一些大公司除了对新的推销员进行基本训练外，每年定期还对在岗销售人员进行中高级推销培训。

3. 推销人员的组织

推销人员能否完全发挥作用，在很大程度上取决于如何结合当地不同情况和企业实际情况组织好推销人员。组织得好，既可以充分发挥推销人员的工作热情，又可以使推销工作顺利进行，提高促销效率。推销人员的组织分派方式如下。

（1）按顾客分派

可以根据顾客的规模、行业和顾客的身份（如批发商、零售商等）来分别分派推销员。这种做法便于推销员熟悉某类顾客，满足不同顾客的不同要求，与顾客建立较长期的关系。但若同一类别的顾客分布较分散时，推销线路必然增长，造成推销力量重叠，费用开支增加。

（2）按地区分派

当推销区域较广，产品较单一或市场较相似时，可以按地区分派推销员或推销小组。采用这种方法的好处是推销人员职责明确，较熟悉本地情况，利于建立较稳定的人际关系，同时还可以降低差旅费。

（3）按产品线分派

有些企业产品线较多，产品线之间关联度较低，产品使用技术复杂，而且市场差异性也较大。一个推销员不可能熟悉所有的产品，因而可以按产品线或相似的产品线分派推销人员或推销小组。这样便于销售部门集中力量管好具体产品，尤其是占销售额比例大的骨干产品，便于推销员熟悉产品和开展专题促销研究。当市场上出现问题时，产品经理能迅速作出反应。

（4）按复合式分派

一些大企业产品品种繁多，差别大，顾客类别多且分散，则企业应采用地区、产品线和顾客复合式分派方式。常见方式有“地区—产品复合式”、“地区—顾客复合式”或者“产品—顾客复合式”等。

4. 推销人员的激励和评价

（1）推销人员的激励

企业通过科学有效的激励方法，引导、激发推销员蕴藏的巨大潜力，使他们的能力、积极性和创造性得以充分发挥，便可获得最佳的工作绩效。激励的方法有：

① 目标激励法。目标是人们努力的方向，建立先进合理的目标体系，可以激励推销员不断地进取。应建立的主要目标有：销售数量指标、一年内访问顾客次数、每月访问新顾客的次数、订货单平均增加额、顾客投诉率等。

② 强化激励法。强化分为正强化和负强化，正强化是对推销员的积极表现给予肯定和奖赏；负强化是对推销员不正确的行为给予否定和惩罚。

③ 反馈激励法。就是利用任务完成进度表示奖惩的形式，把各个推销员在不同阶段推销的各项指标的实绩统计上来并公之于众，以此激发其竞争意识和成就感，增强工作信心。

④ 竞赛。按照业务性质开展多种形式的竞赛，可以从不同角度挖掘推销人员的潜力，发挥他们工作的能动性，促进推销任务的完成。

(2) 推销人员的评价

评价的内容如下：

① 绩效评定，包括推销计划完成情况、新增加的客户数量和他们的销售额。

② 绩效比较，包括推销员与推销员之间、推销实绩与计划之间、本期实绩与上期比较等。

③ 顾客对推销人员形象的评价，包括推销员对知识、技能的掌握程度等。

小案例：如何激励销售人员

这是一家在业界、在客户中享有良好声誉的公司，由于其特殊的行业性质和本公司的战略定位，"销售"成为其主体业务，因此，销售人员的激励与保留成为公司人力资源管理的主要内容。

以前，同很多公司一样，这家公司的销售人员主要是拿销售提成，在公司成立之初，销售提成的方式确实非常有效，公司业务很快打开，但是，随着公司本身的力量增强，公司品牌、资源在销售中占地比重越来越大，所以，单纯销售提成的弊端逐渐显露出来，主要表现在：

(1) 部分业务员坐吃老本，斗志低迷，使公司丧失很多潜在客户。这部分业务员大都加入公司两年以上，过去业绩还不错，手中有几个比较好的客户资源，仅靠这几家客户的提成，就可以维持体面的生活，所以，就不再费力开发新客户。

(2) 业务员推广新产品的积极性不高，新产品推广非常困难。由于新产品的知名度不高，客户不容易接受，业务员不愿意花费精力去推广新产品，而宁愿在成熟产品中多多努力，以弥补新产品推广不利的损失，但是，新产品是公司发展的新的增长点，对公司至关重要，推广不利，将对以后的发展产生很大的影响。

(3) 部门、业务员之间相互"争单"，损害公司整体利益。部门之间、业务员之间往往互相隐瞒客户资料，以更多的折扣争夺客户，甚至宁愿将获利点让给其他竞争对手，以保证自己的提成不会被同事分掉，这样，公司一方面在客户处的信誉受到影响，而且，直接损失了很多利润。

(4) 技术上很难实现的"公平"，挫伤了业务员的积极性，造成人才流失。贡献大小往往不能完全准确地衡量，让双方都无可挑剔，总是会有一方不满，甚至双方都不满意，挫伤了很多人的积极性，这也是造成上面"争单"的原因之一。

(5) 业务部门主管兼有两种角色，奖金不易确定。业务部门的主管同时又是公司的骨干员工，他们既有销售任务，又要进行部门管理，在单纯的销售提成的奖金方案之下，没有人想去做主管，没有人想在销售以外投入更多的精力。

（资料来源：如何激励销售人员[EB/OL].[2010-09]. http://www.cg007.com/showlist.asp? id=187.）

三、人员推销的程序和方法

推销是一种信息双向沟通的过程，它不是单纯地推销商品，而是具有推销前准备、寻找顾客、接近顾客、推销洽谈、处理异议、达成交易以及推销信息的传递和反馈、提供销售服务等多项程序。在人员推销的不同阶段，推销人员应根据具体情况选择不同的方法。

1. 推销前准备

为了顺利完成推销任务，推销人员必须做好充分的思想和业务知识两方面的准备工作。

(1) 思想准备工作

推销是一项极富创造性、极具吸引力的工作，但推销也是一项十分艰苦、极具挑战性的工作。因此，必须做好充分的思想准备。

① 明确目标，拟定适合自己的推销目标，激励推销人员奋发努力。

② 全力以赴，撇开各种困扰因素，确保全身心地投入推销工作中。

③ 坚忍不拔，推销人员要敢于面对失败，要有顽强的毅力和斗志，承受推销工作中碰到的巨大压力。

④ 高度自信，推销员应对自己的能力、对推销的产品充满自信心。

(2) 业务知识准备工作

① 熟悉推销产品的特征。推销员必须熟悉自己所推销的产品的性能、构造、原材料等，还必须了解维护与保养的方法、与同类产品比较在性能上的优点或价格上的优惠。

② 熟悉公司的状况。推销人员必须对他所服务的公司有一个全面的了解，包括公司的诞生与发展历史、经营目标与经营方针、今后的长期发展规划、公司的职能机构、财务状况、公司的主要设施及公司员工队伍素质状况等，以便能够注意宣传公司的有关情况，这往往能给顾客留下良好的印象。

③ 掌握推销品的市场动态。产品的市场动态是由产品、产品需求、产品供应、产品价格、产品竞争等因素构成。对这些方面，推销人员应细致地把握，才能在推销过程中游刃有余，进行创造性的推销。

④ 掌握竞争对手的实力及策略。为了有效地分析竞争者，首先要了解谁是自己的主要竞争对手，然后再分析、判断他们的目标和策略，他们的优势和弱点，以及他们对竞争的

反应模式等。一般来说,要了解竞争对手产品的市场占有率;竞争对手的市场优势和劣势、销售对象及其变化趋势、价格策略与推销策略、商业信誉、销售量状况;竞争对手在品质管理、交货日期、履行承诺及服务等方面的可靠度;竞争对手在型号、规格等竞争项目上的应变能力及其潜在竞争对手的发展动态。

2. 寻找顾客

寻找顾客是指推销人员采取各种方法寻找既具有购买要求又具有购买能力与购买决策权的个人或法人的过程。寻找顾客的主要方法如下。

(1) 地毯式访问

这种方法是指推销人员用上门探访的形式,对预定的可能成为顾客的单位、企业、家庭及个人无一遗漏地进行寻找并确认"准顾客"的方法。这种方法可以使推销人员接触顾客的同时,了解市场,了解顾客。还可以使推销员尤其是新推销员得到锻炼。但该法比较费时费力,成交概率小。

(2) 资料查询法

这种方法即根据可能查阅的各种现有情报资料来寻找准顾客的方法。可查阅的资料有工商企业名录、产品目录、商标公告与专利公告、统计资料、银行账号、电话簿、各种大众传媒公布的各种有关信息、工商企业名人录等。

(3) 介绍寻找法

经他人,特别是一些与自己关系密切、身份地位较高、有较大影响力的权威人士介绍,成功的可能性较大,并且效率较高。但是要得到这些人的推荐本身并不是件容易的事情。

(4) 委托助手寻找法

这种方法是指推销人员(或企业)出资聘请一些有志于推销工作的人士做助手,帮助寻找与推荐"准顾客"的方法。

通过广告信息、展销会等其他公开场合寻找潜在顾客在实践中也常常运用。

3. 约见与接近顾客

(1) 拟订访问计划

访问计划的主要内容包括拟好洽谈内容或发言提纲,准备好洽谈中需要的企业产品等方面的资料,如样品、照片、说明书等。

(2) 约见顾客

约见的方式有:电话约见法、信函约见法、访问约见法、委托第三者约见顾客和利用言行媒介约见顾客。以上五种方法各有长短,推销员应根据具体情况确定具体的约见方法。

(3) 接近顾客

接近是洽谈的准备阶段,只有成功地接近顾客才能进行洽谈。接近的方法有提出问题法、名片自荐法、熟人引荐法、利益接近法、赞美接近法、好奇接近法、礼品赠送法、展示商品法等。

4. 介绍商品

接近顾客之后,推销人员应尽快进行推销,介绍推荐自己的产品和服务。在介绍过程中,要注重讲清以下5个问题。

(1) 为什么。你为什么来访问,顾客为什么要买你的产品。

(2) 是什么。介绍产品的特点,能给顾客带来的利益和好处。特别是与同类产品相比较,让顾客得到特别利益和好处。

(3) 谁说的。充分地让顾客了解你公司的经验、信用和声誉。

(4) 谁做了。推销员过去的顾客有哪些,他们在使用该产品时得到了哪些利益。

(5) 将要得到什么。顾客使用了该商品后,将得到哪些好处,否则,将会损失什么。

☞ 小案例:一次失败的电话推销

数月以前,一家国内IT企业进行笔记本电脑的促销活动,我是接到推销电话的一个他们认为的潜在客户。

"先生,您好,这里是HR公司个人终端服务中心,我们在搞一个调研活动。您若有时间,我们可以问两个问题吗?"

我说:"你讲。"

销售员:"您经常使用电脑吗?"

我说:"是的,工作无法离开电脑。"

销售员:"您用的是台式机还是笔记本电脑。"

我说:"在办公室用台式机,在家就用笔记本电脑。"

销售员:"我们最近的笔记本电脑有一个特别优惠的促销阶段,您是否有兴趣?"

我说:"你是在促销笔记本电脑吧?不是搞调研吧?"

销售员:"其实……,也是……,但是……"

我说:"你不用说了,我现在对笔记本电脑没有购买兴趣,因为我有了,而且,现在用得很好。"

销售员:"不是,我的意思是,这次机会很难得,所以,我……"

我问:"你做电话销售多长时间了?"

销售员:"不到两个月。"

我问:"在开始上岗前,HR公司给你们做了电话销售的培训了吗?"

销售员:"做了两次。"

我问："是外请的电话销售的专业公司给你们培训的，还是你们的销售经理给培训的？"

销售员："是销售经理。"

我问："培训了两次，一次多长时间？"

销售员："一次大约就是两个小时吧，就是说了说，也不是特别正规的培训。"

我说："你现在做这个笔记本电脑的电话销售，成绩如何？"

销售员："其实，我们遇到了许多的销售中的问题，的确，销售成绩不是很理想。"

（资料来源：一次失败的电话推销[EB/OL]. http://www.51report.com/ask/sharev_6201.htm.）

5. 处理顾客异议

当推销员经过面谈，并以各种形式向顾客介绍和证实了推销商品之后，在一般情况下，顾客会有两种反应：同意购买或提出一些问题表示拒绝购买。实际推销活动中，第一种情况是较少见的。大多数顾客会对推销人员或对推销产品提出一些意见，甚至是相反的看法，并以这些作为拒绝购买的理由。被顾客用来作为拒绝购买理由的意见、问题与看法就是顾客异议。

推销异议是推销成功的障碍，要妥善处理各种异议，就要事先对各种可能的异议作出估计，设计好相应的对策。在推销过程中，面对反对意见，推销人员要镇定、冷静，表示出真诚、温和的态度，对对方提出的问题，要运用有关事实，作出诚恳的、实事求是的解释，从而消除顾客的疑虑。

6. 促成顾客的购买行为

推销员在消除顾客的主要异议后，要善于抓住时机，促成顾客的购买。其中时机的把握非常重要。如果推销员过早提出成交，顾客因内心还未考虑好而存在心理压力，在有心理压力的情况下，顾客是不会采取购买行动的。如果顾客已有强烈的购买欲望，而推销员错过这一机会而不促成交易，顾客的欲望就会减退，兴趣就会淡化，再达成交易就非常困难了。

7. 售后活动

达成交易并不等于推销活动结束，成交以后，推销人员还须进行一系列的售后活动。

（1）继续掌握顾客需求

成交继结束后，必须继续关注老顾客的需求，尤其要了解顾客现实中未满足的需求，掌握顾客潜在需求和未来需求，以便在下一次推销中掌握主动权。

（2）售后服务

售后服务是整个推销成交后续工作中最重要的一项内容，主要包括送货上门服务、安装调试服务、知识技术咨询服务、巡回检修与配件供应服务、质量保证服务和"三包"服务等，顾客在使用过程中的问题和建议要及时妥善处理。

第四节　公共关系策略

一、公共关系的概念和特征

公共关系是企业在经营活动中，妥善处理企业与其内外部分公众的关系，以树立良好企业形象的促销活动。其特征表现在以下方面。

(1) 公共关系目标具有战略性。公关的目标是树立企业良好的形象，实现这一目标需要耗时很久。

(2) 公共关系注重双向沟通。公共关系的对象是企业内外公众，企业通过各种方式，建立与公众之间的信息交流和沟通，为企业发展建造一个良好的环境。

(3) 公共关系注重间接促销。公共关系是通过积极参与各项社会活动，宣传企业经营宗旨，联络各方感情，扩大企业知名度和美誉度，加深社会各界对企业的了解和信任，从而实现促销目标。

二、公共关系的原则

1. 求实守信原则

企业开展公关活动必须建立在对事实真实把握的基础上，向企业公众如实地传递有关企业信息，并根据事实的变化来不断地调整企业公共关系活动的政策与行为。同时，以事实为基础建立企业的信誉，塑造企业的形象。建立良好的企业信誉是公共关系工作的首要目标。

2. 全员公共关系原则

企业公共关系的责任是提高企业的知名度和美誉度，影响公众舆论、组织关系网络，为企业的发展创造一个良好的内外环境。完成此项工作，有赖于企业各个部门和全体人员的整体配合。一个企业的所有成员，都是有形无形的公关人员，只有树立全员公关的信念，才能持久地保持企业良好的公共关系状态。

3. 以双向信息沟通为条件的原则

公共关系是一种包括物质、信息、感情在内的全方位的交换关系。既然是“交换关系”，就是一种双向、平等的关系。信息、感情交流注重双向沟通。以双向交流为条件，这一现代公关的基本原则，其含义是指，一个企业在开展公关活动时，既要求有信息输出，又要有信息输入和反馈。从协调企业与公众的关系角度看，信息输入和反馈较之与信息输出来说，具有更重要的价值。唯有信息输入和反馈，才能够寻找到评价企业公共关系活动效果的客观依据和尺度。“以双向信息交流为条件”，不仅立足于信息的相互交流，更注重与情感的相互沟通。如果忽视了情感的沟通,那就会把以塑造企业形象、提高企业信誉为内容的企业公共关系工作,变为一种枯燥无味的单纯的"信息操作"过程。

4. 以效益为归宿的原则

公众是企业赖以生存的基础,失去了公众,企业就失去了生存的基础。而要赢得公众的支持和合作,企业就一定要从公众利益出发,也要以企业的效益为归宿。作为商品生产者,企业公共关系要以打开企业产品市场,获取利润为原则。同时,企业公共关系要经常教育职工,注重企业效益和社会效益的统一,增强职工的凝聚力和社会责任感,生产出满足社会需求的产品,为整个社会作出自己的贡献。

5. 以科学为指导的原则

企业的公关活动不能凭经验和主管来判断,而必须借助现代科学的理论和方法指导企业公关活动。例如,传播学、社会学、心理学、组织管理理论、系统工程理论等对企业公共关系活动具有科学的指导意义。

三、公共关系实施的步骤

企业公共关系活动的具体步骤是调查分析、制定方案、实施传播、测评与反馈等。

1. 调查分析

所谓调查分析就是了解那些受到企业的行为和政策影响的人员和组织的观点、态度和反应,确定企业目前面临的公关问题,调查分析是企业公关活动的前提,是企业公关活动的先导。在当今社会,信息是企业的生命,不进行调查分析,企业信息不灵,运转不畅,效益不高,企业公关就会成为无源之水,无本之木。

公共关系调查分析是围绕着了解企业内外部公众的意见和态度而展开的,其目的在于通过合理地解决某一具体的公关问题,同企业公众建立融洽和谐的关系,提高企业的信誉和良好形象。一般来说,企业公关调查分析的内容包括企业形象(知名度、信誉、公众评价)、公众动机、活动效果、内部公众意见等五个方面。

2. 制定方案

制定方案是企业公关活动的第二阶段。制定公共关系方案包括确定目标、选择传播渠道与时机两项工作。

(1) 确立目标

目标是行为的方向,也是衡量公共关系成功与否的尺度。一般来说,企业公共关系活动目标大致有以下 9 个方面。

① 维护企业形象。如由于公众误解了企业的经营意图而对企业产生不满情绪时,企业公共关系活动的目标就应包括维护企业形象。

② 改变企业形象。如果企业经营方向及其产品发生变化,企业公共关系活动的目标就应在改变企业形象方面。

③ 提高企业知名度。当一个企业准备向新的市场领域开拓的时候，企业公关活动的目标就应在提高企业知名度方面。

④ 向公众介绍情况。把公众不熟悉的企业情况，介绍给企业公众，从而获得期信任。

⑤ 赞助社会公益活动。为了提高企业在公众心中的美誉度和知名度，以使公众对企业产品产生偏好，企业公关目标可以定位在赞助某些有利于社会公益事业的社会活动上。

⑥ 联络感情。当企业同竞争对手激烈争夺市场或开发新产品，需要获得企业公众的支持，此时企业公关活动目标应定位在联络公众感情方面，以便从情感上打动公众。

⑦ 寻求合作与支持。当企业出现经营危机时，企业公关活动目标应定位在寻求企业各类公众的合作与支持者方面上来。

⑧ 克服"舆论危机"。当企业与媒介公众发生冲突，或传播媒介发布了一些不利于企业的舆论时，企业应当把克服"舆论危机"视为公共关系活动的具体目标。

⑨ 促成行为。当企业准备继续扩大自己产品的市场份额，或把竞争对手的部分市场抢夺过来时，企业公关活动目标应定位在促成公众购买行为这方面上来。

(2) 选择传播渠道与时机

无论是维持企业形象、联络感情，还是克服"舆论危机"等都必须在企业与公众之间建立某种联系。为了更有效地实现公关活动的目标，就必须选择最佳的传播渠道。一般来说，选择传播渠道的标准是传播媒介的权威性、传播媒介的可信度、企业公众的可接受性及传播媒介的可用性。

在企业公关活动中，可供选择的传播渠道有：

大众传播渠道，包括报纸、广播、电视、印刷品、杂志、识别标志等。

群体传播渠道，包括公众代表会议、座谈会、信息发布会等。

人际传播渠道，包括个人之间的会见、书信往来、电话联络等。

为了更有效地实现公关目标，还必须选择恰当的传播时机。传播时机选择得恰当与否，直接影响到传播的总体效果。选择恰当的传播时机，就是在最能强化公共关系传播活动效果的时间内，把所要传播的信息适时地传播出去。

3. 实施传播

传播是公共关系活动的主干，传播过程能否顺利实施，能否实现预期的传播目标，这是检验整个公关活动是否有效的主要指标。

(1) 根据公共关系活动的目标实施传播

公共关系的目标不同，传播的方式也不同，如果公共关系的主要目标是提高企业新产品的知名度，公关人员应用新闻、广告、公关专题活动等多种方式相配合的"全方位"传播战略，迅速促使公众了解企业、了解新产品。如果企业更注重提高产品的美誉度，这时应突出宣传自己的特色，加深公众对企业的信任、理解和支持。

(2) 针对不同的心理状态进行策动传播

公关人员在策动传播之前，要分析公众心理，根据公众心理进行传播，如求名心理、求廉心理、求实心理等。把握住公众的心理进行策动传播就容易取得成功。

(3) 根据企业面对的不同公众策动传播

企业面对的公众不同，传播的方式也不同。对企业内部公众传播，可借助于企业内部的媒介，如意见箱、简报、板报、企业内部报刊、有线广播，或者联欢会、职代会、座谈会等。对外部公众来说，可采用记者招待会、展销会、厂庆等形式，也可借助于广播、电视、报纸、杂志与公众进行沟通。

4. 评价反馈

(1) 企业公关活动评价

通过评价，可以了解形象的现状，增强全员公关意识，衡量公关活动成效，发现新问题、新情况，并找出对策，可以对企业公关有一个准确的判断，有利于下一轮活动的开展。评价的方法一般有根据新闻媒介报道情况来评价、根据公众舆论来评价、根据反馈信息统计来评价等。

(2) 企业公关活动信息反馈渠道

反馈即是将公共关系活动中的信息以快速、准确、经济的方法，传达到公关部门的过程。企业公共关系活动信息反馈渠道有社会公众来信、来电、来访；新闻媒体的评论、报道；向内部公众收集信息；社会调查；利用企业的各种资料，如统计资料、财务活动分析等。

四、公共关系活动的主要方式

1. 记者招待会

记者招待会是企业与公众保持联系的一种重要活动方式，也是传播各类信息、谋求公众特别是新闻界对企业客观报道的一种行之有效的手段。它包括以下五种类型：新闻发布会、背景性介绍会、情况介绍会、一问一答的记者招待会、纯粹联络感情的记者招待会。

2. 展览会

展览会可分为贸易性展览会和宣传性展览会。展览会通过真实可靠的实物展示、热情周到的服务、全面透彻的资料和图片介绍、技术人员的现场操作和讲解员的生动解说等，让公众借此机会了解市场行情，获得可靠信息。同时使企业进一步获得产品感染力的强化和企业竞争力的增强。因为展览会较为直接和直观，加上图文并茂，往往使公众信服。对于新企业、新产品形象的塑造和某一新思想的传播，展览会的作用更明显。

3. 社会赞助

赞助活动是一种信誉投资，感情投资。通过社会赞助活动可以扩大企业知名度，改善企业形象。如赞助教育、环境保护、残疾人事业等。

4. 庆典活动

周年庆典、新项目落成或投产庆典等。各种庆典活动可以邀请各级领导、社会名流和新闻界参加，同时发布新闻和广告。这样既巩固了企业与内外公众的关系，又扩大了宣传，再配以销售促进，还可以扩大销售。

5. 公关广告

公关广告主要有三种类型：致意性广告，即向公众表示节日祝贺，感谢或致歉等；倡导性广告，由企业倡导发起某种社会公益活动；解释性广告，就某一方面改革或情况向公众解释。

☞ 小案例：丰田促销与公关

营销，说到底就是创造顾客现实和潜在的需求，并满足这一需求。丰田在创造顾客现实和潜在需求方面可谓一绝，它主要借助促销和公关两个手段来提高自己的知名度和美誉度，刺激现实需求，培养潜在需求。

一、万众瞩目丰田杯

每年12月中旬，喜欢足球的人们都会亲自赶到东京或坐在电视机前，观看年度最后一项超级足球赛事——丰田杯。丰田还积极参与其他国际体育赛事，如丰田车队参加各种拉力赛，对各项世界大赛的赞助，等等。丰田借此扩大了其在世界各国爱好运动的人们中的影响。

二、丰田汽车学校

为了开辟市场，丰田甚至开起了汽车驾驶学校。1987年6月，首个丰田汽车驾驶员培训中心在北京成立，另外，丰田还年年在中国各地举行丰田生产方式讲座和培训，这些无疑出于丰田在日本建立丰田汽车学校同样的想法。

在促进行业发展和整个汽车市场进步中开拓自己的市场（哪怕是潜在的），是丰田营销的又一独特创举。

三、丰田小姐

1997年上海国际汽车展上，丰田汽车前的美女成了展览会最引人注目的风景，人们纷纷涌至丰田汽车的展位前，欣赏由漂亮的新款汽车和优雅的小姐构成的绝妙景观，丰田展位成为光顾率最高的展位，丰田的努力和创造得到了高额回报。

“日产小姐”、“三菱促销小姐”、“本田小姐”在此前也随着“丰田小姐”大放光彩。

四、丰田中国大使

1998年，为充实丰田的涉外公关机能，丰田在组织机构上作了部分调整，由丰田中国事务所统一负责丰田在北京、天津、成都、沈阳的办事机构的涉外公关。丰田中国事务所将作为"丰田驻中国大使"，进一步加强与中央政府、地方政府及新闻媒介的联系，这将进一步为丰田在中国的业务发展提供便利。

(资料来源：丰田促销与公关[EB/OL]. http://w0940.blog.163.com/blog/static/179915220086131051408 70.)

第五节 销售促进策略

一、销售促进的概念

销售促进，也就是营业推广，是指利用折扣、展示、有奖销售等多种方式，促使消费者立即采取购买行为的促销方式，由于它是直接围绕着营业额进行的促销活动，故称为销售促进。

销售促进的目的是鼓励尽快达成最大交易量，所以往往表现出两方面的特性：一是具有强烈的刺激性；二是贬低身价。前者给人以机会限制的感觉，有较大的吸引力。后者由于力图短期内达到销售的目的，所以出现急切出售的意图，往往使顾客对产品质量、价格产生怀疑，影响产品持久的生命力。

二、销售促进的类型

1. 针对最终消费者的销售促进

(1) 赠送样品

赠送样品即向消费者提供免费使用产品，使消费者了解产品的性能、特点，从而建立起顾客的信任。这是推销新产品最有效的方法。

赠送样品是将产品直接送达消费者手中最便捷的一种促销方式。通常，当产品差异性或特点凌驾于竞争品牌之上且值得披露给消费者时，运用赠送样品，效果最佳。但是对高度特殊性商品或诉求市场小又有选择限制时，效果特差，如古玩收藏家、地毯编制者等，赠送样品毫无用处。通常赠送样品的意义有如下几种：

① 刺激对新产品或改良后产品的尝试购买意愿。

② 当原有产品换上新的包装后，为了唤起消费者对新包装的注意和兴趣，通过赠送样品可能达到较好的效果。

③ 挖掘潜在顾客，吸引新的消费者群体。

④ 凭借新的销售网络以吸引新的消费者群，使其产生尝试性购买意愿，进而扩大销

售对象。

(2) 有奖销售

有奖销售即在产品销售时设立若干奖励。购买一定数量的产品后,消费者可领到数张奖励券,积聚到一定数量后,可换回一些低价小商品,或凭券参加抽奖。

(3) 优惠券

此种类型是指有人持券在指定商店购买指定商品时,可获得某种价格优惠。这种方法对于成熟期商品在淡季销售和新产品的早期销售均有促销效果。

优惠券是销售促进的一种重要形式,其运用非常广泛,成效也非常显著。因此,无以数计的优惠券在世界各地大量散发。美国尼尔森促销顾问公司的研究调查报告显示:1990 年有超过 1 000 亿元的厂商优惠券散发到美国各地,较之 1989 年增加了 3.12%,而且每年正在逐步递增中。优惠券的作用也是非常明显的,主要体现在以下 5 个方面。

① 提高某一品牌在同类产品中逐步下降的市场占有率。当某一品牌处在销售淡季或已处于成熟期,竞争异常激烈,通过散发优惠券,吸引一大批消费者,从而保证该品牌在同类产品中的市场占有率,不失为一种有效的手段。

② 扭转产品或服务销售全面下跌的局面。而当颓势已延续多年时,则是很难扭转的。

③ 提高消费者对成长类商品在销售停滞时的品牌兴趣度。新产品在早期的使用,如在成长期因某些原因使销售停滞,可能是消费者对这种品牌认知度还不够,兴趣不高,此时通过推出优惠券,以刺激消费者,使之关注该品牌的商品,进而产生浓厚的兴趣。

④ 协助增强弱势品牌递减的销售利益,不论其同类产品是处于稳定状态还是成长状态。

⑤ 优惠券能引起顾客对产品的试用欲望。

(4) 特殊包装

这种促销通常是在包装内附有优惠券、抽奖券、减价包装、组合型减价包装等。

(5) 附赠品销售

此类促销是在推销某种商品时对购买者赠送免费品或便宜品,以吸引消费者购买。

(6) 现场陈列和表演

在销售商场的橱窗或货柜前专门布置某种商品,大量陈列或当场表演,甚至当场生产制作,以介绍产品的功能特点,展示产品的使用效果,刺激直接购买。

2. 针对中间商的销售促进

(1) 销售折扣

即对中间商的长期合作或促销努力给予一定的折扣。

(2) 合作广告

即出资资助中间商在当地媒体进行广告宣传,共同开发市场。其形式有按销售额比例提取或报销、赠送广告底片、录像带或招贴、小册子等。

(3) 节日公关

在节日或纪念日等一些企业重要的日子里举办各种招待会，邀请中间商参加，增强彼此间的了解和合作。

3. 针对推销员的销售促进

(1) 销售额提成

销售额提成即根据推销员完成的销售额或利润额等指标，按事先约定的比例提成，刺激推销员的积极性。

(2) 销售竞赛

销售竞赛即在推销员中发起销售竞赛，奖优、罚懒，促使推销员积极努力地工作。

☞ 小案例：上海新世界股份公司的文化促销活动

上海新世界股份公司的前身是创建于1914年的“新世界游乐场”，位于南京路，是上海最早的商业楼之一。1988年经市政府批准，新世界率先试行股份制，1992年获准公司股票成功上市。1997年公司实现销售额21亿元，净利润7 200万元，跃居全国商业十强。

1996年新世界首届百货节推出主题为“塑造新形象，活跃购物气氛，促进淡季销售，扩大企业影响”的文化促销活动。

① 商品促销，包括新产品展销、展馆售样、换季特价、酬宾促销、发行节卡、设奖促销等；

② 商业文化活动，包括服饰展示、名人专访、文艺演示、沿街社区文化、专题研讨、坐堂咨询、有奖猜谜、方队游行、餐饮文化、登顶观光；

③ 批发订货活动包括：百家名厂到会供货、十大类商品展订、千余客户到会等。

首届新世界百货节会聚名品，展现新世界工商联手，拓展市场的全新经营策略；广邀客商，展现新世界面向全国、启动批发的全新发展计划；展现以节兴市，集聚人气的全新促销特色。1997年新世界在主、分会场，同时举办为时18天的第二届百货节，以商旅为主线，推出“十条旅游接待热线”、“十个旅游观光景点”、“十处旅游购物热点”、“十大旅游商文活动”等40个项目，掀起一股强劲的新世界旋风，一扫市场之疲态，震动了上海商界，使南京路从条状热线转为块状热线。就在这短短18天中，买送、买大送全场摇奖、满百赠送、中奖旅游、打折销售、当日特价、批发作价、进价供应、连环套送，以及策划“秋风中的温馨”、“今日谁是状元”、“当日购物最高奖”等。就在这短短18天中，平均日零售额486万元，总零售额高达8 743万元，最高的日销额创下1 550万元的最新纪录。

(资料来源：上海新世界股份公司的文化促销活动[EB/EL]. [2009-09-17]. http://hi. baidu. com/lifengli588/blog/item/f325df2486d74d6a35a80fa8. html.)

三、销售促进决策

销售促进决策是企业对销售促进活动及其有关因素进行分析，并在此基础上确定推广目标，选择适当的销售促进类型，制定销售促进方案的过程。

1. 确定销售促进目标

销售促进目标就是要明确销售促进的对象、推广的内容及要达到的目的，其目标应更明确、更具体，尽可能数量化。对中间商而言，目标往往是诱导他们拥有更多的库存，鼓励他们在淡季购买，抵制竞争者的促销活动，加强品牌忠诚度和争取新的中间商加入。

对最终消费者而言，要鼓励大量购买，争取新产品试用以及吸引品牌转换者放弃使用其他竞争者的品牌。

2. 选择适当的销售促进类型

销售促进的方式很多，企业在选择某种形式时，应结合企业营销和促销目标、市场类型及竞争状况、各种销售促进方案的成本和效果等因素。

3. 制定销售促进方案

销售促进方案一般包括以下内容。

(1) 吸引力大小

要预计销售促进方案吸引顾客的程度。吸引程度与促销效果成正比关系，但同时也存在递减规律。因此，制定推广方案必须考虑引力大小。

(2) 销售促进对象

针对中间商和最终消费者的状况，结合产品本身的特点，选择能产生最佳推广效果的推广对象。

(3) 推广的分发载体

决定要通过什么载体来宣传和分发推广方案。例如，奖券可以通过广告媒体分发。分发方法不同，将会影响推广的范围、成本和效果。

(4) 推广持续时间

持续时间要适中。如果持续时间太短，部分消费者未得到信息，因而达不到推广的效果；如果持续时间过长，会失去刺激购买的某些作用，使消费者对该产品或企业产生怀疑。

(5) 推广时机

时机选择是影响销售促进的一个重要因素，应结合考虑产品的特点、产品生命周期、消费者收入及购买心理、市场竞争状况等因素，选择恰当的时机实施销售促进方案。

(6) 推广预算

推广预算主要包括推广成本和效益的预算。成本开支主要包括：引力费用，如赠品、奖品、奖金及减价损失等；管理费用，如印刷费、邮寄费和对中间商的促销费用等；广告宣传费用,如各种广告费、发布会、招待会等。

本章小结

1. 在市场营销过程中,促销是指通过广告、人员推销、公共关系、销售促进等方式传播商品或服务信息,帮助消费者了解该商品或服务,并促使消费者产生好感,最后作出购买行为的整个活动。

2. 促销组合就是把广告、人员推销、公共关系和销售促进等促销形式,有目的、有计划地配合起来使用,形成一个整体策略。促销组合策略的内容主要有:促销策略类型、促销组合结构和特点、影响促销组合制定的因素、分配促销预算和人力等。

3. 广告,就是广而告知。广告的含义有广义和狭义之分。广义的广告是指借用一切传播媒体向公众传播信息的活动。它包括商业广告和非商业广告两大类。非商业广告是为了达到某种宣传目的而做的广告,如政治的、法律的、文化的广泛宣传以及通知、公告、启事等,它不是以获取赢利为目的的。狭义的广告仅指商业广告,它是以赢利为目的,是以广告主的名义,采用一定的媒体,以支付费用的方式向目标市场传播产品或企业信息的有说服力的信息传播活动。

4. 企业确定广告预算的主要方法有以下五种:量力而行法、销售额比率法、计算盈亏估算法、竞争对手广告费对抗法、广告目标法。

5. 人员推销的特点:①人员推销具有较大的灵活性;②可以促成买卖双方形成良好的关系;③具有可选择性;④人员推销具有完整性。

6. 公共关系是企业在经营活动中,妥善处理企业与其内外部分公众的关系,以树立良好企业形象的促销活动。其特征表现在:①公共关系目标具有战略性;②公共关系注重双向沟通;③公共关系注重间接促销。

7. 公共关系的原则有:①求实守信原则;②全员公共关系原则;③以双向信息沟通为条件的原则;④以效益为归宿的原则;⑤以科学为指导的原则。

8. 公共关系活动的主要方式:①记者招待会;②展览会;③社会赞助;④庆典活动;⑤公关广告。

9. 销售促进,也就是营业推广,是指利用折扣、展示、有奖销售等多种方式,促使消费者立即采取购买行为的促销方式,由于它是直接围绕着营业额进行的促销活动,故称为销售促进。

10. 销售促进决策是企业对销售促进活动及其有关因素进行分析,并在此基础上确定推广目标,选择适当的销售促进类型,制定销售促进方案的过程。主要步骤有:①确定销售促进目标;②选择适当的销售促进类型;③制定销售促进方案。

本章习题

一、名词解释

1. 促销
2. 促销组合
3. 广告
4. 销售促进
5. 公共关系

二、单项选择题

1. (　　)是一种影响最广泛、费用最高的促销手段。

A. 广告　　B. 人员推销　　C. 营业推广　　D. 公共关系

2. 一办公用具生产企业为了促进购买者订货并增加订货数量,它应采取的主要促销工具是(　　)。

A. 广告　　B. 人员推销　　C. 营业推广　　D. 公共关系

3. 在商品成长期采用广告策略的目的是(　　)。

A. 增加消费者的偏爱和信任　　B. 提高商品的知晓率

C. 提高商品的认知率　　D. 提高商品的知名度和美誉度

4. 在促进购买者对企业及其产品的了解方面,(　　)的成本效益最好。

A. 人员推销　　B. 销售促进　　C. 公共关系　　D. 广告

5. 推动策略适合的促销组合方式是(　　)。

A. 广告　　B. 人员推销　　C. 公共关系　　D. 营业推广

三、填空题

1. 促销的实质是(　　　　)。

2. (　　　　)是企业在总体促销战略指导下,对企业的广告活动进行的一系列的规划与控制。

3. 推销人员是指直接从事商品推销的人员,主要指(　　　　)和(　　　　)。

4. 企业公共关系活动的具体步骤是(　　　　)、(　　　　)、(　　　　)、(　　　　)等。

5. 销售促进也就是(　　　　)。

四、简答题

1. 什么是促销?它有什么作用?

2. 简述促销组合策略的内容?

3. 什么是广告？广告活动的构成要素有哪些？
4. 简述广告决策的内容。
5. 如何评价广告效果？
6. 人员推销有什么特点？
7. 推销人员应具备哪些素质？
8. 如何合理地组织推销人员？
9. 简述推销人员的推销程序。
10. 什么是公共关系？它有什么特点？
11. 企业开展公关活动应遵循什么原则？企业的公关活动有哪些具体形式？
12. 什么是销售促进？销售促进有哪几种类型？
13. 简述销售促进决策的内容。

本章案例

屈臣氏促销策略分析

能让都市时尚白领一族以逛屈臣氏商店为乐趣，并在购物后仍然津津乐道，有种“淘宝”后莫名喜悦的感觉，这可谓达到了商家经营的最高境界。经常可以听到“最近比较忙，好久没有去逛屈臣氏了，不知最近又出了什么新玩意……”逛屈臣氏淘宝，竟然在不知不觉中成了时尚消费者一族的必修课。作为城市高收入代表的白领丽人，她们并不吝惜花钱，物质需求向精神享受的过渡，使她们往往陶醉于某种获得小利后成功的喜悦，祈望精神上获得满足。屈臣氏正是捕捉了这个微妙的心理细节，成功地策划了一次又一次的促销活动。

屈臣氏促销活动之所以获得消费者青睐，笔者认为，其在以下几方面的突出表现值得借鉴：

1. 优惠实效

根据国人消费习惯，实惠才是硬道理。屈臣氏促销讲究的就是“为消费者提供物超所值”的购物体验，从“我敢发誓”到“冬日减价”、“10 元促销”、“SALE 周年庆”、“加 1 元多一件”、“全线八折”、“买一送一”、“自有品牌商品免费加量 33%不加价”、“买就送”等，每一次都会引起白领丽人的惊呼，降价幅度非常大。每期都有的三个“10 元超值换购”商品、9 个“震撼低价”商品每次都会给抢购一空。

2. 氛围浓郁

“创造一个友善、充满活力及令人兴奋的购物环境”是屈臣氏卖场布置的精髓，为了创造一个好的促销氛围，屈臣氏从不吝惜布置场地方面成本，每次促销会更换卖场所有的宣传挂画、价格牌、商品快讯、色条(嵌在货架层板前面的彩色纸条)、POP,虽然有浪费之嫌,但舍得投入也是获得回报的根本。

3. 震撼低价

屈臣氏经常推出系列震撼低价商品,这些商品以非常优惠的价格销售,并且规定每个店铺必须陈列在店铺最前面、最显眼的位置,以吸引顾客。

4. 剪角优惠券

在指定促销期内,一次性购物满60元(或者100元),剪下促销宣传海报的剪角,可以抵6元(或者10元)使用,相当于额外再获得九折优惠。

5. 购某个系列产品满88元送赠品

例如,购护肤产品满88元,或购屈臣氏品牌产品满88元,或购食品满88元,送屈臣氏手拎袋或纸手帕等活动。

6. 购物2件,额外9折优惠

购指定的同一商品2件,额外享受9折优惠。例如,买营养水一支要60元,买2支的话,就收108元。

7. 赠送礼品

屈臣氏经常也会举行一些赠送礼品的促销活动,一种是供应商本身提供的礼品促销活动;另外一种是屈臣氏自己举行的促销活动,如赠送自有品牌试用装,或者购买某系列产品送礼品装,或者是当天前30名顾客赠送礼品一份。

8. VIP会员卡

屈臣氏在2006年9月开始推出自己的会员卡,顾客只需去屈臣氏门店填写申请表格,就可立即办理屈臣氏贵宾卡,办卡时仅收取工本费一元,屈臣氏会每两周推出数十件贵宾独享折扣商品,低至额外8折,每次消费有积分。

9. 感谢日

最近,屈臣氏举行为期3天的感谢日小型主题促销活动,推出系列重磅特价商品,单价商品低价幅度在10元以上。

10. 销售比赛

“销售比赛”也是屈臣氏一项非常成功的促销活动,每期指定一些比赛商品,分各级别店铺(屈臣氏的店铺根据面积、地点等因素分为A、B、C三个级别)之间进行推销比赛,销售排名在前三名的店铺都将获得奖励,每次参加销售比赛的指定商品的销售业绩都会奇迹般地速度增长,供货厂家非常乐意参与这样有助于销售的活动。

以上列举了一些屈臣氏经常使用的促销招数,其他细节笔者就不一一细说了。

案例分析:屈臣氏自有品牌商品促销

屈臣氏大致在21世纪初的时候才推出护理用品类的自有品牌商品,时间还并不是非常长,但已深得消费者喜欢,市场占有份额日趋增长,目前数据显示已经超过20%,其产品推广及促销策略功不可没。

1. 新品上市促销

有新品上市，屈臣氏都会安排较大篇幅的版面进行宣传，并大规模发送试用赠品，如2004年10月推出骨胶原系列护肤品，2005年3月推出的美颜糖果，4月推出滋养沐浴露系列，11月推出天然精华护理系列，都会安排所有店铺进行大型促销活动。

2. 宣传专刊

《屈臣氏优质生活手册》是专门针对自有品牌进行宣传的专刊，一年两期，免费发送过顾客，专门介绍自有产品的功能特性，并邀请知名专业人士与消费者分享健与美心得。

3. 店铺陈列

在屈臣氏的店铺中，都会安排几米货架陈列自有品牌商品，长期推广，并有醒目的标识。

4. 促销方法

“自有品牌全线八折”、“免费加量33%”、“免费加量50%”、“一加一更优惠”、“任意搭配更优惠”、“购买某系列送赠品”等方式都是屈臣氏对自有品牌产品常用的促销方式，由于自有品牌具有利润空间较大、包装灵活等优势，所以促销幅度都非常大，效果非常明显。

结束语：冰冻三尺，非一日之寒，屈臣氏促销活动是在经营中不断研究的结晶，这种研究精神也是值得零售连锁行业引以借鉴的。

(资料来源：袁耿胜. 屈臣氏促销策略分析[EB/OL].[2009-08-07]http://www.795.com.cn/wz/85448.html.)

案例思考题

1. 屈臣氏在促销过程中一共选择了哪些促销策略？这些策略对屈臣氏的成功起到了什么样的作用？

2. 对于屈臣氏今后的促销活动，你有没有更好的建议？

CHAPTER 10

第十章 市场营销新发展

本章要点

本章主要阐述市场营销的新发展、新领域和新概念，系统介绍网络营销、绿色营销、服务营销及定制营销。教学重点是绿色营销、网络营销的含义。教学难点是定制营销的含义和实施。

学习目标

- 掌握绿色营销、网络营销的含义和绿色营销、网络营销的实施。
- 理解定制营销的概念和定制营销的实施。
- 了解服务营销和服务营销的有关知识。

引入案例

强生公司网络营销策略分析

美国强生公司是世界上最大的、综合性的医药保健公司，也是世界上产品最多元化的公司之一。公司成立于1886年，迄今为止已在世界54个国家设有200家子公司，全球共有员工112 000多名，产品畅销全球175个国家。强生公司为世界500强企业，长期以来，强生公司在各个领域获得一系列殊荣：自1986年起，强生公司被《职业母亲》杂志连年评为职业母亲的最佳公司。被《商业周刊》评为2001年度全美最佳经营业绩的上市公司，2002年度全美50家表现最杰出公司榜首，2002年度全美“最佳声誉公司”，2003年被《财富》杂志评为全美最受赞赏公司之第5位。

强生(中国)有限公司1992年注册成立于上海，是美国强生公司在中国大陆投资的第一家独资企业，也是目前美国强生公司在海外最大的个人护理和消费品公司之一。该公司在中国推广强生婴儿这一全球知名婴儿护理品牌时，不仅为中国的消费者带来值得信赖的护肤产品系列，而且还致力于推广专业的婴儿护理理念、知识及婴儿护理产品。

管理学者们素来对强生公司"受欢迎的文化"推崇备至。该企业文化的内涵在公司信条有所体现，这也是自其成立之初就奉行的一种将商业活动与社会责任相结合的经营理念：第一，公司需对使用其产品和服务的用户负责；第二，对公司员工负责；第三，对所在社区和环境负责；第四，对公司股东负责。该公司的历任领导者们坚信，只要做到信条的前三条，第四条就会自然做到，企业也会受到公众的欢迎。强生的百年成功历史，就是其执着地实践这些信条的过程。

经验告诉强生，企业网站的成功应与其奉为宗旨的"受欢迎"和"文化"相联系，结合互联网媒体特性以及企业现有产品，关注与满足百万网民的实际需求。公司应该在网上开设具有特色的、别人难以模仿的新颖服务项目，并且这种服务对于消费者和企业都必须是可持续、可交流的，能够增进双方亲和力与品牌感召力的项目。于是，强生选择其婴儿护理品为公司网站的形象产品，选择"您的宝宝"为站点主题，将年轻网民的"宝宝成长日记"变为站点内容的一部分，沿着这本日记展开所有的营销流程。

将一家拥有百年历史且身居500强之一的企业站点建成"您的宝宝"网站，变成一部"个人化的、记录孩子出生与成长历程的电子手册"，这一创意的实施证明是成功的。公司网站的确是个"受欢迎"和充满"育儿文化"气息的地方。在这里，强生就像位呵前护后、絮絮叨叨的老保姆，不时提醒着年轻父母们该关注宝宝的睡眠、饮食、哭闹、体温……随着孩子的日日成长，这老保姆会时时递来"强生沐浴露"、"强生安全棉"、"强生尿片"、"强生围嘴"、"强生2合1爽身粉"等孩子所必需的公司产品。年轻父母们会突然发现身边这个老保姆和育儿宝典的重要性。

进入强生网站，左上角的公司名标下是显眼的"您的宝宝"站名，每页可见的是各种肤色婴儿们的盈盈笑脸和其乐融融的年轻父母。首页上"如您的宝宝××时，应怎样处理？""如何使您的宝宝××？"两项下拉菜单是帮助人们解答育儿疑问的地方。整个网页格色调清新淡雅，明亮简洁，设有"宝宝的书"、"宝宝与您及小儿科研究院"、"强生婴儿用品"、"咨询与帮助中心"、"母亲交流圈"、"本站导航"、"意见反馈"等栏目。其中，"宝宝的书"由电子版的"婴儿成长日记"和育儿文献交织组成，前者是强生在网上开设的日记式育儿宝典，各项操作指导可谓细致周全。例如教人如何为婴儿量体温，如何为孩子洗澡……

此外，网站还为年轻父母提供了心理指导，这对于某些婴儿的父母来说具有特别重要的意义。如"我的宝宝学得有多快？"栏目开导人们不要将自己的孩子与别人的孩子作比较，"将一个婴儿与其兄弟姐妹或其他婴儿比较是很困难的，只有将他的现在和他的过去作比较；而且你们的爱对婴儿来说是至关重要的。因此，无条件地接受他，爱他，就会培养出一个幸福、自信的孩子来"。

互联网的主要功能之一是促进人们的交流，强生在互联网上参与运作了一个"全美国母亲中心协会"的虚拟社区。"全美母亲中心"是分布于各州的妇女自由组织，目的是"使参加者不再感到孤立无助，能展示其为人之母的价值，切磋夫妇在育儿方面的经验，共同营造出一个适合孩子生长的友善环境"。

强生网站提供服务时，将客户输入的数据也导入其网站服务器。这些客户登记及回答信息到了公司营销专家、心理学家、市场分析家等手中，能成为一笔巨大的资产，可以形成一份份产品促销专案，至少对企业与顾客保持联系起到了相当重要的作用。

一个网站认真到了这个地步，不由你不叹服其"对服务负责"信条的威力，相信其进入《财富》500强绝非偶然。

面对庞大的企业群和产品群，强生网站若按一般设计，可能就会陷入检索型网站之流俗格局。从网络营销角度上看，这类企业站点已呈"鸡肋"之颓势。对强生而言，那样做绝对无助于发挥出其底蕴深厚的企业文化。事实上，公司站点在设计上作了大胆的取舍，放弃了所有品牌百花齐放的方案，只以婴儿护理用品为营销主轴线，选择"您的宝宝"为站点主题，精心构思出"宝宝的书"为其与客户交流及开展个性服务的场所，力求从护理层、知识层、操作层、交流层、情感层、产品层上全面关心顾客，深入挖掘每户家庭的需求，实时跟踪服务。

国内营销界权威卢泰宏在其著作《实效促销SP》中有言，"网络营销可以结合网络的特点发掘营销创意"。借助于互联网络，强生开辟出了丰富多彩的婴儿服务项目；借助于婴儿服务项目，强生建立了与网民家庭的长期联系；借助于这种联系，强生巩固了与这一代消费者间的关系，同时又培养出新一代的消费者。可以想象，强生这个名字，必然成为最先占据新生幼儿脑海的第一品牌，该品牌可能将从其记事起，伴随其度过一生。网络营销做到这一境界，已是天下无敌。

可以说，强生以"有所为，有所不为"为建站原则，以企业"受欢迎的文化"为设计宗旨，明确主线，找准切入点后便"咬住青山不放松"，将主题做深做透，从而取得了极大成功。

（资料来源：上海财经大学市场营销课程教学案例，http://course.shufe.edu.cn/course/marketing.）

在世界经济高速发展的近几年里，信息技术、全球化、环境保护等因素使营销发展进入了一个新时代。营销理论界围绕着新环境提出了服务营销、绿色营销、网络营销、关系营销及定制营销等新观念。在实战操作中，许多企业也正在认真思考并迅速调整自己的营销战略和营销实践，以适应当今日新月异的新营销革命风暴。在这复杂多变的外部环境中，那些认清形势并迅速作出调整的企业获得了成功，但更多的企业则因跟不上时代的步伐而陷入困境。形势的变化使这些企业昔日取胜的法宝昙花一现，过去赖以制胜的市场观念和操作方式已不再有效。那么，企业应当如何迎接当前时代的挑战，如何开展新世纪的营销工作呢？走出困境的具体方式多种多样，而营销的成功是根本，因为营销的成功是企业拥有了制胜的法宝——市场。面对营销环境变化，营销界的新理论和新做法层出不穷，网络营销、绿色营销、服务营销和定制营销等逐步成为现代营销的主旋律。

第一节 网络营销

一、网络营销的产生与发展

互联网起源于美国，1969 年美国国防部资助其西海岸四所大学和研究所，通过简单的通讯电缆将主电脑连接起来，实现互相通信并称为 ARPANET。20 世纪 90 年代以来，美国国防部将其商业化，并成立了国际标准化管理委员会，负责标准制定和实施。在随后短短几年内，互联网由美国发展到全世界一百多个国家和地区，在互联网上可以很容易地与任意一联网地区进行联系，而且收费非常便宜，简直是“信息超导体”。互联网发展的全球化，得益于其自身的开放性、共享性、协作性和低廉性，在互联网上任何人都可以自由发挥创作，既是信息的创造者也是信息的消费者，信息的流动不受限制，网络的运作是相互协调决定的，可以自由连接和退网。信息技术尤其是互联网飞速发展，对各行各业都带来了重大影响，并因之产生了新生的事物，网络营销将对企业发展带来机遇和挑战。进入 21 世纪，互联网受到各行各业和全社会的青睐。由于中国加入了世界贸易组织，全球经济一体化趋势日趋显著，企业网络化、信息化发展进程加速，因而企业网络营销也随之诞生与成熟。网络营销主要是企业借助于网络技术和信息技术来实现营销目标的一种新的营销方式。

从某种意义上来说，网络营销的发展可以说是源远流长。最早叫作电子营销(electronic marketing)，即通过一种或多种电子途径或媒介将产品或服务从销售者手中送到购买者手中。最早的媒介是 19 世纪时使用的电报。此后，随着电话、收音机、电视和电缆的大量出现和使用，电子媒介成为营销的主要力量。近年来，越来越多的企业采用网络作为它们的营销工具。网络的独特地方在于它既是市场，又是媒介。这意味着它一方面扮演着以计算机为媒介的市场角色，通过这个市场购销双方可以相互接触；另一方面它又发挥着媒介的作用，实施和实现诸如营销、销售和分销的功能等，从而使网络具有多渠道的作用。随着互联网的应用，电子营销开始被一个新概念——网络营销所取代。不过现在还有不同的叫法，如在线营销(on-line marketing)或互联网营销(internet marketing)。当然，最近网络营销开始让位于另外一个很流行的词——电子商务(E-business)。网络营销被定义为通过网上活动来建立和维持顾客关系，以促进思想、产品和服务的交换，从而满足购买者和销售者的目标。

现代电子技术和通信技术的应用与发展是网络营销产生的技术基础。国际互联网是一种集通信技术、信息技术和计算机技术为一体的网络系统。互联网就是众多计算机通过电话线、光缆、通信卫星等连接而成的一个计算机网。它将不同类型的网络和计算机互联起来,构成一个整体,从而实现网上资源的共享和网络信息的共享。截至 2010 年 12 月,中国互联网用户达到 4.57 亿,位居世界第一。可以预见,越来越多的网民将会利用电子广告、电子支付、信息服务和博客等"虚拟形式",成为网络营销众多的服务对象。

在激烈的竞争环境中,网络营销往往能产生让人难以估量的效果。美国 2008 年的总统候选人奥巴马能击败希拉里,直接面对麦凯恩,其强大的"网络营销"效果不可小觑。在奥巴马的竞选支持网站上,你可以直接点击观看奥巴马视频,在线购买印有奥巴马标记的产品,还可下载奥巴马的演讲作为手机铃声。其在 Myspace 空间上有 41.5 万个朋友,网民注册后立即就会收到奥巴马团队热情洋溢的电子邮件。

在信息网络年代,网络技术的发展和应用改变了信息的分配和接受方式,改变了人们生活、工作、学习、合作和交流的环境,企业也必须积极利用新技术变革企业经营理念、经营组织、经营方式和经营方法,搭上技术发展的快速便车,促使企业飞速发展。网络营销是适应网络技术发展与信息网络年代社会变革的新生事物,必将成为 21 世纪的营销策略。

因此,网络营销是一种基于互联网的新型营销方式,即企业以现代营销理论为基础,以互联网为基本手段,从而实现营销目标的一种营销方式。简言之,就是利用互联网开展营销活动。它并非独立的,而是企业整体营销战略的一个组成部分,网上营销和网下营销相结合形成一个相辅相成、互相促进的营销体系。

二、网络营销的职能

网络营销的基本职能表现在网络品牌、网站推广、信息发布、销售促进、销售渠道、顾客服务、顾客关系、网上调研 8 个方面。

1. 网络品牌

网络营销的重要任务之一就是在互联网上建立并推广企业的品牌以及让企业的网下品牌在网上得以延伸和拓展。网络营销为企业利用互联网建立品牌形象提供了有利的条件,无论是大型企业还是中小企业都可以用适合自己企业的方式展现品牌形象。网络品牌建设是以企业网站建设为基础,通过一系列的推广措施,达到顾客和公众对企业的认知和认可。网络品牌价值是网络营销效果的表现形式之一,通过网络品牌的价值转化实现持久的顾客关系和更多的直接收益。

2. 网站推广

获得必要的访问量是网络营销取得成效的基础,尤其对于中小企业,由于经营资源的限制,发布新闻、投放广告、开展大规模促销活动等宣传机会比较少,因此通过互联网手段进行网站推广的意义显得更为重要,这也是中小企业对于网络营销更为热衷的主要原因。即使对于大型企业,网站推广也是非常必要的,事实上许多大型企业虽然有较高的知名度,但网站访问量并不高。因此,网站推广是网络营销最基本的职能之一,是网络营销的基础工作。

3. 信息发布

网络营销的基本思想就是通过各种互联网手段，将企业营销信息以高效的手段向目标用户、合作伙伴、公众等群体传递，因此信息发布就成为网络营销的基本职能之一。互联网为企业发布信息创造了优越的条件，不仅可以将信息发布在企业网站上，还可以利用各种网络营销工具和网络服务商的信息发布渠道向更大的范围传播信息。

4. 销售促进

市场营销的基本目的是为最终增加销售提供支持，网络营销也不例外，各种网络营销方法大都直接或间接具有促进销售的效果，同时还有许多针对性的网上促销手段，这些促销方法并不限于对网上销售的支持，事实上，网络营销对于促进网下销售同样很有价值，这也就是为什么一些没有开展网上销售业务的企业一样有必要开展网络营销的原因。

5. 销售渠道

网上销售是企业销售渠道在网上的延伸，一个具备网上交易功能的企业网站本身就是一个网上交易场所，网上销售渠道建设并不限于企业网站本身，还包括建立在专业电子商务平台上的网上商店以及与其他电子商务网站不同形式的合作等，因此网上销售并不仅仅是大型企业才能开展，不同规模的企业都有可能拥有适合自己需要的在线销售渠道。

6. 顾客服务

互联网提供了更加方便的在线顾客服务手段，从形式最简单的 FAQ（常见问题解答），到电子邮件、邮件列表以及在线论坛和各种即时信息服务等，在线顾客服务具有成本低、效率高的优点，在提高顾客服务水平方面具有重要作用，同时也直接影响到网络营销的效果，因此在线顾客服务成为网络营销的基本组成内容。

7. 顾客关系

顾客关系对于开发顾客的长期价值具有至关重要的作用，以顾客关系为核心的营销方式成为企业创造和保持竞争优势的重要策略，网络营销为建立顾客关系、提高顾客满意和顾客忠诚提供了更为有效的手段，通过网络营销的交互性和良好的顾客服务手段，增进顾客关系成为网络营销取得长期效果的必要条件。

8. 网上调研

网上市场调研具有调查周期短、成本低的特点，网上调研不仅为制定网络营销策略提供支持，也是整个市场研究活动的辅助手段之一，合理利用网上市场调研手段对于市场营销策略具有重要价值。网上市场调研与网络营销的其他职能具有同等地位，既可以依靠其他职能的支持而开展，同时也可以相对独立进行，网上调研的结果反过来又可以为其他职能更好地提供支持。

网络营销的各个职能之间并非相互独立的，而是相互联系、相互促进的，网络营销的最终效果是各项职能共同作用的结果。网络营销的职能是通过各种网络营销方法来实现的，同一个职能可能需要多种网络营销方法的共同作用，而同一种网络营销方法也可能适用于多个网络营销职能。网络营销的8项功能也说明，开展网络营销需要用全面的观点，充分协调和发挥各种职能的作用，让网络营销的整体效益最大化。

三、网络营销的实施策略

1. 网络营销的类型

社会市场活动参与的主体主要分为政府（government）、企业（business）和消费者（consumer）三类。相应的网络营销主要可以分为以下几种形式。

(1) 企业与企业之间的网络营销(B2B)。如阿里巴巴已经成为比较知名的连接世界中小企业的电子商务平台。

(2) 企业与消费者之间的网络营销(B2C)。这是应用最为广泛的一种应用类型，许多企业都有自己的网络零售网站。

(3) 企业与政府直接的网络营销(B2G)。在美国有一些企业正在利用此平台建立与联邦、与州、与地政府的商业联系，为政府客户市场打开了一定的局面。

(4) 消费者与消费者之间的网络营销(C2C)。网店经营能获利已经不是秘密，但由于受一些条件的制约，我国的C2C电子商务仍然处于融资聚集用户阶段，尚未形成成熟的赢利模式。

2. 网络营销组合策略

网络营销具有互动性、虚拟性、私密性、全球性等特点，它对传统营销模式的冲击越来越大。综合网络营销组合策略，可以发现它具有以下一些新特点。

(1) 产品策略。作为一种新型媒体，互联网可以通过全球市场调查进行产品概念、品牌认知度和广告效果的测试，以满足全球消费者的需求。因此，在互联网大量使用的情况下，以消费者导向的营销方式是最大的销售驱动力，产品策略可以通过定制化、差异化等策略瞄准全球顾客，同时也可兼顾不太容易设立实体商店的特殊产品。

(2) 价格策略。互联网导致国际间的价格水平标准化或区域间价格差异模糊化，消费者也会主动通过互联网了解产品价格信息，任何价格波动都会迅速通过网络传递给消费者，这些导致消费者购物更趋于理性化。网络营销无实体店面租金一直使得网店销售具有一定价格诱惑力，但我国部分地区新出台的网店工商税务登记制度将会增大网店经营成本，因此，企业要在认真调研市场价格的基础上，合理确定产品价格，并实时监视产品价格的竞争情况，建立迅速调价反应系统。

(3) 渠道策略。生产商通过互联网与最终消费者直接联系，使中间商的作用有所降低。现在企业面临的课题是如何完善更迅速的配送实时监控系统和售后维修、退换货保障工作。企业可以通过建立分区物流中心和合理选择中间商保证自己配送畅通，也可以采用网络和传统购物渠道销售的混合模式。

(4) 促销策略。网络营销的全球性使得企业在网上较少地受促销空间的限制，可以高效地吸引网民了解商品信息。企业应针对大多数网民的需求定位，提供购买刺激，向注册用户连续发布广告邮件、利用搜索引擎有效地显示其品牌信息、举办丰富多彩的网友联谊等都是常用方法。

四、网络营销与传统营销的互补与整合

当网络经济、电子商务热遍全球时，许多学者和企业家认为传统营销已经过时，网络营销将全面替代传统营销。而当纳斯达克的暴跌，粉碎了无数梦想家的美梦时，网络经济末日来临的论调又甚为嚣张，网络营销也随之销声匿迹。我们认为，这种观点都没有把网络营销放在一个社会和科技发展的环境中来认真分析，其实网络营销与传统营销是一个整合的过程。目前，虽然已有不少公司认识到了利用互联网的必要性，但按照美国辛辛那提市的 Matrix 营销公司的调查，大约有 60%的被调查公司没有将网络用于顾客服务体系当中。他们只将互联网看作一个销售工具。

网络营销应该支持公司的整个营销体系，它不应该是存在于真空中，因为网络只是营销海洋的一个水域，它不是唯一的解决方案，而是整体方案的一部分。为了打一场漂亮的网络营销战，在线服务应被认为是向消费者提供服务的另一个渠道。因此，网络营销首先应与公司的战略策划相互匹配、相互支持。

虽然网络营销能给企业和消费者带来种种好处，但我们认为网络营销与传统营销并非替代关系，应互相融合。

1. 传统营销是网络营销的基础

网络营销作为一种新的营销方式或技术手段，是营销活动中的一个组成部分。如果想用网络手段产生价值，就必须将网络与传统的企业方式结合起来，看在多大程度上节省了成本和促成了价值生成，也就是产生了多大的价值。否则，仅靠一个信息手段来做商务，必将因为对行业不理解和资源缺乏而没有任何的优势可言。网络营销与传统营销相比，既有相同之处，又有其显著的不同的特点。消费者的需求是多样的，尽管网络购物方便，但并不是对所有的消费者都具有同等的诱惑力。传统营销和网络营销之间没有严格的界限，网络营销理论也不可能脱离传统营销理论基础，网络营销与传统营销都是企业的一种经营活动，且都需要通过组合运用来发挥功能，而不是单靠某一种手段就能够达到目的的。两者都把满足消费者的需要作为一切活动的出发点。网络营销环境下“4P”被发展演变为“4C”模式，随着网络营销的发展，“C”的数量可能还会不断增加，但是，如果忽略对“P”的重视，多数“C”也就无从谈起。现代企业应清楚地看到，无论用什么手段开展营销，首要的问题是要了解自己的顾客和潜在顾客的需求，然后采取一定的措施满足用户要求。我们必须明白一个前提，那就是互联网实际上是一种信息中介，互联网不能完全取代传统的行为模式，大量的交易还是要通过传统方式进行。网络只是一种营销手段，而并不

是营销活动的全部。网络经济的主体是利用互联网提供的便利大幅度降低交易成本和向消费者提供更好服务的传统公司，研制、生产、销售或提供互联网络技术改造价值链，降低生产成本和交易费用，互联网经济才能有足够的支撑。

2. 网络营销不可能完全替代传统营销

尽管网络飞速发展及普及，但网络营销要完全替代传统营销的还为时尚早。这主要是由于以下原因。

第一，消费是一种行为，而不仅仅是一种商业活动。从心理学的角度看，对于消费行为，至少有两种动机，一种是真的产生了购买的需要，这种情况只要能够及时地使消费者安全地得到该需要就可以，这种动机的需要可以被网络满足；另一种则并不是为了购买，而是为了享受消费的过程，这种动机的消费者则是把整个挑选、试货等过程看作一种享受，不会愿意把这个过程缩短。传统营销过程中的优点是网络营销所无法取代的。

第二，消费者购物往往有“眼见为实”的心理。在商品的挑选上，传统营销比网络营销有更大的自主性。消费者到商场购物，常常会对所需商品的各方面进行仔细察看，以确定它是否符合自己的需要，这种选择是完全自主的，你可以了解到想知道的几乎所有的信息。但网络营销方式的商场是虚拟的，从网上对商品的了解程度在于营销人员输入计算机中的信息量。有些信息，如商品的质地、质量、重量、大小等不一定会在网上全部介绍。就是能了解到所要的信息，消费者购买某些产品时也有一种不踏实的感觉，更何况销售者亲临商场购物都怕假冒伪劣。所以对有的产品、有的企业完全用网络营销取代传统营销，并不能取得预期的效果。

第三，网络营销还要面对许多传统领域无法体会的问题。网络给人们带来了种种便利，同时也带给人们更多的烦恼。尽管电子商务日趋普及和完善，但网络依然存在其安全的脆弱性。目前的金融结算体系还不能完全适应电子商务的要求，无法消除用户交易安全性的顾虑。网上交易首先要防黑客，还要防诈骗，尤其 C2C 方面，网络诈骗已经到了比较严重的地步。国内电子商务站点存在一些具有普遍性的严重安全漏洞，攻击者可以轻易盗取用户账号、交易密码，并可使用用户资金进行网上交易。这些安全漏洞将直接影响电子商务站点的信誉，对国内电子商务的发展进程将产生重大影响。由于买卖双方未见面，彼此毫不了解，网站对上传信息无法确认以及跟踪交易，为诈骗提供了条件。网上支付、网上信用等都造成了人们不会完全改变传统消费方式的事实。

的确，互联网对传统经营方式产生巨大的冲击，网络营销正在形成新的营销理念和策略，但是，必须认识到，这一过程，不是网络营销将完全取代传统营销的过程，而是网络营销与传统营销整合的过程。

首先，网络营销没有改变营销的本质。网络营销与传统营销的整合，就是利用整合营销策略实现以消费者为中心的传播统一、双向沟通，实现企业的营销目标。营销的一些核心概念，如需要、欲望和需求，产品，价值、成本和满意；交换和交易，关系和网络，市场，营销者和预期顾客，同样存在，同样重要，并发生作用；营销的一些基本原则，如通过质量、服务和价值培育顾客满意度，通过市场导向的战略计划赢得市场，分析消费者市场和购买行为、行业与竞争者，确定细分市场和选择目标市场，依然没有改变。总之，企业应根据企业的经营目标和细分市场，整合网络营销和传统营销策略，以最低成本达到最佳的营销目标。企业要以"请消费者注意"为指导，整合各种营销工具和内部资源，以统一的传播资讯向消费者传达，即用一个声音来说话(speak with one voice)，保证消费者无论从哪种媒体所获得的信息都是统一的、一致的，建立、维持具有较高忠诚度的顾客群，最终实现在企业与消费者之间建立长期的、双向的、维系不散的关系。

其次，网络营销与传统营销是相互促进和补充的。网络营销同样强调差异化营销、服务营销，传统的分析行业与竞争者，确定细分市场和目标市场的原则，对网络营销而言，同样适用，传统营销的新产品开发战略、竞争战略，依然具有指导意义。

最后，4C 理论，依然是网络营销的基础和前提。

(1) 要以研究消费者的需要和欲望(consumer wants and needs)为中心，卖消费者想购买的产品，而不是急于制定产品策略(product)，卖你所能够或喜欢生产、制造的产品。

(2) 研究消费者为满足其需求所愿付出的成本(cost)，而不是首先考虑定价策略(price)。

(3) 考虑怎样给消费者方便(convenience)，以购买到商品，至于渠道策略(place)，是第二位的。

(4) 加强与消费者的沟通和交流(communication)，然后考虑促销策略(promotion)。

第二节　绿色营销

一、绿色营销的含义

绿色营销也称生态营销或和谐营销，是指企业在营销活动中，谋求消费者利益、企业利益、社会利益和生态利益的统一，既要充分满足消费者需求，实现企业利润目标，也要充分注意自然生态平衡。企业对产品的创意、设计和生产以及定价与促销的策划与实施等，都要以保护生态环境为前提，力求减少或避免环境污染，保护和节约自然资源，维护人类社会的长远利益，实现经济与市场可持续发展。绿色营销的宗旨是：节约能源耗费，保护资源；确保产品安全、卫生和方便，以利于人们身心健康和生活品质提升；引导绿色消费，培养人们的绿色意识，优化人们的生存环境。

绿色营销，是指企业以环境保护观念作为其经营哲学思想，以绿色文化为其价值观念,以消费者的绿色消费为中心和出发点,力求满足消费者绿色消费需求的营销策略。通过绿色营销活动,协调了企业利益保护环境社会发展的关系,使经济的发展既能满足当代人的需求,又不至于对后代生存和发展构成危害和威胁,即实现社会经济的可持续发展。绿色营销的主体归根结底是企业,绿色营销是企业的营销活动,绿色营销的策略主要是由企业的一系列营销策略和方法构成的。21世纪将是绿色文明的世纪和绿色经济的时代,绿色营销必将成为21世纪的经营理念。

一般认为,绿色营销(green marking)是指企业在经营活动中要体现“绿色”,即在营销中要注意生态环境的保护,促进经济与生态的协调发展,为实现企业自身利益、消费者和社会利益以及生态环境的统一而对产品、定价、分销和促销进行策划与实施。它要求在现代市场营销的基础上,增加环境保护,把“无废无污”和“无任何不良成分”及“无任何副作用”贯穿于整个市场营销活动之中。绿色营销体现了生态系统之完美,大自然之纯正,生态之和谐,是当今世界发展的大趋势和必由之路。

绿色营销要求以“绿色”为核心,至少包括以下含义:市场营销的观念是绿色的,以节约能源、资源和保护生态环境为中心,强调污染防治、资源的充分利用、再生利用以及新资源的开发;企业所属的行业是绿色的,或者说其生产经营的产品是绿色的,具有节约能源、资源,利用新型资源,或者促使资源再生利用等特点;绿色营销强调企业服务的不仅是顾客,而是整个社会,关注的不是近期而是长期;绿色营销不仅是要从大自然索取,更要强化对大自然的保护,在营销活动的全过程中注意对环境的影响。

二、绿色营销的功能

1. 绿色营销倡导绿色文明

通过绿色营销活动,协调了企业利益保护环境社会发展的关系,使经济的发展既能满足当代人的需求,又不至于对后代生存和发展构成危害和威胁,即实现社会经济的可持续发展。

2. 绿色营销有利于企业占领市场和扩大市场销路

随着消费者“绿色意识”的增强,消费者购买绿色产品成为时尚和明智之举。

3. 绿色营销有助于企业树立良好的形象

绿色营销促使企业采取以“管道前端”(特指污染生成以前的工艺流程)控制为主的清洁生产方式,在企业内部营造清洁和安全的工作环境,有利于职工身心健康,培育企业“绿色文化”;从企业对外行为看,通过绿色营销把企业自身利益目标融入消费者和社会的利益中,消除企业有损消费者及社会眼前和长远利益的营销因素,从而提升企业的整体形象。事实上,一个关心环保的企业更能与政府和消费者保持良好的关系,赢得政府的支持和消费者的好感,容易树立良好企业形象。

4. 绿色营销有助于企业追求合理的经济效益

绿色营销促进了资源的合理配置、提高了资源配置和使用效率。同时,随着消费者绿色意识的增强,购买绿色产品成为时尚和趋势,通过绿色营销,有利于企业占领市场,可以扩大市场占有率。事实上,环保产业方兴未艾,是一个大有前途的产业,其发展机会多,潜力大。从事这一行业,可获取丰厚的收益和回报,某些生产者和经营者看准了这一趋势,及时地实施绿色生产计划和绿色营销。另外,由国际经合组织建议和推荐,目前已为多数国家和地区包括中国所采纳的"污染者付费原则",成为这些国家和地区对企业进行环境管制的理论依据。绿色营销虽然增加了企业必要的环保投入,但同时也给企业带来了可观的收益。日本由于长期致力于废旧物品的回收利用和提高原料及能源的使用效率,结果生产单位 GNP 所耗费的能源和原材料自 1975 年以来已降低了 40%,促进了日本产品在市场上的竞争力的提高;此外,绿色企业还能获得各种有形或无形的优惠政策,也能使企业获益。为了保护环境,全世界越来越多的国家,对绿色产品实行一定的价格优惠政策,像有些绿色产品,在国外一些国家的销售价比普通产品高 50%~200%,这对于产品生产者来说,无疑可以增加较高的收入。

5. 绿色营销促进企业文化建设和优化企业行为

绿色营销促使企业采取防治和防止污染技术或使用无污染技术,在企业内部营造清洁和安全的工作环境,有利于企业职工的身心健康,在企业外部通过绿色营销,树立企业"绿色"形象,促进产品销售和企业发展。

三、绿色营销的特征

1. 绿色消费是开展绿色营销的前提

消费需求由低层次向高层次发展,是不可逆转的客观规律,绿色消费是较高层次的消费观念。人们的温饱等生理需要基本满足后,便会产生提高生活质量的要求,产生对清洁环境与产品的需要。满足绿色需求,是绿色营销的出发点。

2. 绿色观念是绿色营销的指导思想

绿色营销以满足绿色需求为中心,为消费者提供生产、流通、消费过程中能有效防止资源浪费、环境污染及损害健康的产品。绿色营销所追求的是人类的长远利益与可持续发展,重视协调企业经营与自然环境的关系,力求实现人类行为与自然环境的融合发展。

3. 绿色体制是绿色营销的法制保障

绿色营销是着眼于社会层面的新观念,所要实现的是人类社会的协调持续发展。在竞争性的市场上,必须有完善的政治与经济管理体制,制定并实施环境保护与绿色营销的方针、政策,制约地方政府、部门和企业的短期行为,以全社会和全人类的共同努力,维护全社会和全人类的长远利益。

4. 绿色科技是绿色营销的物质保证

技术进步是产业变革和进化的决定因素，新兴产业的形成必然要求技术进步，但技术进步如背离绿色观念，其结果有可能加快环境污染的进程。只有以绿色科技促进绿色产品的发展，促进节约能源和资源可再生、无公害的绿色产品的开发，才是绿色营销的物质保证。

四、绿色营销策略的实施

1. 开发绿色资源和绿色产品

全球可持续发展战略要求实现资源循环利用，企业要适应该战略要求，在进行绿色营销时，开发绿色资源就显得十分重要。企业应在现有基础上，利用新科技、开发新能源、节能节源、综合利用。在资源开发方面可以着眼于自然资源，如风能、太阳能等用之不竭的新型能源。在绿色营销策略中，绿色商品的策略是最为关键的，所谓绿色商品，就是有利于环境保护和消费者身心健康的产品。制定绿色商品策略除了遵循市场营销的商品策略外，还应着眼于：商品应该安全、卫生、有利于人体健康；商品不会造成环境污染，最好还能改造环境；采取商品回收措施，以便减少废弃物的污染，节约原材料消耗；对企业现有产品，应建立一套鉴定、改进制度，不断加强老产品的绿色含量，尽快使之成为符合环保要求的绿色产品。

2. 制定绿色价格

所谓绿色价格，就是在定价时，把环保费用计算在内。在一般情况下，绿色商品的价格要略高于非绿色商品的价格，这是由两个原因造成的：一是绿色商品的质量比普通商品质量要高，也就意味着成本比普通产品要高；二是企业生产、经营绿色产品，对环境进行了治理，在生产技术上付出了更多的代价，现代的观念是环境必须有偿使用，绿色产品包括了环境使用费用。

企业在制定绿色商品的价格时，首先，要摆脱以前投资环保是白花钱的思想，树立"污染者付费""环境有偿使用"的新观念，把企业用于环保方面的支出计入成本，从而成为价格的一部分。其次，注意绿色商品在消费者心目中的形象，利用人们求新、求异、崇尚自然的心理，采用消费者心目中的"觉察价值"来定价，提高效益。

当然，在确定绿色商品的价格时也应注意以下几个方面：

① 注意在商品绿色化过程中尽可能降低成本，以便使绿色价格更具有市场竞争能力，同时也给消费者减轻了负担，也更容易让消费者接受。

② 注意做好绿色价格的宣传工作，因为还是有很多的消费者并不理解绿色商品有什么好处，为什么要付出更多的钱来购买它。但是当消费者了解到多支付的钱，能给自己和社会带来好处时，消费者还是很乐意付费的。

③ 绿色价格的上升幅度，还要考虑不同地区消费者对绿色价值的理解程度。比如，

农村和城市之间就存在很大差异，沿海地区和西部地区差异也很大，在制定价格时都要考虑到这些因素。

3. 选择绿色渠道

选择恰当的绿色销售渠道是拓展销售市场，提高绿色产品市场占有率，扩大绿色产品销售量，成功实施绿色营销的关键。绿色商品的品质与非绿色商品的品质是明显不同的，但却很难从外观上进行区分，为实现绿色商品的市场流通，就要选择专门的分销渠道。而且选择专门的绿色渠道策略，也是防止绿色商品被污染，维护其绿色品质的必然要求。由于目前环境污染普遍比较严重，因此严把绿色商品的分销关是不容忽视的。

为了保证绿色商品在流通过程中不被污染，企业可以采取以下措施：

① 在大中城市建立绿色产品销售中心。

② 建立绿色产品连锁商店。

③ 借助社会渠道，建立一批绿色产品专柜或专营店。

④ 直销，对于一些易腐烂变质的绿色食品，如蔬菜、水果等要尽量缩短流通渠道。

4. 开展绿色产品的促销

绿色促销策略就是企业围绕绿色商品开展的各项促销活动的总称。企业绿色促销策略的核心，就是通过充分的信息传递，来树立企业和企业商品的绿色形象，使之与消费者的绿色消费需求相协调，巩固企业的市场地位。同时，绿色促销也是企业向消费者宣传环境保护和健康消费的手段，以此引导消费者的绿色消费需求，树立绿色消费观念，使企业的绿色促销活动成为整个社会绿色宣传运动的重要组成部分。绿色产品的促销手段是建立在传统促销手段之上的，主要有以下两种。

(1) 运用绿色广告

运用绿色产品的广告战略，宣传绿色消费。绿色消费已进入中国消费品市场，运用绿色营销观念，指导企业的市场营销实践已成为必然趋势。其中重要的一环是要推行绿色广告。绿色广告是宣传绿色消费的锐利武器，是站在维护人类生存利益的基础上推销产品的广告。它的功能在于强化和提高人们的环保意识，使消费者认识到错误的消费会影响人类的生存并最终落实到个体身上，这样消费者就选择有利于个人健康和人类生态平衡的包括绿色食品在内的绿色产品。运用绿色广告就可以迎合现代消费者的绿色消费心理，对绿色产品的宣传，容易引起消费者的共鸣，从而达到促销的目的。

(2) 人员推销和营业推广

人员推销是工业企业主要的促销通道。要有效地实施绿色营销策略，推销人员必须了解消费者绿色消费的兴趣，回答消费者所关心的环保问题，掌握企业产品的绿色表现及企业在经营过程中的绿色表现。绿色销售推广是企业用来传递绿色信息的促销补充形式。通过免费试用样品、竞赛、赠送礼品、产品保证等形式来鼓励消费者使用新的绿色产品，提高企业知名度。

第三节 服务营销

一、服务营销的兴起

服务本身就是无形的产品。从另一方面来说，有形产品只是一种功能载体，企业通过有形产品提供的是一种能够满足人们需求功能的利益，这种利益归根结底也是满足人们需要的某种广义的“服务”。企业不断会开发出新产品，而现代高科技的普及又使得企业提供的产品越来越具有同质性，只有聚焦于销售产品的同时提高服务质量，才能最大限度地实现功能利益差异化。因此，从服务的本质和现代环境来看，服务贯穿于人类的消费过程，服务营销也具有独特的重要性。

服务营销是企业为充分满足消费者需要在营销过程中所采取的一系列活动。服务作为一种营销组合要素，真正引起人们重视的是20世纪80年代后期，这时期，由于科学技术的进步和社会生产力的显著提高，产业升级和生产的专业化发展日益加速，一方面使产品的服务含量，即产品的服务密集度日益增大；另一方面，随着劳动生产率的提高，市场转向买方市场，消费者随着收入水平提高，他们的消费需求也逐渐发生变化，需求层次也相应提高，并向多样化方向拓展。

二、服务营销的特点

正是基于服务产品具有的无形性、同时性、差异性、即时性和无转让性等特点，使服务营销也具有区别于有形产品营销的特点。

1974年，美国教授拉斯摩撰写了一部关于服务营销的著作，标志着服务营销学的产生。当今服务环境和服务种类不断丰富的条件下，营销学普遍采用的是菲利普·科特勒提出的服务营销定义，即“服务是一方能够向另一方提供的本质上无形的任何行动或利益，并且不会导致任何所有权的产生。它的产生可能与某种物质相联系，也可能毫无联系”。这一定义比较全面地反映了服务的本质，同时也揭示了服务的某些特点。

1. 无形性

有形产品在购买前消费者可以通过视觉、触觉、嗅觉、听觉、味觉等去感受质量的优劣，但服务因素的构成因素为无形物质，消费者购买前很难感受它的存在，而且往往需要一段时间的享用后才能判断出它的利益所在，因此消费者往往只能通过事前信息收集及自身经验来判断。

2. 同时性

这一特性概括两层含义：一是服务的生产过程和消费过程同时进行，时间上不可分离，而有形产品是被制造出来以后经过流通渠道到达消费者手中，消费时间滞后；二是服务人员在生产服务的时候，需要消费者共同参与，消费者也因此成为服务的共同生产者。企业需要积极向消费者宣传服务知识，促使双方形成积极的互动关系。

3. 差异性

服务的人为主导性构成成分及其质量水平不具有稳定性，很难对其标准进行统一规范。服务企业及人员的素质，营销服务水平，顾客本身的知识水平、参与程度和心理状态，对服务效果也有直接影响。企业应通过制定先进的人性化服务标准及对员工的培训和消费者的启发教育，共同保证服务的质量。

4. 即时性

服务不能像有形产品那样存储下来，只能即时生产，即时消费，否则即产生收入机会的丧失和服务设备的折旧，如宾馆、网吧、体育馆利用率不足现象等。因此，企业要根据政治、经济、自然、社会环境的变化，尽可能及时把握服务市场机会，并调整相应供应成本。

5. 无转让性

无转让性是指服务在生产和消费的过程中不涉及任何所有权的转移。消费者对服务的享有权利在服务结束时便消失，并不像购买商品那样获得实物产品的所有权。如游客在参加旅行社旅游项目时只享受对宾馆、景点的使用权和消费权。因此为了避免消费者在购买服务时产生的不安全感，企业应积极利用关系营销来消除消费者的心理障碍，如会员制、金额打折和享受服务次数优惠等。

三、服务营销组合策略

服务营销由于组合变数的增加，导致整个营销组合将人为因素、有形展示和过程控制融入其中，形成了复杂的4P扩充组合因素。

1. 服务产品策略

服务是由主服务（即核心服务）和辅助服务（即外围服务）组成，形象地构成一个包裹式的集合。其中核心服务是整个服务的关键，如果宾馆提供的住宿条件不能让消费者满意，那么整个服务过程都是不成功的。外围服务包括为消费者提供的便利性或辅助性服务，比如，宾馆为消费者提供订票及接送业务，培训学校为学员提供专车接送等，它不是核心利益不可缺少的服务内容，但往往能使核心服务锦上添花，与其他竞争对手形成差异化。因此，企业的服务应该做到保证核心服务质量，拓宽外围服务项目，并加强与消费者的互相沟通，引导消费者配合，共同提高服务质量。

2. 服务定价策略

影响产品定价的主要因素有成本、需求和竞争。而这些因素同样适用于服务，而且消费者对象、时间、地区、气候等其他因素对服务定价也产生着较大影响。这些因素综合在一起，需要给消费者提供一个"务"有所值的满意度。比如，在旅游市场，有些消费者喜欢较便宜的、体现个性的自助游；有些消费者则喜欢较昂贵的VIP精品项目游，他们即使花相差较大的价钱去感受相同的景点，可能也会觉得独特优质的服务带来的利益值得。因此，以客户价值为基础的服务定价最有效地综合了这些客观因素，并将主观感受较大限度地融入定价策略中。

3. 服务分销策略

服务渠道同样包括提供者、中间商和消费者三种层次。由于服务具有同时性和及时性，因此有效的方法是采用直销，这种方法可以充分了解消费者信息，与消费者建立良好关系，并提供差异化的服务。

另外有中间商参与的分销方式主要包括：

(1) 特许转让，如健身中心转让培训方法，快餐店转让品牌使用权等；

(2) 服务代理，如电力公司、自来水公司通过银行、超市的电子网络系统代理缴费业务。

4. 服务促销策略

由于消费本身就需要消费者的参与互动，因此在面对潜在消费者时，加强有针对性的信息沟通与刺激，是促使其形成购买决定的关键。有专业素养和促销技能的人员往往是服务行业难得的人才，他们需要有效地向消费者传递企业的服务项目，维护企业的品牌形象，及时许诺并开发消费者需要的服务及逐步建立消费者的忠诚度。在面对老顾客时，关键是使其建立企业忠诚度，因此通过适时回访或赠送优惠券、打折等形式能起到一定效果。

第四节　定制营销

虽然市场营销观念已盛行了许多年了，但多数企业仍未真正做到认真考虑消费者的需求。他们所想的是如何把自己的产品销售给顾客，一旦发生滞销，厂家首先考虑的是如何用价格、广告、有奖销售等手段来加强促销。消费者的个性需求被完全埋没了。

消费者购买行为个性化的市场环境，是定制营销思想产生发展的原因。近些年来，全球经济得到了迅猛的发展，市场经济的国际化使资源、商品能够在全世界范围内自由流动，卖方市场因此急剧膨胀，供应于市场上的商品越来越丰富，品种繁多到了令人目不暇接的地步。消费者对商品的选择有了极大余地，因而不再只关心“数量的满足”，更希望获得“品质的享受”。这个时期最初的特点是“从众”，即众人赶潮流，流行什么就买什么，唯恐落后。进入20世纪80年代后，各种媒体的现代化信息传动使消费价值取向进一步多变，消费者把目光转向了“个性化”和“多元化”。商品的消费不仅是给人以物质上的享受，更重要的是带来一种标新立异的精神满足感。在市场上找不到合意的商品后，消费者就希望能借助于企业为自己定制产品。

一、定制营销的含义

定制营销是指在大规模生产的基础上，将市场细分到极限程度，把每一位顾客视为一个潜在的细分市场，并根据每一位顾客的特定要求，单独设计、生产产品并迅捷交货的营销方式。它的核心目标是以顾客愿意支付的价格并以能获得一定利润的成本高效率地进行产品定制。美国著名营销学者科特勒将定制营销誉为21世纪市场营销最新领域之一。在全新的网络环境下，兴起了一大批像Dell、Amazon. com、P&G等为客户提供完全定制服务的企业。在宝洁的Reflect. com网站能够生产一种定制的皮肤护理或头发护理产品以满足顾客的需要。

二、定制营销的类型

1. 合作型定制

当产品的结构比较复杂，可供选择的零部件式样比较繁多时，顾客一般难以权衡，甚至有一种束手无策的感觉，在这种情况下可采取合作型定制，企业与顾客进行直接沟通，帮助他们确定满足其需要的最佳产品，并以最快的速度将定制产品送到顾客手中。

2. 适应型定制

如果企业的产品本身构造比较复杂，顾客的参与程度比较低时，企业可以采取适应型定制营销方式。顾客可以根据不同的场合、不同的需求对产品进行调整、变换或重新组装来满足自己的特定要求。

3. 选择型定制

在这种定制营销中，产品对于顾客来说其用途是一致的，而且结构比较简单，顾客的参与程度很高，从而使产品具有不同的表现形式。

4. 消费型定制

在这种情况下，顾客的参与程度很低，他们一般不愿意花费时间接受公司的调查，但他们的消费行为比较容易识别。这时公司需要花费大量的时间，在顾客没有察觉的情况下对其进行跟踪调查，从而掌握顾客的个人偏好，为其设计出更能迎合其口味的产品或服务，从而增加他们的消费数量或消费次数。

三、企业实施定制营销的方法和措施

定制营销这一新观念推出后，已经在时装服饰、鞋类、箱包、首饰、家具、室内装修、家电、餐旅、汽车等许多行业得到了运用。当然，既要适应商品少量多样的定制生产方式，又要维持大规模生产的经济效益，对企业来说确是一个严峻的挑战。为此，应设法采取一些必要的策略和措施，保证定制营销的顺利实施。

1. 生产与产品策略

顾客的个性多种多样，所以要进行定制的产品其形式也是千姿百态，各有不同。这就要求企业的生产线能随时、迅速地调整，以便转产。具体来说，大致有以下措施。

(1) 生产技术和设备的科技化：利用高科技的效率，提高定制生产的速度。如国外成衣业曾启用了一种电脑操纵的激光裁布枪，虽然它一次只能裁剪一件，但工作效率却大大高于现有的普通裁剪设备。

(2) 产品的组合化：每种产品尽管顾客的个性要求不同，但主体性质是基本相同的。企业可在保持产品主体稳定情况下，将客户要求的功能、爱好等附件组合于主体上。松下电器公司曾推出了家用电冰箱“单个订单(special order)”的做法：特别设计不同的电冰箱展示于顾客，由他们自由选择所喜欢的类型或自选色彩、门把手设计等，附于订单上交给厂家定制。由于产品的大多数设计限定在企业所能承受范围内，因此生产时难题会大大减少。

(3) 产品“内在的”通用化：把产品的各部分设计成通用规格，也是有利于定制生产提高效率的。美国通用汽车公司就注意了这方面，它们的产品种类繁多，但每种汽车的零部件规格是通用的，各类汽车都适用，从而保证了产品多样化与零部件规模生产的效益。

2. 沟通策略

(1) 与顾客的沟通：这是至关重要的一环。因为顾客在定制营销中处于核心地位，他们的个人意见与要求是进行定制产品设计和生产的依据。企业的营销部门应建立和保持与客户的联系，运用多种方式收集他们的建议、要求，并仔细研究他们的心理，以从总体上把握可能的定制趋势，不至于没有准备而在接到订单时手足无措。

(2) 企业内部各部门的沟通：营销部门把收集到的资料及分析结果要及时传递给其他部门，设计部门据此尽快拿出产品设计方案反馈给营销部门并征询客户意见，生产、采购部门做好准备，一旦设计方案成熟并得到顾客许可后，即可开工。

(3) 加强与竞争对手的沟通：任何一个企业的资源、能力总是有限的，不可能面面俱到地完全兼顾到所有顾客的不同的需要。而且现代营销学认为，耗费大量精力同竞争对手作殊死决斗是不明智的。因而，企业应尽量与竞争对手加强合作联系，双方优势互补，共同满足顾客的需求。

3. 渠道策略

现代社会工作、生活节奏加快，顾客无暇在购物的选择上多花时间，但又希望能满足自己的个性发挥，这是促成定制营销的一个因素。因此，企业要考虑客户订购的方便性，尽量减少渠道环节，使定制的产品能及时迅速地交付给客户。不论如何，只要定制营销的各种策略、措施能满足顾客标新立异的需求，就是成功的。

本章小结

1. 网络营销是通过网上活动来建立和维持顾客关系，以促进思想、产品和服务的交换，从而满足购买者和销售者的目标。

2. 网络营销具有网络品牌、网站推广、信息发布、销售促进、销售渠道、顾客服务、顾客关系、网上调研八大基本职能。

3. 绿色营销，是指企业以环境保护观念作为其经营哲学思想，以绿色文化为其价值观念，以消费者的绿色消费为中心和出发点，力求满足消费者绿色消费需求的营销策略。

4. 绿色营销的功能：绿色营销所倡导的绿色文明；绿色营销有利于企业占领市场和扩大市场销路；它有助于企业树立良好的形象；它有助于企业追求合理的经济效益。

5. 服务营销是企业为充分满足消费者需要在营销过程中所采取的一系列活动。

6. 服务营销的特点：无形性、同时性、差异性、即时性和无转让性。

7. 定制营销，是指在大规模生产的基础上，将市场细分到极限程度，把每一位顾客视为一个潜在的细分市场，并根据每一位顾客的特定要求，单独设计、生产产品并迅捷交货的营销方式。

本章习题

一、名词解释

1. 绿色营销
2. 服务营销
3. 定制营销
4. 网络营销

二、单项选择题

1. 在网络时代，网络营销策略由4P营销策略向4C营销策略转变。4C营销策略除了顾客欲望与需求、满足欲望与需求所需的成本、方便购买等内容外，还指(　　)。

A. 相互沟通　　B. 加强沟通　　C. 有效沟通　　D. 定时沟通

2. 以下(　　)不属于网络营销的特点。

A. 高效率　　B. 高收益　　C. 高开销　　D. 全球性

3. 下列具有“一对一”优势的网络营销方式的是(　　)。

A. E-mail　　B. 邮件列表　　C. 新闻组　　D. FAQ

4. 以下活动中不属于服务业的是(　　)。

A. 餐饮　　B. 科学研究　　C. 钢铁冶炼　　D. 金融业

5. 从服务对象的数量和关系来看,生产服务业(　　)。

A. 客户多和关系短暂　　B. 门类少和品种多

C. 客户少和关系持久　　D. 行业关联性强

三、填空题

1. 网络营销的基本职能表现在(　　)、(　　)、(　　)、(　　)、(　　)、(　　)、(　　)、(　　)8个方面。

2. 社会市场活动参与的主体主要分为(　　)、(　　)和消费者3类。

3. 网络营销具有(　　)、(　　)、(　　)、(　　)等特点。

4. (　　)是网络营销的基础。

5. 服务营销的特点有无形性、(　　)、(　　)、(　　)、(　　)。

四、简答题

1. 什么是绿色营销?
2. 绿色市场的开发主要从哪些方面着手?
3. 什么是网络营销?
4. 网络营销的着重点何在?
5. 什么是定制营销?
6. 4C代替4P或是4C与4P结合,你是怎么看的?

本章案例

隆力奇:定制营销的底气

在与美国金融风暴的"斡旋"中,由于不堪各方压力,各大外资企业日化品牌打起了旷日持久的"价格战"。而中国的本土日化品牌,特别是民族直销企业,却在逆势中寻找着新的出路。隆力奇,作为一家拥有23年历史的民族企业,在振兴民族直销企业的理想下,在特殊的经济环境中,也在谋求新的发展。从定制营销部对人才的引进、对市场的定位、对战略的调整中,我们都解读出了一丝"龙非池中之物,趁雷欲上九霄"的韵味。

人才:"蝴蝶效应"

社会学界喜欢用混沌理论中的"蝴蝶效应"来说明初始条件下微小的变化能够带动整

个系统的长期的巨大的连锁反应。在管理学中，“蝴蝶效应”也被誉为能够使人们“慎之毫厘，得以千里”。而在隆力奇的定制营销部，尹联的加盟，似乎也带来了“蝴蝶效应”。倒不仅仅是因为尹联对众多经销商加盟所产生的吸引作用，这里的“蝴蝶效应”更大程度上是指尹联的上任对隆力奇定制营销部，甚至对民族直销企业的触动。

其实，尹联出任隆力奇定制营销部总经理一职并非偶然。早在 2006 年 3 月，他就和隆力奇集团董事长徐之伟有过关于启动直销渠道的交流。当时一是尹联有职在身，二是他对大型企业转型直销心存疑虑。接下来，在近三年的时间里，尹联和徐之伟一直保持着良好的沟通。尹联坦言，隆力奇在两年多时间的市场调研及筹备期间对直销的执着和责任心让他敬佩。纵观世界经济形势，日化、保健品市场的激烈竞争态势以及中国直销行业的发展趋势，徐之伟果断决策向国家申请《直销经营许可证》。在尹联眼中，隆力奇进军直销是承载着巨大的责任感和使命感的。隆力奇历经 23 年，形成了占地面积 2 000 余亩的规模；拥有国内和海外世界一流的科研院所和高科技研发专家；自我加工生产多系列近千款深受广大消费者信赖的产品；连续两个年度获得中央电视台广告“标王”的称号；隆力奇的品牌价值已达 95.52 亿元，被誉为“中国本土日化第一品牌”。这在当今直销行业中是屈指可数的。

顺势所趋，隆力奇成功拿牌后，尹联受邀担任了隆力奇副总裁，并成为定制营销部的领军人。上任后，尹联所带来的“蝴蝶效应”逐渐显山露水。无论是规范运营、强化服务的运筹帷幄，还是推广“爱家生活店”和产品的缜密思维，抑或是对分公司的整体布局，我们都能在愈见明显的“蝴蝶效应”中体会到尹联上任后的壮志雄心。

特色：爱家生活店

尹联曾在自己所著的《聚合战略》一书中分析并强调：“企业与合作者（顾客及渠道商）建立一个联盟，在不导致任何所有权转移的情况下使企业、终端、消费者相互循环增值，以期共同搭建一个可以实现各自经济独立与财务自由的营销网络平台。”今天的“隆力奇爱家生活店”就是其中的一个重要环节。

说到它的特色，除了企业实力、优良产品、营运模式等，最关键的是，隆力奇的“爱家生活店”拥有一般直销企业不具备的特点：

(1) “隆力奇爱家生活店”是建立在拥有自我研发实力，大规模生产能力和多元化产品结构的供应系统支持平台上。这种产品的多元化，并非单指定制营销的产品，更有隆力奇大流通的近 300 种产品的进入，爱家生活店都可以获得经销权，这不是一般直销企业所具有的特性。

(2) 经过精心设计的“隆力奇爱家生活店”运营管理方案是颠覆了过去直销专卖店只能依靠直销顾客群体单一服务而存活的生存模式。“隆力奇爱家生活店”可以享有隆力奇公司所有知名产品的经销权和“隆力奇”品牌使用权；可以享有社会大型商超、卖场同等的经销价格和利润空间。最关键的是：隆力奇的品牌不仅仅是直销行业的品牌，在传统市场中,它的品牌影响力也是巨大的,在中国普通老百姓中具有非常高的知名度和美誉度。这有助于爱家生活店的销售。这也不是一般直销企业具备的特点。

(3) 享受总价值超过4亿元的广告支持。隆力奇集团今年的广告形式从原来的央视等主流媒体延伸到户外灯箱、车体广告、地铁广告、地方电视台和纸媒广告,全方位普及,大面积辐射,各层级渗透。强大的广告效应将减少沟通成本,加快工作效率,提高利润增长。这种广告力度也不是一般直销企业具备的。

(4) 隆力奇的"高品质、低价位、大覆盖"的理念,决定了隆力奇产品的定价策略。隆力奇的产品定价都比较低,这很适合普通老百姓消费,也更有利于爱家生活店的销售,这和一般的直销企业是不同的。

(5) "隆力奇爱家生活店"是有经营区域界定的,可以获得充分的消费群体和经营空间的保障。

(6) "隆力奇爱家生活店"可以享受随着公司的发展而赋予的更多职能和更多利益。

总之,每家企业都希望经销商能开店盈利,但要盈利必须要有特性保障,隆力奇的"单店盈利"模式是由隆力奇的特性所保障的。"隆力奇爱家生活店"是聚合了隆力奇独有的资源优势和运营模式。它必将成为隆力奇经营过程中的又一座丰碑。

定位:经济危机下的高潮

2月份,尹联参与编著并出版了《全球金融风暴与中国直销发展机遇》一书。从"直销模式是经济危机下的产物"写到了"全球金融风暴促进中国直销发展形成新高潮"。众所周知,直销是反经济周期的营销模式。他不仅看到了这场世界金融风暴给直销带来的机遇,也强烈地意识到了一个企业、一个行业、一个民族的责任。

隆力奇是一家中国民族企业,拉动内需,提高产值,以创业带动就业,以稳定国家经济结构和国民总收入提高为使命。客观面对外部环境,强化内部管理流程。定制营销部在当下的经济动荡环境下确定了"六大定位",尹联也将这六大定位做了详细解析。

1. 发展定位:成为一流的直销公司

虽然今年刚起步,但是隆力奇的综合资源优势是显而易见的,它的特点是一般同业公司所不能比拟的。尹联和他的合作伙伴有信心把隆力奇打造成为直销的行业品牌,树立良好的公众形象,建立科学的服务标准,维护公共关系,规范经营区域,健全系统文化,凝聚行业力量。

2. 运作定位:夯实基础,规范运作;博观约取,厚积薄发

"直销行业是博大精深的,隆力奇还需要学习,积累。牌照公布后我们将严格遵照国家对行业的相关规定,强化规范运作,提高从业人员素质。"尹联说,"徐董事长就是一个务实的人,他要求我们,不要急躁,要稳固地打好基础,直销行业不是一年、二年,而是三十年、五十年……"

3. 模式定位：实施“聚合战略”

采用聚合性定制营销模式，利用集团23年累积的巨大资源切入传统渠道，形成立体式的互动局面。

(1) 以聚合为中心

着重以消费者、从业人员及终端网络为中心，并把企业资源综合利用，实现企业与以上三者的一体化营销。聚合既包括企业营销过程、营销方式以及营销管理和内外的商流、物流、信息流等方面的聚合，也包括对消费者、从业人员以及终端网络力量的聚合。

(2) 讲求系统化管理

整体配置企业的所有资源，企业中各层次、各部门和各岗位以及总公司、子公司、终端网络、从业人员和消费者协调行动，形成企业优势。

(3) 强调协调与统一

企业营销活动的协调性，不仅仅是企业内部各环节、各部门的协调一致，而且也强调企业与消费者、终端网络的协调一致，共同努力以实现聚合战略。

(4) 异业联盟

培养真正的“异业联盟”观，与那些最有价值的消费者、从业人员以及终端网络建立长期紧密的合作关系。

(5) 注重整合性

凡是能够将品牌、产品和任何与销售有关的力量聚合起来，并给消费者、从业人员、终端网络及自己带来利润及市场的渠道，均被视为可以利用的渠道。

(6) 注重规模化与现代化

聚合战略十分注重企业的规模化与现代化经营。规模化不仅能使企业获得规模经济效益，为企业有效地实施聚合战略提供了客观基础，聚合战略同样也依赖于现代科学技术、现代化的管理手段，现代化可为企业实施聚合战略提供效益保障。

4. 产品定位：高品质、低价位、大覆盖

2009年，隆力奇在产品研发和生产领域更是加大了投资力度。继清华·隆力奇生物科技研究所、隆力奇(美国)保健化妆品研究院设立以来，还瞄准针对亚洲人使用的护肤品，组建了隆力奇(日本)研究所，并在上海成立了国际品牌策划中心，按照国际日化品牌的管理模式进行品牌打造；同时，在人才引进方面，隆力奇外聘了曾在雅施兰黛、宝洁、联合利华、统一、立白等国际国内大企业工作过的高端人才。隆力奇在不断提高产品科技含量和产品附加值的同时，还把实惠让利于广大消费者。产品结构也趋向于不同消费阶层的各类人群，满足消费者的个性化需求。正如徐之伟说的那样：“我们要让中国95%的人看得见、买得起隆力奇产品。”

5. 文化定位：凝聚小家、发展大家、报效国家

隆力奇未来的发展和合作主张是“抱团打天下，相拥赢未来”。“视经销商为上帝”是

隆力奇一贯的合作态度，"坚守承诺，重情守义"是隆力奇一贯的合作追求。隆力奇深知经销商的创业不易，所以，它们将更加完善服务措施，将"以服务代替管理，以期许代替要求"。隆力奇知道，带动更多的经销商实现自己的梦想就会营造千万个幸福的家庭。有千万个家庭共同合作，就会有隆力奇的稳健发展。让更多的民族企业屹立在世界企业之最，就是民族最大的骄傲。

6. 责任定位：信心、责任、梦想

隆力奇23年的发展历程中经历了三次重大抉择：1992年进入保健品产业，使隆力奇的资产迅速扩大几百倍；1998年又进入化妆品行业，短短10年时间即成为本土日化行业的领军企业，企业资产迅速扩大了1 000倍。从没有品牌到品牌价值达95.52亿元人民币，从名不见经传的小企业到拥有"中国驰名商标"、"国家免检产品"。23年里，隆力奇从粗放的贸易企业发展成为中国保健品行业的龙头企业，直至成为今天中国日化行业的领军企业。

"我们为拥有这样的合作平台而感到自豪。在这个平台上必将吸引很多极具团队领导力的领导人与我们合作、共赢。我们的管理团队都是承袭正规文化体系的专业管理人才。我为有这样的合作伙伴感到骄傲。今天，隆力奇获得国家颁发的《直销经营许可证》，又恰逢世界金融危机带来的发展机遇，我们对隆力奇的稳健发展充满信心。"尹联对隆力奇的未来充满信心。

在全球金融危机的今天，作为一家民族本土化企业，隆力奇肩上的担子重大。他们也在为国家尽一切办法排忧解难。无论是隆力奇倡导的"相信国家相信政府"、"有信心就有未来"及"以创业带动就业"等口号，还是"爱家生活店的店主们招收的店员是以下岗或失业人员为主"的实际行动，隆力奇的振兴民族直销企业的决心昭然若揭。在尹联的带动下，在"趁雷欲上九霄"的气势中，我们对隆力奇实现"世界的隆力奇"梦想拭目以待。

（资料来源：余智梅. 隆力奇：定制营销的底气. 北京：分销时代，2009(4).）

案例思考题

1. 如何评价隆力奇的定制营销？
2. 企业在激烈的市场竞争中，如何实施营销创新？
3. 谈谈隆力奇定制营销的启示。

参考文献

[1] 王煊.市场营销新编[M].武汉：华中科技大学出版社，2009.
[2] 陈杰.市场营销理论与实务[M].北京：中国传媒大学出版社，2008.
[3] 张梦霞.市场营销学[M].北京：北京邮电大学出版社，2007.
[4] 甘碧群.市场营销学[M].武汉：武汉大学出版社，2007.
[5] 高凤荣.市场营销基础与实务[M].北京：机械工业出版社，2007.
[6] 郭国庆.市场营销学通论[M].北京：中国人民大学出版社，2000.
[7] 郭国庆.国际营销学[M].北京：中国人民大学出版社，2008.
[8] 郭国庆.营销学原理[M].北京：对外经济贸易大学出版社，2008.
[9] 郭国庆.市场营销学通论[M].北京：中国人民大学出版社，2005.
[10] 刘昱.经典营销案例新编[M].北京：经济管理出版社，2008.
[11] 胡春.市场营销案例评析[M].北京：清华大学出版社，2008.
[12] 邓镝.营销策划案例分析[M].北京：机械工业出版社，2007.
[13] 兰苓.现代市场营销学[M].北京：首都经济贸易大学出版社，2005.
[14] 彭本红.营销管理创新[M].武汉：武汉理工大学出版社，2008.
[15] 惠碧仙.市场营销——基本理论与案例分析[M].北京：中国人民大学出版社，2004.
[16] 邝鸿.现代市场学[M].北京：中国人民大学出版社，1989.
[17] 陆娟.现代企业品牌发展战略[M].南京：南京大学出版社，2002.
[18] 杨伟文.现代市场营销学[M].长沙：湖南人民出版社，2001.
[19] 陈祝平.服务营销管理[M].北京：电子工业出版社，2003.
[20] 那薇.市场营销理论与实务[M].北京：北京大学出版社，2010.
[21] 张卫东.现代市场营销学[M].重庆：重庆大学出版社，2007.
[22] 杨伦超.促销策划与管理[M].重庆：重庆大学出版社，2007.
[23] 吴健安.市场营销学[M].北京：高等教育出版社，2007.
[24] 胡其辉.营销策划[M].大连：东北财经大学出版社，2000.
[25] 李强.市场营销学教程[M].大连：东北财经大学出版社，2005.
[26] 吴长顺.营销学教程[M]，北京：清华大学出版社，2005.
[27] 厉以宁.中国企业管理教学案例[M].北京：北京大学出版社，1999.
[28] 季辉.服务营销[M].北京：高等教育出版社，2005.
[29] 彭于寿.市场营销案例分析教程[M].北京：北京大学出版社，2007.
[30] 朱华.市场营销案例精选精析[M].北京：中国社会科学出版社，2006.
[31] 符国群.消费者行为学[M].2版.北京：高等教育出版社，2010.
[32] 于颖，巩少伟，马林.市场营销学[M].北京：科学出版社，2008.

[33] 涟漪.市场营销管理[M].2版.北京：国防工业出版社，2010.
[34] 黄聚河.市场营销学[M].北京：中国铁道出版社，2010.
[35] 张世新.市场营销理论与实务[M].北京：北京交通大学出版社，2008.
[36] 张泽起.市场营销学[M].北京：中国传媒大学出版社，2008.
[37] 崔茂森.市场营销学[M].北京：北京航空航天大学出版社，2009.
[38] 张卫东.市场营销理论与实训[M].北京：电子工业出版社，2006.
[39] 张学琴，李建峰.市场营销实务[M].北京：清华大学出版社，2006.
[40] 李小红.分销渠道设计与管理[M].重庆：重庆大学出版社，2006.
[41] 刘丽霞.新编市场营销学[M].北京：北京大学出版社，2010.
[42] 李海琼.市场营销理论与实务[M].北京：清华大学出版社，2007.
[43] 庄贵军.营销渠道管理[M].北京：北京大学出版社，2004.
[44] 卜妙金.分销渠道管理[M].北京：高等教育出版社，2001.
[45] 菲利普·科特勒.市场营销教程[M].北京：华夏出版社，2002.
[46] 迈克尔·波特.竞争优势[M].北京：华夏出版社，1997.
[47] 韦恩·D.霍依尔.消费者行为[M].4版.北京：中国市场出版社，2010.
[48] 菲利普·科特勒.市场营销学管理：亚洲版[M].11版.北京：中国人民大学出版社，2000.
[49] 查尔斯·W.小兰姆.营销学精要[M].大连：东北财经大学出版社，2000.
[50] 丁家永.90后消费心理分析与未来营销策略思考[J].中国营销传播网，2010(6).
[51] 王新业.快文化下慢生活[J].销售与市场，2011(1).
[52] 朱丽.康大兔肉：细分市场的商机[J].营销界，2010(11).
[53] 赵正.智强乳业集团特定细分市场营销[N].中国经营报，2003-03-21.
[54] 约翰·奎尔奇.中年简朴者：一个新的消费者类型[J].商业评论网，2008(12).
[55] 杨云飞.养君酒："差异化"笑傲区域市场[J].销售与市场，2010(12).
[56] 沈小雨.奇瑞QQ诠释年轻人的第一辆车[J].成功营销，2004(2).
[57] 杨丽佳.市场营销案例与实训[M].北京：高等教育出版社，2006.
[58] 莫可道.酷体验：营销玩转80/90后[J].销售与市场，2010(12).

教学支持说明

扫描二维码在线填写
更快捷获取教学支持

尊敬的老师：

您好！为方便教学，我们为采用本书作为教材的老师提供教学辅助资源。鉴于部分资源仅提供给授课教师使用，请您填写如下信息，发电子邮件给我们，或直接手机扫描上方二维码在线填写提交给我们，我们将会及时提供给您教学资源或使用说明。

（本表电子版下载地址：http://www.tup.com.cn/subpress/3/jsfk.doc）

课程信息

书　　名			
作　　者		书号（ISBN）	
开设课程1		开设课程2	
学生类型	□本科　□研究生　□MBA/EMBA　□在职培训		
本书作为	□主要教材　□参考教材	学生人数	
对本教材建议			
有何出版计划			

您的信息

学　　校			
学　　院		系/专业	
姓　　名		职称/职务	
电　　话		电子邮件	
通信地址			

清华大学出版社客户服务：

E-mail: tupfuwu@163.com

电话：010-62770175-4506/4903

地址：北京市海淀区双清路学研大厦 B 座 506 室

网址：http://www.tup.com.cn/

传真：010-62775511

邮编：100084